Barrierefreies
Webdesign

Attraktive Websites
zugänglich gestalten

Angie Radtke, Dr. Michael Charlier

ADDISON-WESLEY

Ein Imprint von Pearson Education

München · Boston · San Francisco · Harlow, England
Don Mills, Ontario · Sydney · Mexico City
Madrid · Amsterdam

Bibliografische Information Der Deutschen Bibliothek
Die Deutsche Bibliothek verzeichnet diese Publikation in der
Deutschen Nationalbibliografie; detaillierte bibliografische Daten
sind im Internet über http://dnb.ddb.de abrufbar.

10 9 8 7 6 5 4 3 2 1

08   07   06

ISBN-10: 3-8273-2379-7
ISBN-13: 978-3-8273-2379-8

© 2006 Addison-Wesley Verlag,
ein Imprint der PEARSON EDUCATION DEUTSCHLAND GmbH,
Martin-Kollar-Str. 10-12, 81829 München/Germany
Alle Rechte vorbehalten
Lektorat: Boris Karnikowski, bkarnikowski@pearson.de
Korrektorat: Friederike Daenecke, Zülpich
Fachlektorat: Marcus Völkel, Berlin
Herstellung: Claudia Bäurle, cbaeurle@pearson.de
Satz: Ulrich Borstelmann, Dortmund (www.borstelmann.de)
Einbandgestaltung: Marco Lindenbeck, webwo GmbH, mlindenbeck@webwo.de
Druck und Verarbeitung: Bosch Druck, Ergolding
Printed in Germany

INHALTSVERZEICHNIS

Kapitel 6 Maßnahmen zur Korrektur 99

Kapitel 7 Konzept für den barrierearmen Relaunch 117

Über die Autoren

Angie Radtke

Mit ihrem Büro für Kommunikation – *Der Auftritt* – konzipiert, gestaltet und realisiert die Webentwicklerin Angie Radtke seit 1999 zielgerichtete Kommunikationslösungen im Bereich Internet und Print. Sie ist spezialisiert auf marketingorientierte, barrierearme Internetpräsenzen, je nach Wunsch unter Verwendung des Open Source Content Management-Systems Joomla!. Dass sich ein ansprechendes Design, Zugänglichkeit und der Einsatz eines CMS nicht ausschließen, ist wesentliche Grundlage ihrer Arbeit.

Ihren Schwerpunkt sieht sie vor allem darin, für ihre Kunden aus den unterschiedlichsten Branchen den Auftritt zu entwickeln, der auch zu ihnen passt. Angie Radtke ist dabei nicht nur für die technische Seite zuständig, bei Bedarf entwickelt sie auch ein Corporate Design für ihre Kunden oder berücksichtigt ein vorhandenes CI bei ihrer Arbeit.

Ihre Beratung umfasst stets alle technischen, konzeptionellen und operativen Bereiche. Ein solcher Fullservice ist für Angie Radtke eine Grundvoraussetzung zur Erreichung des Ziels ihrer Arbeit: Kreativität und technische Möglichkeiten optimal und für jeden Anspruch miteinander zu verbinden, um maßgeschneiderte Lösungen für jeden Bedarf zu bieten.

Viel Zeit und Energie bringt sie für die Weiterentwicklung des Open Source Content Management-Systems Joomla !auf.

Angie Radtke ist Mitglied des *Joomla! Design and Accessibility Teams*, das sich für die Umsetzung standardkonformen Codes und die Verbesserung der Zugänglichkeit einsetzt. Hier versteht sie sich als Schnittstelle zwischen der Programmlogik und der eigentlichen Ausgabe der Inhalte.

Ihre Arbeiten sind viel beachtet und anerkannt. So war zum Beispiel die von ihr entwickelte Präsenz der Stiftung Deutsche Welthungerhilfe für den Multimedia Award der DMMV für Barrierefreies Webdesign nominiert. Mittlerweile verlässt sie immer öfter den eigenen Schreibtisch, um ihr Wissen weiterzugeben. Schulungen, Vorträge und Workshops gehören auch zum Portfolio der gefragten Referentin zum Thema „Barrierefreies Webdesign".

Angie Radtke ist verheiratet und hat zwei Kinder. Sie lebt und arbeitet in Bonn. Im Netz ist sie unter www.der-auftritt.de zu finden.

Dr. Michael Charlier

Dr. Michael Charlier ist gelernter Sprach- und Kulturwissen-
schaftler. Seit über zehn Jahren begleitet er als Journalist, Refe-
rent und „Tätiger Berater" die neu entstehenden Kommunikati-
onsformen im Internet. Er übersetzt eigene und fremde Inhalte
in netzgemäße Formen und erarbeitet Methoden und Techniken
für die Netzkommunikation. Seit 2000 bildet die Konzeption
und Realisierung standardkonformer Webauftritte einen seiner
Arbeitsschwerpunkte.

Ende 2003 erhielt das Webportal der Polizei Nordrhein-Westfalen, für dessen Zugänglichkeit er verantwortlich zeichnet, den
von Aktion Mensch und Stiftung Digitale Chancen erstmals
vergebenen BIENE-Award in Gold für Internetauftritte in der Kategorie E-Government. Die
erfolgreiche Weiterentwicklung dieses Portals wurde 2004 mit einem weiteren BIENE-Award
ausgezeichnet. Im Jahr 2005 war er dann selbst Mitglied des fachlichen Beirats und der Jury für
die Verleihung des Awards.

Bei der Konzeptionsberatung und Realisierung von Webprojekten arbeitet Michael Charlier
eng mit kompetenten Partnern aus den Bereichen Backend-Technologien, Usability und
Design zusammen. Damit ist sichergestellt, dass alle relevanten Aspekte berücksichtigt und die
erforderlichen Integrationsleistungen erbracht werden.

Sie treffen Michael Charlier im Internet unter `www.kommkonzept.de`. Im wirklichen Leben
wohnt und arbeitet er in Berlin.

Der technische Berater – Marcus Völkel

Marcus Völkel ist einer der beiden Gründer und Geschäftsführer der scoreberlin GmbH, einem Berliner Usability-Dienstleister. Schwerpunkte seiner Tätigkeit sind Eyetracking, User-Testing und Usability-Beratung. Seit 1997 berät er große und mittelständische Unternehmen in allen Fragen rund um Web- und Content-Usability; seit 1999 führt er Nutzerbefragungen und Usability-Tests durch. Vor der Gründung von scoreberlin war er als Managing Partner und Leiter der Beratung für ein mittelständisches Marketing- und Marktforschungsunternehmen tätig und betreute dort Marktführer aus dem Telekommunikations- und Verlagssektor.

Seine Interessensschwerpunkte sind Eyetracking, Linguistik, Marketing, Webstandards und Accessibility. Er engagiert sich als Mitglied im internationalen Experten-Netzwerk der Usability Professionals' Association (UPA), im deutschen Berufsverband GC-UPA (German Chapter der UPA), in der Guild of Accessible Web Designers (GAWDS) und im Bundesverband Digitale Wirtschaft BVDW. Er lebt mit seiner Frau im Berliner Prenzlberg.

Die scoreberlin GmbH gehört zu den bekannten Usability-Dienstleistern in Deutschland. Seit 1999 steht *scoreberlin*® für hochwertige Usability-Lösungen. In ihrem Usability-Lab untersuchen und optimieren die Berliner mit nutzerzentrierten Methoden und modernsten Technologien die Usability von Websites, Software, Designs und ihre Auswirkungen auf die Anwender.

Sie finden die Firma unter www.scoreberlin.de.

Danksagungen

Das Schreiben dieses Buches hat uns viel Spaß und Freude gemacht. Das lag nicht zuletzt daran, dass wir uns sehr gut verstanden und wunderbar ergänzt haben. Einigen Menschen gilt jedoch unser ganz besonderer Dank. In erster Linie danken wir Marcus Völkel für seine inhaltlichen Anmerkungen, Eva Papst für das ständige Testen unserer Codebeispiele und den Beitrag zur Verwendung von Screenreadern, Christof „KIK0" – Starkmann für seine Unterstützung in Sachen Flash, Sascha Vorbeck für seine Hilfestellung zu TYPO3 und Birgit Mestmäcker, die helfend einsprang, wenn wir nicht die richtigen Worte finden konnten.

Außerdem danken wir unserem Lektor Boris Karnikowski, der uns immer wieder Mut machte und uns den notwendigen Freiraum ließ, unsere Gedanken unzensiert zu Papier zu bringen.

Viel von dem, was wir hier aufgeschrieben haben, verdanken wir Diskussionen mit Kollegen und Gleichgesinnten aus den Mailinglisten und Blogs, in denen heute der größte Teil des Wissens über das Internet produziert und zugänglich gemacht wird. Wir danken allen, die dort aktiv teilnehmen, ganz herzlich für die Bereitschaft, ihr Wissen zu teilen und es in konstruktiver Auseinandersetzung zu vermehren.

Angie Radtke: Ich danke ganz besonders meinem Mann, der mir in dieser wirklich arbeitsintensiven Zeit den Rücken freigehalten und so manche meiner Launen still hingenommen hat, und ich danke meinen wirklich tollen Kindern, Malou und Joelle, denen ich leider in den letzten Monaten weniger Aufmerksamkeit schenken konnte, als ich wollte.

Michael Charlier: Ich danke allen Menschen in meiner Umgebung, die während der ersten Hälfte dieses Jahres viel Verständnis dafür aufgebracht haben, dass ich mit meinen Gedanken manchmal mehr bei diesem Buch als im „Hier und Heute" war. Besonders danke ich meiner Tochter Elisabeth, die es mir nicht übelgenommen hat, dass diese Arbeit manchmal auch auf Kosten unserer ohnehin knappen gemeinsamen Zeit gegangen ist.

EINLEITUNG

Unser Buch trägt den Titel *Barrierefreies Webdesign*. Wir müssen gestehen, dass wir uns mit diesem Begriff etwas schwer tun. Die englische Bezeichnung erscheint uns deutlich sinnvoller: *Web Accessibility*.

Warum? „Barrierefrei" bedeutet „zugänglich" ohne jede Einschränkung. Unsere alltägliche Arbeit hat uns jedoch gezeigt, dass es das nicht gibt. Wir können uns bemühen, Barrieren abzubauen und zusätzliche Hilfen anzubieten, und wenn wir sauber arbeiten und alle Beteiligten diese Zielsetzung unterstützen, können wir vielen Menschen den Zugang erleichtern. Allen werden wir nur in seltenen Fällen gerecht werden können – teils, weil Inhalte in der Praxis nicht immer ohne Verlust z.B. aus der visuellen Form in die textliche überführt werden können, teils, weil sich die Anforderungen von Auftraggebern und die Bedürfnisse von Menschen mit Wahrnehmungsbehinderungen nicht in jedem Fall hundertprozentig miteinander vereinbaren lassen. In der Praxis müssen immer wieder Kompromisse gefunden werden.

Bei der Konzeption einer Website kommt es darauf an, alle Anforderungen, die der Auftraggeber stellt, die Erwartungen der Besucher und gegebenenfalls auch noch rechtliche Vorgaben in ein sinnvolles Ganzes zu integrieren. Jeder Webdesigner kennt die Situationen, in denen sich der Auftraggeber etwas in den Kopf gesetzt hat, was deutlich von unseren Sichtweisen bezüglich der Usability abweicht. In solchen Fällen können wir nur sensibilisieren, auf mögliche Komplikationen hinweisen und hoffen, dass man auf uns hört. Wir sind bestrebt, unsere Seiten so zugänglich wie möglich zu gestalten, wissen aber, dass wir immer die Wünsche unserer Kunden berücksichtigen müssen.

Mit diesem Buch möchten wir einen verständlichen Leitfaden anbieten, der es Webdesignern und -entwicklern anhand von Praxisbeispielen erleichtert, die Wünsche ihrer Auftraggeber und die Grundsätze der Zugänglichkeit miteinander zu vereinbaren. Zugänglichkeit von Webseiten für Menschen mit Behinderungen war lange Zeit ein Thema für Experten. In den letzten drei Jahren hat sich dieses Thema geradezu zum Hype entwickelt. Dies liegt sicherlich daran, dass am 1. August 2002 das *Bundesgesetz zur Gleichstellung behinderter Menschen* in Kraft getreten ist. In diesem Gesetz ist geregelt, dass die öffentlichen Webauftritte des Bundes bestimmten Kriterien in Bezug auf die Barrierefreiheit genügen müssen. In den folgenden Jahren haben sich die meisten Bundesländer dem für ihren Bereich angeschlossen – mehr oder weniger weitgehend. Seitdem verlangen immer mehr öffentliche Auftraggeber von ihren Web-Dienstleistern, diese Kriterien zu erfüllen.

Gleichzeitig bemühen sich auch Anbieter kommerzieller Webseiten zunehmend darum, ihre Auftritte zugänglicher zu gestalten. Das ist umso erfreulicher, als sie dazu nicht durch gesetzliche Vorgaben verpflichtet sind. Und vielleicht eröffnet sich gerade dadurch auch die Chance, „Accessibility", die derzeit doch oft eher als Gegenstand von Pflichterfüllung erscheint, zu einer Sache allgemeinen Interesses werden zu lassen.

Beim Bemühen um mehr Zugänglichkeit wird allerdings in vielen Fällen mehr versprochen, als geleistet werden kann. Immer wieder kommt es vor, dass sich die Dienstleister mehr oder weniger mechanisch an den Vorgaben der BITV (*Barrierefreie Informationstechnologie Verordnung; siehe Kapitel 5*) entlanghangeln, ohne zu verstehen, welchen Sinn einzelne Vorschriften haben und wie man nicht nur dem Buchstaben des Gesetzes „irgendwie" Genüge tun, sondern auch das gesteckte Ziel erreichen kann. Aber diese und andere Vorschriften können nur ein Leitfaden sein, der uns im Einzelfall nicht das Denken abnimmt.

Man muss die technischen Möglichkeiten kennen und die Prioritäten für ihren Einsatz bestimmen können, um die Anforderungen der Zugänglichkeit sinnvoll und möglichst umfassend umzusetzen. Dazu soll unser Buch Hilfestellung bieten.

Für wen ist dieses Buch gedacht?

Dieses Buch ist keine Einführung für Anfänger, aber es richtet sich auch nicht ausschließlich an Webspezialisten. Unsere „Zielgruppe" sind gleicherweise:

◆ Menschen, die als Projektleiter in einer Behörde oder in einem Unternehmen für den Relaunch oder die Neukonzeption eines Webauftrittes verantwortlich sind

◆ Webdesigner, die sich fragen, warum „barrierefreie Webseiten" oft so aussehen, als ob sie „auf Kassenrezept" produziert worden wären

◆ Webentwickler, die nicht wissen, wie sie die oft sehr pauschal vorgetragene Forderung nach „Barrierefreiheit" praktisch erfüllen sollen

Unser Buch ersetzt kein einziges Spezialwerk über Usability, CSS-Design, Informationsarchitektur oder den Einsatz von Content Management-Systemen – aber es behandelt Einzelaspekte aus diesen und anderen Bereichen mit dem Ziel, ihren Beitrag für die Gestaltung und den Betrieb zugänglicher Webseiten nutzbar zu machen. Verbesserte Zugänglichkeit ist eine fachgebietsübergreifende Aufgabe.

Was Sie erwarten können

Unser erstes Ziel besteht darin, zu erläutern, worin Barrieren bestehen und wen sie behindern, was Zugänglichkeit im Web bedeutet und mit welchen Maßnahmen man sie verbessert. Dabei bemühen wir uns einerseits mit vielen Beispielen um Praxisnähe. Andererseits wollen wir aber auch nicht darauf verzichten, Hintergründe aufzuhellen und Zusammenhänge zwischen Gebieten herzustellen, die auf den ersten Blick nur wenig miteinander zu tun haben. Zugänglichkeit lässt sich nicht allein dadurch erreichen, dass man Checklisten abarbeitet. Es geht darum zu verstehen, wie Menschen das Web nutzen, wie sie Informationen wahrnehmen und wie man möglichst viele Gruppen bei der Wahrnehmung unterstützen kann, ohne andere zu behindern oder auszuschließen.

Dabei war unsere geringste Sorge, die Regeln der *political correctness* peinlichst genau zu beachten, die das Sprechen über Behinderungen und Behinderte manchmal zu einer kaum verständlichen Umstandskrämerei machen. Wenn wir – um nur ein Beispiel anzuführen – „farbenblind" meinen, schreiben wir das auch so hin und versuchen nicht, den in sich äußerst vielschichtigen Sachverhalt mit Wendungen wie „bei der Unterscheidung von Farben beeinträchtigte Personen" usw. gefällig zu verpacken. Wir bitten darum, das nicht als Zeichen mangelnder Sensibilität zu verstehen, sondern es als Ausdruck unseres Bestrebens zu werten, auch beim Schreiben über Zugänglichkeit keine unnötigen Barrieren zu errichten.

Projektübersicht

Der Aufbau unseres Buches orientiert sich deutlich an unserer alltäglichen Arbeit und stützt sich auf unsere Erfahrungen, die wir im Laufe der Jahre gemacht haben.

Wir haben unser Buch in zwei Hauptbereiche gegliedert. Die ersten Kapitel beschreiben die Problemsituation und die entsprechenden Maßnahmen eher auf der theoretischen Ebene, während wir in den hinteren Abschnitten (ab *Kapitel 6*) ganz praxisnah an das Thema Accessibility herangehen und dabei immer wieder auf theoretische Ansätze zurückgreifen. Um unsere Erklärungen praxisnah zu gestalten, haben wir zwei Beispielprojekte entwickelt. Wir haben uns des fiktiven Städtchens *Bad Seendorf* angenommen. Bad Seendorf hat eine Website, die jedoch in Bezug auf Accessibility sehr zu wünschen übrig lässt. Im ersten Schritt analysieren wir diese Fehler und verbessern sie anschließend in dem Rahmen, den die bestehende Struktur zulässt. Damit Sie die von uns beschriebenen Maßnahmen leichter nachvollziehen können, empfehlen wir Ihnen, zwischendurch immer wieder einen Blick ins Netz zu werfen, um unsere Argumentationen besser nachvollziehen zu können – denn da ist Bad Seendorf tatsächlich zu finden.

Auf der Seite `www.bad-seendorf-de/seendorf_alt/` finden Sie die Seite „Seendorf im wirklichen Netz" mit allen von uns beschriebenen Fehlern und Mängeln. Anschließend lassen wir uns auf „Maßnahmen zu Korrektur" ein: Nach eingehender Beratung hat man sich in Bad Seendorf entschlossen, die Seite von Grund auf neu zu entwickeln. Schon innerhalb der Anfangsphase will man die Aspekte der Accessibility beachten und entwickelt daher ein „Konzept für den barrierearmen Relaunch". Wir gehen hier auf die internen und externen Prozesse ein, die mit der Erstellung einer „barrierefreien Website" verbunden sind. In den folgenden Kapiteln können Sie uns bei der praktischen Umsetzung, dem Neubau der Bad Seendorfer Website, begleiten. Wir greifen bei der tatsächlichen praktischen Umsetzung immer wieder auf theoretische Ansätze zurück, um unsere Maßnahmen zu erklären. Da wir hier ein Buch über Accessibility schreiben und kein Buch über CSS (Cascading Style Sheets), bitten wir Sie, uns mögliche Darstellungsfehler nachzusehen. Die Beispielprojekte wurden nur entwickelt, um eine bessere Grundlage für unsere inhaltlichen Erklärungen zu bieten.

Die neu gestaltete Seite von Bad Seendorf finden Sie unter: `www.bad-seendorf.de/seendorf_clean/`.

„Sonderformate" wie PDF und Flash werden immer wichtiger, und auch ihnen gebührt unsere Aufmerksamkeit Wir können die vielfältigen Möglichkeiten und Probleme, die mit dem Einsatz dieser Formate verbunden sind, hier keinesfalls ausschöpfen. Wir beschränken uns darauf, einige Aspekte zu beleuchten, die unseren Erfahrungen nach für die praktische Zugänglichkeit von besonderer Bedeutung sind. Last but not least möchten wir noch kurz auf die Content Management-Systeme (CMS) eingehen, ohne die größere Webauftritte heute kaum noch denkbar sind. Hier haben wir uns nach einer eher grundsätzlichen Betrachtung auf die Open Source-CMS Joomla! und TYPO3 beschränkt. Die großen kommerziellen Systeme stellen sich in jeder Implementierung unterschiedlich dar, so dass allgemeine Aussagen derzeit kaum möglich sind.

Konventionen

Wie fast alle Fachbücher folgt auch unser Buch bestimmten gestalterischen Konventionen. Zitate sind durchweg *kursiv* gesetzt, während Code-Beispiele in einer `nicht-proportionalen` Schriftart gesetzt sind.

Besondere Bedeutung kommt den Icons am Seitenrand zu: Das Icon weist immer auf die dem textlichen Inhalt entsprechende Bedingung der BITV hin, während das Icon Hilfestellungen, Anmerkungen sowie nützliche Links enthält.

1

BARRIEREFREIHEIT – WAS IST DAS EIGENTLICH?

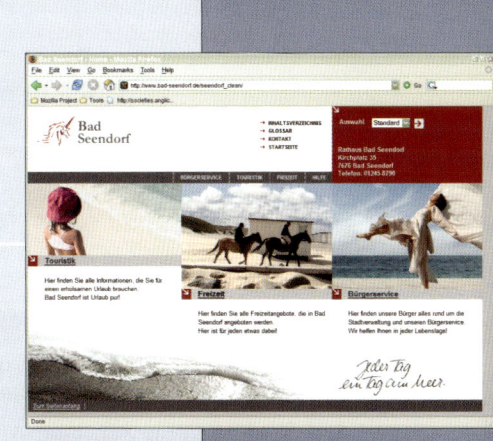

Für die meisten Menschen ist das Internet mittlerweile zur Selbstverständlichkeit geworden. Informationen aus aller Welt stehen zum Abruf bereit. Und vielleicht noch wichtiger: Auch die Sonderangebote beim örtlichen Baumarkt oder die Öffnungszeiten des Einwohnermeldeamtes sind am heimischen Bildschirm zu sehen. Lästige Bibliotheksbesuche oder Telefonate werden unnötig, man schaut halt ins Netz. Von dieser Entwicklung profitieren jedoch nicht alle. Gerade Menschen, denen durch irgendeine körperliche oder geistige Behinderung die volle Teilnahme am gesellschaftlichen Leben erschwert ist, könnten von der Kommunikationstechnik enorm profitieren. Doch sie scheitern oft an Barrieren, die Ihnen den Zugang zu Informationen oder die Nutzung von Angeboten erschweren oder ganz unmöglich machen. Viele dieser Barrieren lassen sich überwinden, wenn die Angebote entsprechend gestaltet sind.

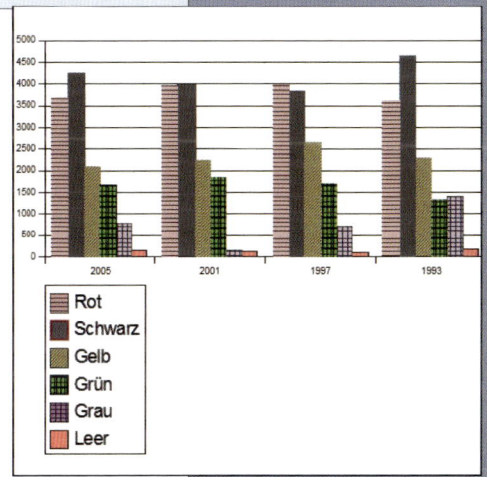

Barrierefreies Webdesign zielt dementsprechend darauf ab, Inhalte und Interaktionen im Netz für (möglichst) alle Nutzergruppen und Endgeräte zugänglich zu machen.

Dies klingt erst einmal sehr einfach.

Wer sich längere Zeit mit diesem Thema beschäftigt, wird schnell merken, dass es nicht ganz so einfach ist, wie es sich zunächst anhört. Dies liegt vor allen daran, dass es eine Vielzahl von Menschen mit sehr unterschiedlichen Bedürfnissen gibt und dass sie außerordentlich vielfältige technische Mittel einsetzen. Neben dem Ausgabemedium Bildschirm sind das

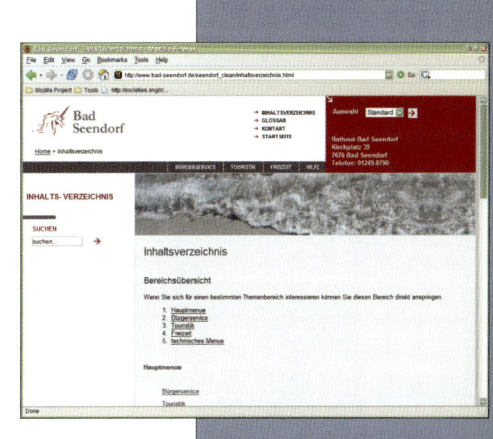

z.B. auch Screenreader für die akustische Wiedergabe oder Braillezeilen zum Lesen mit den Fingerspitzen.

Einen Eindruck von den hier auftretenden Schwierigkeiten bekommt man, wenn man sich klar macht, dass es schon gar nicht so einfach ist, die unterschiedlichen Anforderungen für die Standardtechnik „Browser auf dem Bildschirm" zu erfüllen. Mozilla-Browser verlangen standardkonformen Code, die MS-Explorer wollen mit bestimmten Hacks gefüttert werden, und auch Opera fällt gelegentlich aus dem Rahmen.

Und dann sind da noch die Browser für Mac oder Linux, die – wenn auch in geringerem Umfang – wieder eigene Ansprüche anmelden. Außerdem hat sich in den letzten Jahren die Zahl und Art der Endgeräte, mit denen Menschen aufs Internet zugreifen wollen, bedeutend vergrößert. Zunächst sind eine Anzahl „mobiler Endgeräte" wie Handhelds oder Handys dazugekommen, und nun stellen auch Behinderte ihre Ansprüche – mit Recht. Assistive (unterstützende) Technologien gewinnen immer mehr an Bedeutung. Die Anzahl der zu berücksichtigenden Clients wird immer größer.

Zu den eher technischen Problemen kommen weitere Anforderungen der unterschiedlichen Benutzergruppen. Nicht nur ältere Menschen verlangen leicht nachvollziehbare Navigationen, „Normalbürger" verlangen von Behörden-Websites verständliche Texte, und auch wer nicht sehen kann, will die Telefonauskunft im Internet benutzen oder im Web einen Handwerker ausfindig machen; ausländische Besucher hätten die Informationen gern in ihrer Sprache ... und alle haben Recht. Das heißt aber noch nicht, dass auch wirklich allen geholfen werden kann.

Ca. 8% der deutschen Bevölkerung haben eine physische Einschränkung, die ihnen den Zugang zu Informationen aus dem Internet erschwert. Landläufig wird barrierefreies Webdesign mit dem Begriff „Internet für Blinde" gleichgesetzt. Wir möchten betonen, dass das nicht alles ist – tatsächlich ist es sogar nur der kleinste Teil. Erheblich größer ist der Anteil der Menschen mit starken Sehbehinderungen. Ein anderer potenzieller Nutzerkreis hat Probleme mit der üblichen Eingabetechnik – nicht jeder kann eine Maus führen oder eine Standardtastatur bedienen. Je mehr das Internet alle Lebensbereiche erobert, desto mehr treten auch „situative Behinderungen" in den Vordergrund: langsame Verbindungen im Hotel, unkontrollierbare Lichtverhältnisse im fahrenden Zug, angeordneter Verzicht auf Ton am Arbeitsplatz.

Von zugänglichen Websites profitieren alle Menschen, auch Sie und wir. Dabei muss es nicht immer um die volle Beachtung aller Richtlinien gehen, zu deren Einhaltung staatliche Stellen verpflichtet sind. Auch kleine Schritte in Richtung Zugänglichkeit können die Benutzbarkeit von Seiten wesentlich verbessern. In den folgenden Kapiteln möchten wir auf die Probleme der einzelnen Nutzergruppen eingehen und mögliche Lösungswege anbieten.

2

BARRIEREFREIHEIT – FÜR WEN EIGENTLICH?

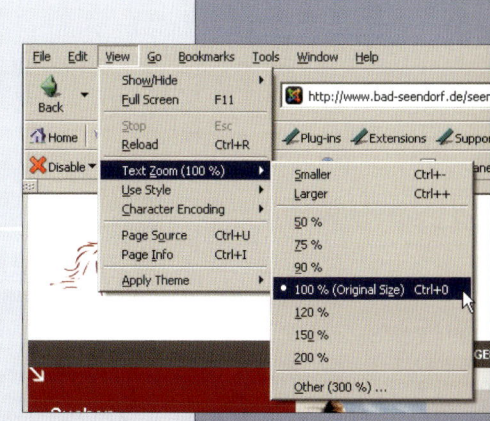

In diesem Kapitel möchten wir zunächst einmal Probleme dar-stellen, mit denen sich die unterschiedlichen Nutzergruppen konfrontiert sehen, wenn sie versuchen, auf Netzinformationen zuzugreifen. Richtlinien und daraus abgeleitete Checklisten können zwar Orientierungspunkte für den Abbau von Bar-rieren bieten, die Barrieren selbst lassen sich aber nur dann wirkungsvoll reduzieren, wenn man eine möglichst konkrete Vorstellung davon hat, wie die Probleme aussehen und welche Möglichkeiten es gibt, sie zu lösen. Eine eingehende Darstellung der Verfahren zur Problemlösung finden Sie dann im Praxisteil ab *Kapitel 5*.

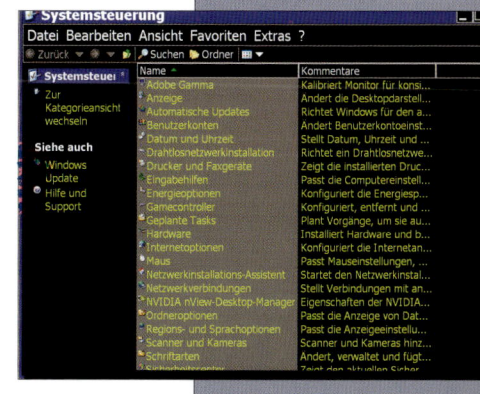

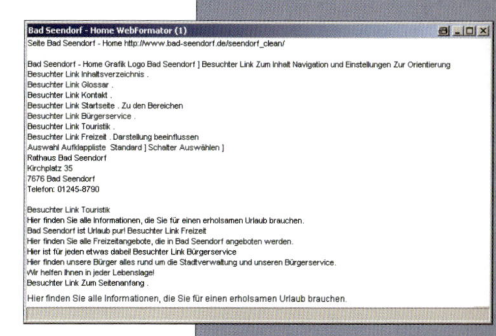

2.1   Sehbehinderung

2.1.1   Ausgangslage und Befund

Der Monitor gilt geradezu als das klassische Symbol des Computers – und wer schlecht oder gar nicht sehen kann, hat ein Problem. Hier ist nicht von einer kleinen Minderheit die Rede: Über verschiedene Grade von Fehlsichtigkeit klagt etwa ein Viertel der Bevölkerung im berufstätigen Alter – und später nimmt der Anteil stark zu. Einige Fehlsichtigkeiten lassen sich durch Brillen recht gut kompensieren, andere nur sehr begrenzt. Bestimmte Augenerkrankungen wie grauer Star oder grüner Star lassen sich operativ beheben oder zumindest abmildern. Wieder andere wie Retinopathia pigmentosa oder Diabetische Retinopathie führen zu einer ständigen Verschlechterung des Sehvermögens und letztlich oft zu völligem Verlust der Sehfähigkeit. Beim so genannten „Tunnelblick" ist das Gesichtsfeld der betroffenen Personen extrem eingeschränkt – manchmal auf die Größe einer Zwei-Euro-Münze, die man auf Armeslänge Entfernung vors Gesicht hält.

Etwa 10% der männlichen Bevölkerung ist von leichten Formen der Farbenblindheit betroffen. Meistens heißt das, dass bestimmte Rot- und Grüntöne nicht voneinander unterschieden werden können. Blindheit gegenüber anderen Farben, völlige Farbenblindheit oder Rot-Grün-Blindheit bei Frauen sind sehr selten.

Als „blind" gelten Personen, deren restliche Sehkraft nur noch wenige Prozent des Durchschnittswertes betrifft. Die Zahl der so bestimmten Blinden wird für Deutschland mit 150.000 bis 200.000 angegeben. Einige von ihnen können am Computer durch Schriftvergrößerung und individuelle Farbeinstellungen Texte noch gerade so entziffern, während andere darauf angewiesen sind, sich die Informationen akustisch ausgeben zu lassen oder diese über die Braillezeile zu ertasten. Dazu bedarf es der schon erwähnten assistiven Technologien.

Die Anforderungen der verschiedenen Menschen, die von Sehbehinderungen betroffen sind, sind außerordentlich unterschiedlich. Es ist daher nicht möglich, Farbgebung, Kontrast oder Schriftgröße allgemein zu optimieren. Wo ein „Tunnelblicker" kleinste gelbe Schrift auf dunkelblau bevorzugt, ist ein Altersweitsichtiger vielleicht für große schwarze Schrift auf leicht angetöntem Hintergrund dankbar. Die Konsequenz daraus ist, dass „Barrierefreiheit" für Sehbehinderte in erster Linie bedeuten muss, ihnen keine Hindernisse dabei in den Weg zu stellen, alle Darstellungsparameter selbst zu beeinflussen.

Dafür steht ihnen ein reichhaltiges Sortiment von Hilfsmitteln zur Verfügung.

2.1.2 Technische Hilfsmittel

Einige davon sind bereits in der Standardausstattung jedes PCs enthalten und können uneingeschränkt genutzt werden, während andere teuer erworben werden müssen.

Die Bildschirmauflösung anpassen

Der durchschnittliche Internetnutzer verwendet heute eine Bildschirmauflösung von 1024 x 768 Pixeln auf einem Monitor zwischen 17 und 19 Zoll Größe. Das heißt aber keinesfalls, dass man unbedenklich (wie auf manchen Webseiten zu lesen) für diese Parameter „optimieren" kann. Je nach Monitor, Grafikkarte und Betriebssystem stehen die unterschiedlichsten Einstellungsmöglichkeiten bereit, und sie werden auch auf unterschiedliche Weise genutzt. Ältere User stellen oft auch auf größeren Monitoren eine Auflösung von 800 Pixeln in der Breite oder noch kleiner ein. Dann erscheinen alle Elemente (also nicht nur die Schrift, sondern auch Icons oder Rahmen) wesentlich vergrößert und werden trotz deutlich sichtbarer Pixel oder zunehmender Unschärfe vielfach als angenehmer empfunden. Zumindest Windows stellt noch eine weitere Methode der globalen Größeneinstellung bereit, bei der in erster Linie die Schriften beeinflusst werden. Webseiten, die für möglichst viele Besucher erreichbar sein sollen, sollten daher in der Regel so eingerichtet sein, dass sie bei einer Auflösung von 800 x 600 Pixeln und mit mittelgroß erscheinenden Schriften noch gut erfassbar sind – nach Möglichkeit ohne Scrollbalken.

Schriftgrad anpassen

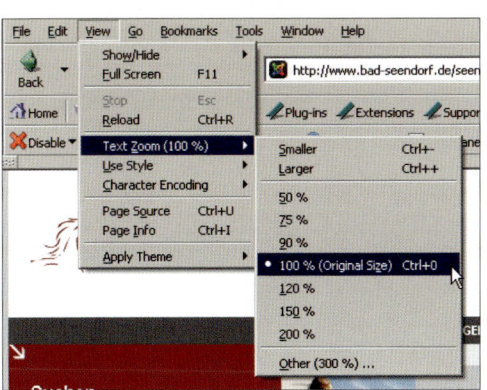

Gängige Browser bieten zudem die Funktion, den Schriftgrad der zu betrachtenden Seite zu vergrößern. Im Internet Explorer finden Sie dies unter ANSICHT/SCHRIFT-GRAD.

Dies funktioniert in Internet Explorer leider nur, wenn der Webdesigner relative Größenangaben wie „%" oder „em" für den Schriftgrad gewählt hat. Theoretisch gilt auch „px" als relative Größenangabe und sollte von allen Browsern skaliert werden. Leider macht der Internet Explorer dabei nicht mit und lässt die Größe unverändert. Dieses Verhalten bzw. der Umstand, dass viele Designer diese „Macke" nicht kennen, sind der Grund dafür, dass viele Webauftritte mit modischen und platzsparenden kleinen Schriften in der Praxis für viele Besucher unzugänglich sind.

Mozilla und Co. skalieren die Schrift auch bei festen Pixelangaben. Sie finden die entsprechende Funktion unter ANSICHT/TEXT ZOOM.

Opera skaliert sogar Grafiken – wenn auch mit Qualitätseinbußen.

Eigene Stylesheets definieren

Die gängigen Browser bieten die Möglichkeit, eigene Stylesheets zu definieren (auch wenn sie nicht immer ganz leicht zu finden ist). Bei Webseiten, in denen die Trennung von Inhalt und Darstellung konsequent durchgeführt ist und das gesamte Layout in den Stylesheets liegt, können die User auf diesem Wege das Aussehen vollständig an die eigenen Bedürfnisse anpassen. Das ist ein starkes Argument dafür, die von den Richtlinien geforderte Trennung von Inhalt und Darstellung auch praktisch zu realisieren.

Firefox

Solange der Anwender die Accessibility Toolbar, auf die wir in *Kapitel 5* genauer eingehen, nicht installiert hat, ist die Integration eines eigenen Stylesheets immer mit einem Eingriff in die individuellen Anwenderdaten verbunden.

Jedes System bietet die Möglichkeit, anwenderspezifische Daten zu laden, und auch Programme lassen sich individuell anpassen. Sie werden sicherlich die Ordner DOKU-MENTE UND EINSTELLUNGEN/BENUTZERNAME/ANWENDUNGSDATEN unter Windows kennen. Innerhalb dieses Bereichs findet man ebenfalls anwenderspezifische Einstellungen für die unterschiedlichen Programme, so auch für die Browser.

Firefox und Co. greifen bei der Darstellung von Websites nur so lange auf ein externes Stylesheet zu, solange sie in den Benutzereinstellungen kein alternatives Angebot finden.

Nachdem Sie Ihr individuelles Stylesheet erstellt haben, ist es besonders wichtig, dass Sie es unter dem Namen *userContent.css* im Ordner *Chrome* abspeichern, da anhand von Namenskonventionen erkannt wird, ob eine entsprechende Datei vorhanden ist oder nicht.

Diesen Ordner finden Sie:

◆ **Unter Windows:** Dokumente und Einstellungen/Benutzername/Anwendungs-
daten/Mozilla/Firefox/Profiles/xyz/chrome

◆ **Unter Mac OS X:** Benutzername/Library/Application Support/Firefox/Pro-
files/xyz/chrome

Nachdem Sie Ihre Datei dort abgespeichert haben, sollte sie automatisch geladen und
sollten die von Ihnen gewählten Websites entsprechend dargestellt werden.

Internet Explorer

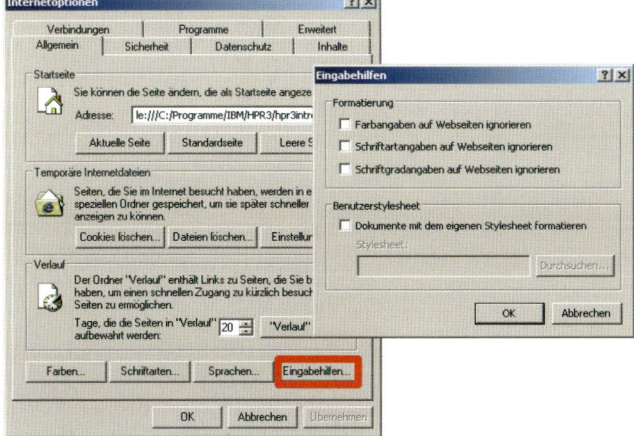

ABBILDUNG 2.3

*Eingabehilfe im Internet
Explorer aktivieren*

Im Internet Explorer ist die Möglichkeit zur Einbindung eigener Stylesheets etwas
versteckt unter Internetoptionen/Eingabehilfen zu finden.

Das Stylesheet folgt hier keinerlei Namenskonventionen und kann individuell benannt
und integriert werden.

Druckvorschau nutzen

In der Druckvorschau des Internet Explorers hat man zusätzlich die Möglichkeit, die
Ansicht einer gesamten Website zu vergrößern, wenn man gleichzeitig Alt und das
+ bzw. - im Num-Block-Bereich drückt. Dabei werden dann ähnlich wie in Opera
sogar die Grafiken skaliert.

Bildschirmlupen

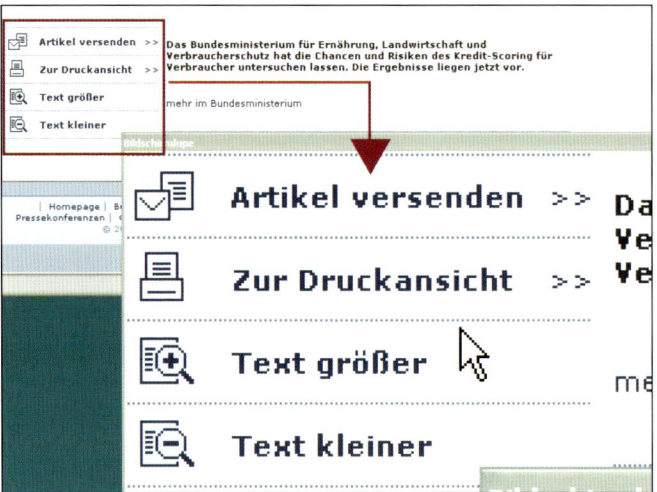

Es gibt auch Software-Lupen für die Bildschirmausgabe, die einzelne Bereiche deutlich vergrößern. Einfache Versionen sind in den meisten Betriebssystemen als Option ent- halten, leistungsfähigere können zusätzlich erworben werden.

Unter Windows finden Sie die integrierte Bildschirmlupe unter START/PROGRAMME/ ZUBEHÖR/EINGABEHILFEN/BILDSCHIRMLUPE.

Bildschirmtastaturen

Windows enthält in der Standardausstattung eine einfache Bildschirmtastatur, die bereits mit einer einzigen Taste (normalerweise nimmt man die Leertaste) bedient werden kann. Sie finden das Programm unter START/PROGRAMME/ZUBEHÖR/EINGABE-HILFEN/BILDSCHIRMTASTATUR.

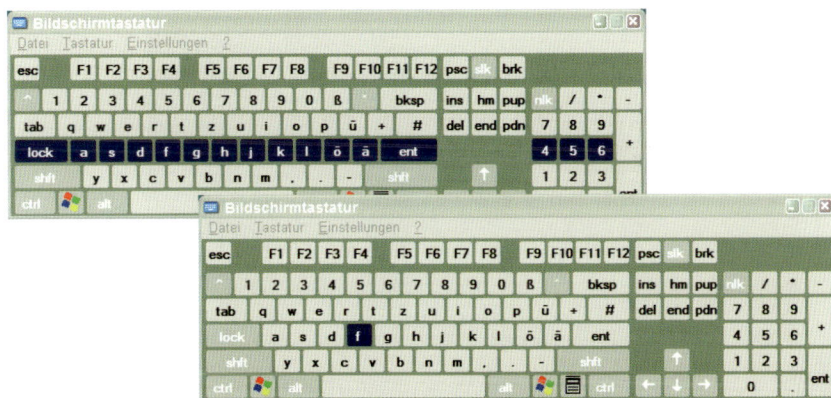

ABBILDUNG 2.6

Bildschirmtastatur unter Windows

Die Funktionsweise

Die Tastatur wird mit der Leertaste gestartet. Dann läuft ein blauer Balken mit einstellbarer Geschwindigkeit von oben nach unten über die Tastatur. Erreicht er die Reihe, in der die gewünschte Taste liegt, wird er durch einen weiteren Druck auf die Leertaste gestoppt. Sofort werden von links nach rechts der Reihe nach die einzelnen Tasten in dieser Reihe hervorgehoben. Erreicht die Hervorhebung die gewünschte Taste, wird durch Druck auf die Leertaste die entsprechende Funktion ausgelöst oder das jeweilige Zeichen in eine Textverarbeitung übernommen. Das geht schneller, als die Schilderung vermuten lässt – Übung macht den Meister. Kommerzielle Ausführungen bieten dann noch einmal wesentlich mehr Komfort und größere Geschwindigkeit.

Es gibt auch „Tastatur-Mäuse", die im Prinzip ähnlich funktionieren: Balken oder Linien laufen über die Bildschirmfläche, bieten so ein Koordinatenkreuz und ermöglichen es, jeden beliebigen Punkt auf dem Bildschirm anzusteuern und dort eine Funktion auszulösen.

Bildschirminvertierung

ABBILDUNG 2.7

So sieht die Windows Systemsteuerung nach dem Einschalten der Bildschirminvertierungsfunktion aus.

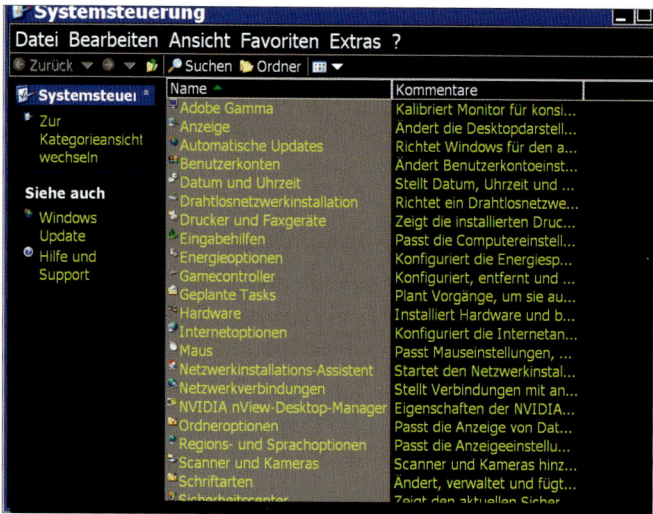

Die Betriebssysteme Windows und Mac bieten auch die Möglichkeit der so genannten „Bildschirminvertierung". Unter Windows kann der Benutzer die Wiedergabe auf Dauer nach seinen Bedürfnissen einstellen. Dazu stehen mehreren Farbkombinationen für Vorder- und Hintergrund sowie verschiedene Schriftgrößen zur Verfügung.

ABBILDUNG 2.8

In der Windows Systemsteuerung lässt sich die Bildschirminvertierung einschalten.

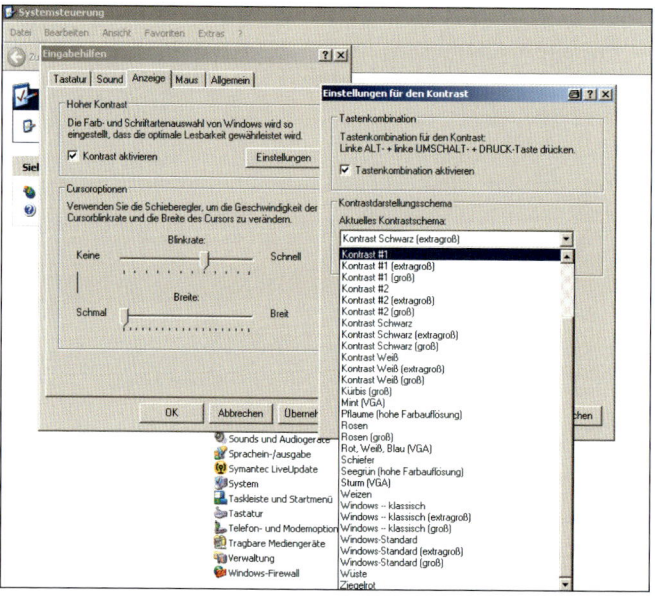

Sie aktivieren und konfigurieren die Bildschirminvertierung in Windows mit Start/Einstellungen/Systemsteuerung/Eingabehilfen/Anzeige/Einstellungen für den Kontrast.

Screenreader und Braillezeile

Für „Akustiker" und Anwender von Braillezeilen bieten die marktgängigen Personalcomputer in der Grundausstattung dem deutschsprachigen User wenig. Hier muss die „Screenreader"-Software mit Ausgabemöglichkeit auf Stimmsynthesizer oder Braillezeile eigens erworben werden – und die außerordentlich teure und verschleißanfällige Braillezeile natürlich auch.

Die „Blindenschrift" dürfte jedem zumindest aus Abbildungen bekannt sein. Sinnvoll ist ihre Anwendung freilich nur in tastbarer Form, und dazu benötigt man eine aufwändige, verschleißanfällige und daher überaus teure Technik.

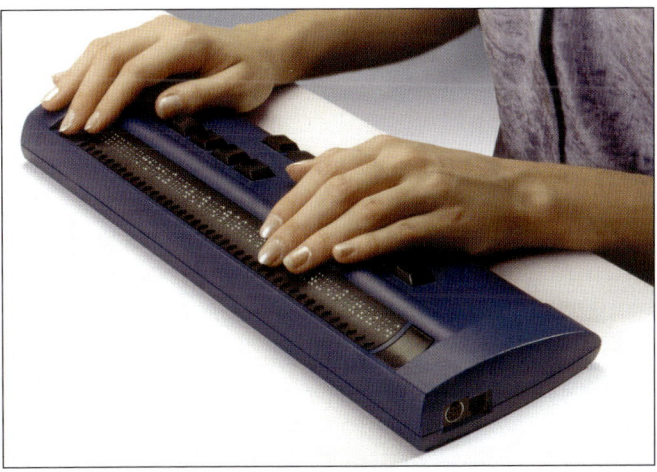

ABBILDUNG 2.9

Braillezeile

Die Braillezeile ist ein Gerät, das man an den Computer anschließt. Jedes Zeichen des Alphabets wird mit 8 Stiften dargestellt, die sich aufwärts und abwärts bewegen lassen. Mit den Fingerkuppen tastet der User diese Punktbilder ab und kann somit Buchstabe für Buchstabe lesen. Es gibt auch Braille-Flächen mit beispielsweise 24 x 36 einzeln angesteuerten Bildpunkten, die einfache Grafiken mit entsprechender Auflösung ertastbar machen. Wer auf diese Technik nicht angewiesen ist, kann sich schwer vorstellen, damit zu arbeiten – aber auch hier ist mit Übung viel zu erreichen.

Software zur Ausgabe von Bildschirminhalten auf nichtvisuellen Geräten wird von mehreren Herstellern angeboten. Wir unterscheiden *Screenreader*, die den gesamten Bildschirm auslesen – unabhängig vom jeweils genutzten Programm –, und so genannte *Web-Reader* oder *Voice-Browser*, die speziell für die Wiedergabe von Webinhalten zuständig sind. Neuerdings wird auch der Acrobat Reader mit einer eigenen Sprachausgabe ausgeliefert.

Jaws

Jaws (Job Access With Speech) von *Freedom Scientific* ist ein Screenreader, der nur für das Betriebssystem Windows verfügbar ist. Über die Soundkarte des Computers werden die aktiven Inhalte des Bildschirms akustisch wiedergegeben. Eine Ausgabe über die Braillezeile ist ebenfalls möglich. Als echter Screenreader macht Jaws nicht nur Webinhalte, sondern eine Vielzahl von Anwendungen zugänglich, die sich auf dem Computer befinden. Das Programm hat einen außerordentlich großen Funktionsumfang und ermöglicht nach entsprechender Einarbeitung eine sehr wirkungsvolle Arbeit. Jaws ist nach der Installation tief im Betriebssystem verwurzelt. Wenn Sie Jaws testen wollen, sollten Sie dies deshalb auf einen separaten Rechner tun, an dem Sie nicht täglich arbeiten. Beim kombinierten Einsatz mehrerer Screenreader können Probleme entstehen.

Ebenfalls echte Screenreader sind *Virgo* von der *BAUM Retec AG* und *Blindows* von *Audiodata*. Sie bieten einen ähnlichen Funktionsumfang wie Jaws. Beide greifen bei der Darstellung von Internetinhalten auf den *Webformator* zurück.

Webformator

Der *Webformator* ist ein Plugin der Firma *Audiodata* für den Microsoft Internet Explorer. Er kann nicht nur als Zulieferer für Screenreader eingesetzt werden, sondern dient bei einigen Anwendern auch allein zur Ansteuerung einer Braillezeile.

ABBILDUNG 2.10

So spartanisch ist die Ausgabe im Webformator.

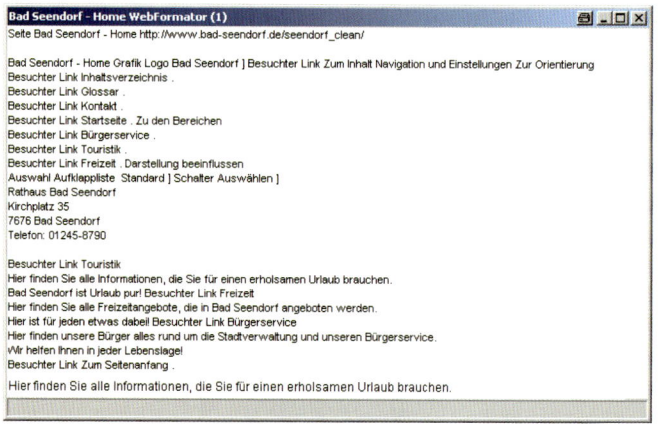

✓ Weitere Informationen zum Webformator finden Sie unter: http://www. webformator.com/

Auch hier stehen viele Features zur Unterstützung der Benutzer bei der Informationsaufnahme bereit. Eine integrierte Suchfunktion hilft, das Nötige zu finden, Textblöcke können gezielt übersprungen werden, Formulare werden ansteuerbar, Linklisten können auf Wunsch übersprungen werden, und man sieht, welcher Link schon besucht wurde. Über eine eigene Sprachausgabe verfügt der Webformator bis dato nicht, dies ist jedoch in Planung. Der Webformator ist kostenlos verfügbar.

IBM Homepagereader

Der *IBM Homepagereader* (HPR) ist wohl das bekannteste Programm im aktuellen Angebot, das speziell für die Ausgabe von Webseiten bestimmt ist. Der HPR basiert auf einer Kombination aus dem Windows Internet Explorer und dem IBM Sprachsynthesizer. Er bietet blinden Menschen viele Möglichkeiten, sich auf Websites zu bewegen. Wie alle Screenreader liest er die Inhalte einer Seite systematisch von oben nach unten vor, deshalb ist eine semantisch logische Struktur des Inhalts so überaus wichtig. Er bietet unter anderem die Möglichkeit, von Überschrift zu Überschrift zu springen, um schneller einen Gesamtüberblick über die bereitgestellten Inhalte zu ermöglichen. Der Hompagereader liegt aktuell (März 2006) in Version 3.04 für Microsoft Windows 2000 und XP vor.

Praxisbeispiel

Für sehende Menschen ist die Nutzung eines Screenreaders eine eher belastende Angelegenheit, weil die akustische Wahrnehmung nicht im notwendigen Maße geschult ist. Blinde Menschen, deren Wahrnehmung stärker akustisch oder taktil geprägt ist, tun sich dabei nach einiger Einübung leichter. Dazu kommt, dass jeder Screenreader – und zwar unabhängig davon, ob er Lautsprecher oder eine Braillezeile ansteuert – aus der größeren Fläche des Bildschirms immer nur ein Wort oder eine Zeile zur gleichen Zeit darstellen kann.

Mit Hilfe von Eva Papst, die als selbst blinde Spezialistin für die Produktion blindengerechter Medien tagtäglich mit Screenreadern arbeitet und sich dementsprechend weitaus besser damit auskennt als wir, wollen wir einmal versuchen zu beschreiben, wie sich die Informationsaufnahme mit Hilfe des Screenreaders darstellt.

Stellen Sie sich vor, Sie sollten eine Website durch ein schmales Fenster betrachten, das eine Textzeile hoch und ca. 80 Zeichen lang ist. In diesem kleinen „Sehschlitz" findet man keinerlei Formatierung, wie z.B. unterschiedliche Schriftfarben oder Abstände zu benachbarten Elementen; es gibt keine Zusammenhänge. Dieser kleine Sehschlitz ist alles, was blinde Menschen wahrnehmen, wenn sie eine Webseite zum ersten Mal betrachten.

> *Eva Papst: Das hört sich schlimmer an, als es ist, denn die Screenreader stellen eine nahezu unüberschaubare Menge von Befehlen zur Verfügung, mit denen man diesen schmalen „Schlitz" ganz gezielt bewegen kann.*

Natürlich lässt sich das Lesefenster auch automatisch von oben nach unten bewegen, was bei Fließtext durchaus Sinn macht. Aber bis man so weit ist, lesen zu können, muss man erst einmal navigieren – und zwar möglichst gezielt. Screenreader bieten die unterschiedlichsten Funktionalitäten, um sich tatsächlich innerhalb einer Seite zu bewegen, hier finden Sie nur einen kleinen Ausschnitt aus den möglichen Befehlssätzen:

Weitere Informationen und eine kostenlose 30-Tage-Demoversion finden Sie unter:

http://www-5.ibm. com/de/accessibility/ hpr.html

Reinhören lohnt sich wirklich, um einmal ein Gefühl dafür zu bekommen, was blinde Menschen denn nun tatsächlich vorgelesen bekommen.

- ◆ Zur nächsten/vorigen Überschrift
- ◆ Zur nächsten/vorigen Liste
- ◆ Zum nächsten/vorigen Absatz
- ◆ Zum nächsten/vorigen Formular(element)
- ◆ Zur nächsten/vorigen Tabelle

Die meisten Screenreader bieten auch die Möglichkeit, sich beispielsweise

- ◆ alle Links,
- ◆ alle Überschriften,
- ◆ alle Formularfelder etc.

auflisten zu lassen, um Fließtext vorübergehend komplett auszublenden und so die Information auf das notwendige Minimum zu reduzieren. Mit Funktionstasten lässt sich der Seitentitel abfragen oder eine Suchfunktion aufrufen, um die Navigierbarkeit zu erleichtern.

2.1.3   Was können wir tun?

Voraussetzung für ein Funktionieren dieser Features ist allerdings immer ein semantisch korrektes Markup und eine gut durchdachte Linearisierung der Inhalte. Wenn die Entwickler die entsprechenden Voraussetzungen nicht schaffen, können die Anwender ihre Hilfsmittel auch nicht optimal einsetzen.

Die erste und wichtigste Regel für die Entwickler ist daher ist die möglichst vollständige Trennung von Inhalt und Layout. Das heißt im Klartext:

- ◆ Verwenden Sie sauberen und reinen HTML-Code für die Inhalte.
- ◆ Verwenden Sie keine unnötigen Layouttabellen.
- ◆ Die Formatierung erfolgt ausschließlich über CSS.

Nur dann hat „assistive Technologie" die Möglichkeit, den Inhalt nach Belieben aufzubereiten, während die visuelle Präsentation völlig unberücksichtigt bleiben kann. Die Auslagerung der Präsentation in Stylesheets gibt dem User überdies die Möglichkeit, eigene Stylesheets in seinem Browser zu definieren und damit die Seiten exakt seinen Bedürfnissen anzupassen. Bei der Farbgebung sollten stets Vorder- und Hintergrundfarben angegeben werden. Die Verwendung von Rot und Grün alleine als Signale für irgendetwas ist zu vermeiden, da nicht jeder den Unterschied sehen kann.

Eine weitere, ebenfalls außerordentlich wichtige Regel ist, die Schriftgrößen variabel zu gestalten, damit der User die Möglichkeit hat, diese zu verändern. Dies wiederum hat eine deutliche Auswirkung auf das Design der Seite, denn das Rahmenlayout muss den nötigen Raum für diese Flexibilität vorsehen, damit sich die Schrift ausdehnen kann, ohne das Layout zu sprengen. Je nachdem, welche Designvorgaben man hat, kann dies eine große Herausforderung werden. Bei Seiten, die höchste Ansprüche an Zugänglichkeit stellen, kann das bedeuten, dass entweder nicht alle Designideen umsetzbar sind – oder dass man, was die Kunden lieber hören, neben der Gestaltung mit allen grafischen Tricks und Chromleisten noch einen „Accessibility-Style" anbietet, der alle denkbaren Ansprüche an Verstellbarkeit erfüllt.

Häufig verwenden Webdesigner z.B. für Überschriften Texte in Bildern mit transparenten Hintergründen. Das ist nur statthaft, wenn Sie alle Vorkehrungen treffen, um zu verhindern, dass der Text unsichtbar wird, falls ein Anwender als Hintergrundfarbe ausgerechnet die Farbe Ihres Textes wählt. Wenn irgend möglich, sollte das Design auf transparente Hintergründe verzichten.

Hauptanforderungen für das Design

Achten Sie beim Design Ihrer Websites also auf folgende Punkte:

- Trennung von Content und Layout
- Semantisch logische Struktur
- Durchdachte Farbwahl
- Ausreichende Kontraste
- Variable Schriftgrößen
- Skalierbare Layouts
- Keine Schriftgrafiken
- Keine transparenten Hintergründe für Grafiken

2.2 Motorische Behinderungen

2.2.1 Ausgangslage und Befund

Der Rollstuhl ist geradezu zum Wappen und zum Symbol für „Behinderung" geworden. Am Computerarbeitsplatz und im Internet sind Rollstuhlfahrer, die ihre Arme voll bewegen können, allerdings so fit wie jeder andere User auch. Die Gruppe von Personen, die hier besondere Berücksichtigung erfordert, sind Menschen, denen es nicht möglich ist, die Tastatur und/oder Maus als Standardeingabegerät zu verwenden. Dafür kann es viele Gründe geben: Arme und Finger sind bewegungsunfähig – oder bewegen sich spontan und schwer kontrollierbar. Andere haben überhaupt keine Hände und Arme oder sind vom Hals abwärts oder nach einem Schlaganfall halbseitig gelähmt. Solange ein Mensch in der Lage ist, auch nur ein binäres Signal – also die berühmte 0 oder 1 – gesteuert abzusetzen, reicht das, um mit Energie, Lernaufwand und geeigneter Software einen Computer in allen Funktionen bedienen zu lernen.

2.2.2   Technische Hilfsmittel

Wegen der Vielzahl von Behinderungen, die die Benutzung einer Standardtastatur verhindern oder Spezialtastaturen erfordern, ist es nicht möglich, diese Hilfsmittel im Einzelnen vorzustellen. Glauben Sie uns bitte, dass ein einfacher Signalgeber (das kann ein Kontakt zur Berührung mit der Zungenspitze oder eine einzige Riesentaste zur Betätigung mit der Ferse sein) völlig ausreicht, um einen Webbrowser zu bedienen oder Texte zu schreiben – vielfach sogar mit erstaunlicher Geschwindigkeit. Erfindungsreiche Software übernimmt es dabei, zwischen dem immer gleichen Signal des Benutzers und beliebigen Anwendungsfällen und Aktionen zu vermitteln.

ABBILDUNG 2.11

Steuerung mit dem Mund

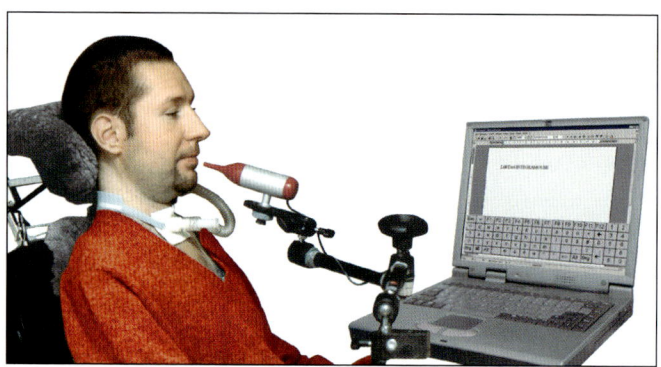

2.2.3   Was können wir tun?

Damit diese Software – und damit auch der Anwender – möglichst effizient arbeiten kann, sollten Webseiten klar strukturiert und logisch aufgebaut sein. Je klarer dieser Aufbau ist, desto leichter kann der Anwender sich mit wenigen Befehlen an den Ort klicken, den er erreichen will. Für die optische Gestaltung ist ein Punkt besonders wichtig, und zwar sowohl für Schwerstbehinderte, die ihren Rechner mit „Augen-Blicken" steuern (mittels Eyetracking), als auch für sich völlig unbehindert fühlende ältere Menschen, die nur manchmal Schwierigkeiten haben, die Maus genau dahin zu führen, wo sie hin soll: Die Bedienungselemente – Buttons – sollten nicht zu klein sein und die Abstände zwischen ihnen nicht zu gering.

Hauptanforderungen für das Design

Achten Sie in Hinblick auf motorisch behinderte Anwender auf folgende Punkte:

◆ Klare Struktur und logischer Aufbau

◆ Ausreichend große Navigationselemente

◆ Keine mausgesteuerten Events

2.3 Gehörlose

2.3.1 Ausgangslage und Befund

Es gibt in Deutschland etwa 60.000 bis 100.000 Menschen mit extrem eingeschränkter Hörfähigkeit. Einige Tausend davon waren dadurch auch so stark beim Erlernen der deutschen Sprache behindert, dass sie diese Sprache nur unvollkommen (Stand 4.-6. Schuljahr) beherrschen. Für die Kommunikation untereinander, aber auch für die Aufnahme fremder oder anspruchsvollerer Inhalte ziehen sie die *Deutsche Gebärdensprache* (DGS) vor. Das ist ein Idiom auf einer eigenen, von der Lautsprache unabhängigen Grundlage eines Systems von Zeichen und Gesten.

Aber Vorsicht: Nicht nur Menschen mit geringem Hörvermögen surfen meistens ganz ohne oder mit abgeschalteten Lautsprechern! Es ist keinesfalls ausreichend, z.B. irgendwelche Warnsignale nur akustisch auszugeben – sie müssen stets von einem eindeutig interpretierbaren visuellen Hinweis begleitet werden.

2.3.2 Technische Unterstützung

Videos in Deutscher Gebärdensprache lassen sich ohne technische Probleme auf Internetseiten einbinden. Damit ist es für Anbieter offizieller staatlicher Informationen oder lebenswichtiger Mitteilungen möglich, besonders wichtige oder in Schriftsprache besonders schwer verständliche Informationen in einer zusätzlichen „Übersetzungsversion" in DGS anzubieten.

2.3.3 Was können wir tun?

Die Entscheidung darüber, ob und welche Teile eines Informationsangebotes in DGS bereitzustellen sind, ist Sache des Auftraggebers bzw. seiner Webredaktion. Die Aufgabe des Dienstleisters ist es, die Einbindung der Videos technisch sauber zu gewährleisten und sie so in die allgemeine Navigation einzubeziehen, dass sie leicht gefunden werden.

ABBILDUNG 2.12

DGS-Symbol

Es ist sinnvoll, durch die Verwendung des DGS-Icons auf implementierte Videos direkt aufmerksam zu machen. Die Videos sollten wenn möglich sowohl in unterschiedlichen Qualitäten, die sich an den möglichen Bandbreiten der Internetnutzer orientieren, als auch in verschiedenen Formaten angeboten werden. Formate wie *Quicktime*, *Windows Media Player* und das *Real*-Format gehören heute zu den meistbenutzten Plugins für multimediale Inhalte und sollten auf den meisten Rechnern vorhanden sein. Die Angabe der tatsächlichen Datengröße ist sinnvoll, damit der Nutzer sich überlegen kann, ob die angebotene Information ihm wichtig genug ist, um die eventuell hohe Ladezeit in Kauf zu nehmen.

2.4   Lernbehinderungen

2.4.1   Ausgangslage und Befund

Je mehr das Internet zum Bestandteil lebenswichtiger Kommunikationsprozesse wird, desto stärker rücken auch diejenigen Menschen in den Blickpunkt der Zugänglichkeitsspezialisten, die sich durch kognitive, psychische oder andere geistige Behinderungen bei der Nutzung des Internets behindert sehen. Diese Menschen bilden keine einheitliche Gruppe, ihre höchst unterschiedlichen Bedürfnisse sind bisher nur unzureichend erforscht.

Wo konkrete Zielgruppen angesprochen werden – z.B. bei einer Informationsseite, die Erwachsene mit geringen Kenntnissen im Lesen oder Schreiben zum Besuch von Alphabetisierungskursen motivieren will –, lassen sich in Zusammenarbeit mit Spezialisten für Kommunikation und Didaktik in aller Regel Präsentationsweisen erarbeiten, die zielführend eingesetzt werden können. Bei Seiten, die sich an ein allgemeines Publikum richten, ist das schwierig. Es gibt Menschen mit Lernschwierigkeiten, denen durch die umfassende Verwendung von Symbolen der Zugang zum Inhalt einer Seite erleichtert wird. Andere Menschen mit Konzentrationsschwierigkeiten werden eben dadurch eher irritiert. Es gibt Farben, die auf die meisten Menschen eine beruhigende und die Konzentration fördernde Wirkung ausüben – bei einigen anderen erregen sie dagegen einen Widerwillen, sich auf den Inhalt überhaupt einzulassen.

In dieser Problemsituation ist zunächst einzuräumen, dass die Technik des Internets und die praktisch einsetzbaren Verfahren zwar geeignet sind, viele Kommunikationsschranken zu überwinden – aber längst nicht alle. Der von einigen Begründern des Internets erhobene idealistische Anspruch, alle Informationen allen Menschen zugänglich zu machen, ist zweifellos eine Nummer zu hoch gegriffen und hat stellenweise unrealistische Erwartungen geweckt. Die im Verkehr zwischen öffentlicher Verwaltung und Bürgern zunehmende Verlagerung von Informations- und teilweise auch Interaktionsprozessen ins Internet darf daher nicht dazu führen, dass die Möglichkeiten zur direkten Kontaktaufnahme (Sprechstunde, Bürgerberatung usw.) über die Erhebung von Gebühren eingeschränkt werden: Es wird immer Menschen geben, die den zielorientierten Umgang mit der Internettechnik nicht meistern – ansonsten aber durchaus in der Lage sind, mit ein bisschen menschlicher Unterstützung ihren Alltag und auch ihren „Behördenkram" zu bewältigen.

2.4.2 Was können wir tun?

Angesichts der vielfältigen Problemlage gibt es keine Patentrezepte. Bei Seiten z.B. einer Gemeindeverwaltung, die möglichst viele Menschen erreichen sollen, sind zunächst alle üblichen Gesichtspunkte von Usability und Accessibility mit der äußersten Sorgfalt zu beachten:

◆ Einfache und leicht durchschaubare Navigation

◆ Sauberes und optisch klares Schriftbild

◆ Viele Überschriften mit signalgebenden Stichwörtern

◆ Kurze Texte aus kurzen Sätzen und möglichst ohne „schwierige" Wörter

◆ Beschränkung auf das wirklich Wesentliche

◆ Reichhaltige Angebote von Hilfen (FAQ, Glossare usw.)

In bestimmten Fällen sind folgende Maßnahmen hilfreich:

◆ Der Einsatz von Farbcodierungen

◆ Die Verwendung von Ideogrammen und Symbolen

◆ Die Übersetzung in mehrere Sprachen (auch DGS)

Gelegentlich wird auch eine Übersetzung in so genannte „einfache Sprache" vorgeschlagen. Sofern sich damit die Vorstellung verbindet, es gäbe eine bestimmte „einfache Sprache", die für die Mehrheit der Menschen verständlich ist, die Probleme mit der „Standardsprache" haben, ist hier Skepsis angebracht. Aber es ist in jedem Fall sinnvoll, bei Texten, die sich an eine ganz breite Allgemeinheit richten, „verständliche Sprache" einzusetzen, also keine unerklärten Fachausdrücke, Verwaltungstermini oder hausinternen Sonderformen zu verwenden. Dazu in *Kapitel 6.2.2* mehr.

2.5 Gruppe 50+

2.5.1 Ausgangslage und Befund

Der Altersdurchschnitt unserer Bevölkerung nimmt ständig zu. Die große Gruppe der Senioren wird in vielen Bereichen als Zielgruppe für neue Produkte umworben. Auch im Internet schießen Portale für Senioren wie Pilze aus dem Boden, aber in den meisten Fällen werden diese ihnen auf der technischen Seite kaum gerecht. Hindernisse wie Unerfahrenheit in der Internutzung sowie nachlassende Sehkraft können durch eine barrierearme Umsetzung von Internetseiten deutlich reduziert werden. Ältere Menschen benötigen mehr noch als junge Menschen eine klare Strukturierung der Inhalte, um sich besser zurechtzufinden, sowie eine Skalierbarkeit der Schriftgrößen. Auch sollten Sie auf einen hinreichenden Kontrast der Seitenelemente achten.

2.5.2 Praxisbeispiel

Mein (Angie Radtkes) Schwiegervater ist jetzt 78 Jahre alt, und vor knapp zwei Jahren kaufte er sich seinen ersten Computer. Meine Aufgabe war es, ihm den Umgang damit zu erklären. Schnell merkte ich, dass viele Dinge, die für mich selbsterklärend sind, für ihn ein Hindernis darstellten. Junge Menschen wachsen mit dem Computer auf. Meine sechsjährige Tochter weiß, was eine E-Mail ist, meinem Schwiegervater war diese Art der Kommunikation fremd. Das erste wirkliche Problem jedoch war, dass ich ihm seinen 17-Zoll-Monitor mit einer Auflösung von 1024 x 768 Pixeln eingestellt hatte. Resultat: Er konnte nichts erkennen. Alles erschien ihm – trotz Brille – zu klein.

Fazit: Mein Schwiegervater surft mit einer Auflösung von 800 x 600 Pixeln.

Wie oft stehen Webdesigner vor dem Problem, ihr Design einer Auflösung anpassen zu wollen. Skalierbare Layouts sind in diesen Falle oft die beste Lösung. Oftmals scheitert man jedoch an den Vorgaben, die Grafikdesigner machen. In einem solchen Fall halten wir nach wie vor an der Lösung für den kleinstmöglichen Nenner fest. Eine Berücksichtigung von 800 x 600 Pixel ist immer noch sinnvoll, auch wenn statistische Werte zeigen, dass die meisten Internetuser eine Auflösung von 1024 x 768 benutzen.

Der erste Ausflug ins Internet war für meinen Schwiegervater ein Schock. Auf den meisten Seiten konnte er sich kaum orientieren, zu viele Informationen auf einer Seite ließen ihn schnell den Überblick verlieren. Er fühlte sich regelrecht erschlagen. Ältere und weniger geübte Internetuser benötigen übersichtliche, klar strukturierte Layouts, um sich gut orientieren zu können.

2.5.3 Was können wir tun?

Ältere Menschen „erwerben" im Laufe der Zeit in individuell sehr verschiedenem Umfang einige der Behinderungen, von denen bisher die Rede war: Schon ab etwa 40 lassen die Sehleistung (Altersweitsichtigkeit) und später auch das Gehör nach. Ab 60 gibt es Einbußen in der Feinmotorik, im hohen Alter können schließlich Schwierigkeiten bei der Konzentration, beim Gedächtnis und bei der intellektuellen Verarbeitung von Informationen dazukommen. Nichts davon führt dazu, dass diese Menschen ernsthaft „behindert" sind – aber ihre Situation verlangt Berücksichtigung. Das sollte in der Praxis umso leichter fallen, als es dazu ja auch keiner besonderen Maßnahmen bedarf. Es sind nur die Vorkehrungen zu treffen, die bereits im Zusammenhang mit anderen Gruppen besprochen wurden.

Allerdings müssen wir uns von der auf vielen – manchmal auch öffentlichen – Webseiten erkennbaren Illusion ihrer jugendlichen Designer verabschieden, „Internet" wäre nur etwas für Leute mit scharfen Augen, schneller Auffassungsgabe, zielsicherster Mausführung und gefestigter Computerkompetenz. Das wirkliche Leben sieht anders aus.

3

ZUGÄNGLICHKEIT UND DESIGN – KEIN WIDERSPRUCH

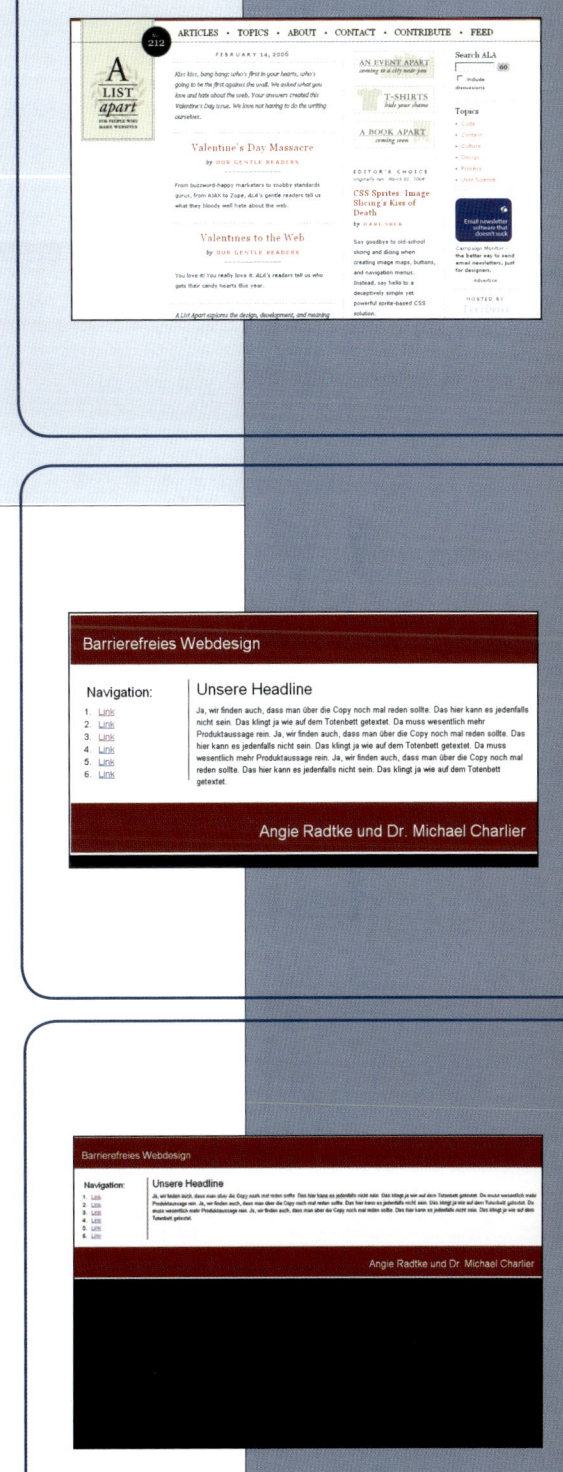

Das Erstellen einer Website bedeutet immer wieder eine neue Herausforderung. Gestaltung, Inhalt und Interaktion (oder muss man sagen: „Inhalt, Gestaltung und Interaktion"?) müssen vor dem Hintergrund technischer Möglichkeiten zu einem sinnvollen Ganzen verbunden werden. Gleichzeitig ist dabei vielfach das Corporate Design eines Unternehmens, einer Institution oder einer Behörde zu beachten. Gute Websites sind stets zielgruppenorientiert – ohne dabei zu vernachlässigen, dass ihr Inhalt für möglichst viele Menschen erreichbar sein soll. Gute Websites unterstützen den User bei der Aufnahme der ihm angebotenen Informationen, sollen ihn aber nicht auf eine einzige Weise der Nutzung festlegen. Erfolgreiche Unternehmen wollen sich in ihrem Auftreten von ihrer Konkurrenz abheben und ihre „Persönlichkeit" durch ihr visuelles Erscheinungsbild nach außen verdeutlichen – gute Produkte oder Dienstleistungen allein reichen kaum mehr aus.

Ein gutes Corporate Design spiegelt u.a. die Firmenphilosophie und die gelebte Unternehmenskultur wider. Für eine Kommune oder Behörde sollte das Flair des Ortes oder der „Geist des Hauses" zum Ausdruck kommen. Die Wirkung des Designs wird durch das Zusammenspiel seiner Basiselemente bestimmt. Sind die Farben stimmig? Ist das Logo aussagekräftig? Gibt es eindeutige Wiedererkennungsmerkmale? usw.

Design ist ein sehr leistungsfähiges Kommunikationsmittel. Es erzeugt Emotionen, übermittelt eine Botschaft und löst unterschiedlichste Reaktionen des Betrachters aus. Ein Erscheinungsbild, das allzu weit von den gängigen Erwartungen abweicht, kann seinerseits für viele Besucher eine Barriere bilden, sich überhaupt auf einen längeren Besuch einzulassen.

Der erste Eindruck ist entscheidend. Besucht ein User eine Website, entscheidet er innerhalb von Sekunden, ob er bleibt. Jeder von uns kennt die Situation, wenn wir einem Menschen das erste Mal begegnen. Der erste Eindruck entscheidet, wie wir uns weiter verhalten. Dies hat immer mit den eigenen Erfahrungen und der ganz persönlichen Wahrnehmung zu tun. Menschen reagieren in ihrem persönlichen und sozialen Kontext. So kann es sein, dass Dinge, die bei uns in Europa positiv besetzt sind, im asiatischen oder amerikanischen Raum negative Reaktionen auslösen. Um ein funktionales und ansprechendes Design zu entwickeln, müssen wir unsere Zielgruppe kennen.

3.1 Layout

3.1.1 Die Seitengliederung – Inhalte visuell strukturieren

Die optische Gliederung der einzelnen Seitenbereiche ist ein zentrales Element, um Inhalte zu präsentieren. Noch aus den Zeiten des Tabellenlayouts hat sich der Begriff *Spaltenlayout* eingebürgert. Dies ist nichts anderes als ein strukturelles Raster, das es uns ermöglicht, unsere Inhalte konsistent zu strukturieren. Ursprünglich kommt dieser Begriff jedoch aus dem Zeitungslayout. Screendesigner haben diese Art der Darstellung später ins Web übertragen. Tabellen waren die erste Wahl, um solche Anmutungen darstellbar zu machen. Die unterschiedlichen Basiselemente, wie Informationen über den Betreiber, die Navigation und Inhalte werden in Spalten so auf der Fläche angeordnet, dass der Besucher sie als Ganzes erfassen kann und sich innerhalb der Seite gut zurechtfindet. Um dies zu gewährleisten, müssen Sie Ihre Benutzer kennen, ihre Erwartungen und Gewohnheiten erforschen, um so Ihr Ziel zu erreichen.

Im Laufe der Jahre haben sich im Web einige deutlich erkennbare Konventionen zur optischen Gliederung entwickelt. Im Kopfbereich findet man in der Regel Informationen über den Anbieter, Sinn und Zweck der Seite sowie zentrale Navigationselemente wie Kontakt, Impressum und mögliche Navigationshilfen wie etwa Links zu einer Sitemap oder einer Suchfunktion. An dieser exponierten Position befinden sich diese Informationen direkt im Blickfeld des Betrachters und können bei möglichen Problemen direkt angewählt werden.

Entsprechend der westlichen Leserichtung bewegt sich das Auge von links nach rechts und von oben nach unten über die Seiten, deshalb befindet sich das Logo meistens oben links, im primären optischen Bereich. Dort wird es gefunden – wenn man es sucht.

Der durchschnittliche User erwartet die Navigation auf der linken Seite. In Diskussionen werfen Designer diesem Konzept oft Langeweile und fehlende Innovation vor. Menschen bewegen sich jedoch auch im Netz nach vertrauten Mustern. Sie haben ihre eigenen Erfahrungen und reagieren entsprechend. Gewohnte Positionierungen verkürzen die Zeit, die der User zum Erfassen der Gesamtinhalte benötigt, er kann sich schneller den eigentlichen Inhalten zuwenden. Die ersten Sekunden sind entscheidend: Findet der Besucher nicht direkt, was er erwartet, kann sein Interesse schnell erlöschen.

Die wesentlichen Inhalte liegen in der Regel in der Mitte der Seite, auf größeren Websites und Portalseiten findet man rechts häufig zusätzliche Informationen, die kurz angerissen werden und dann in die Tiefe verlinken.

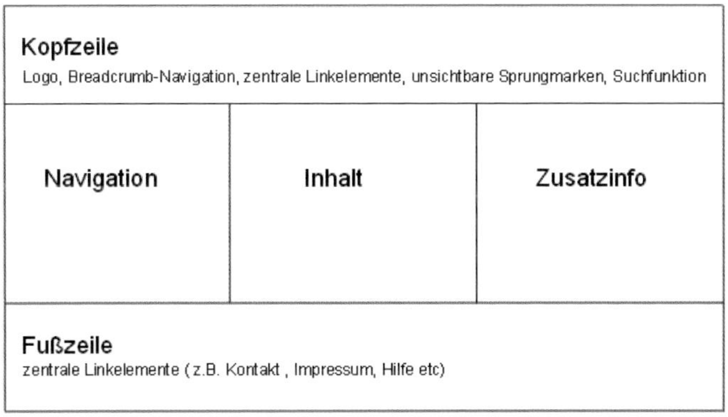

Kopfzeile		
Logo, Breadcrumb-Navigation, zentrale Linkelemente, unsichtbare Sprungmarken, Suchfunktion		
Navigation	Inhalt	Zusatzinfo
Fußzeile		
zentrale Linkelemente (z.B. Kontakt , Impressum, Hilfe etc)		

ABBILDUNG 3.1

Dreispaltiges Layout

Diese Einteilung ist natürlich nicht verbindlich. Aber sie ist aufgrund ihres Erfolgs sehr empfehlenswert. Gerade Webseiten von Kommunen oder Stadtwerken werden oft nur selten aufgesucht und dann unter Umständen noch in Stresssituationen: Die Müllabfuhr ist nicht gekommen oder es gibt einen Fehler bei der Abbuchung. Da ist jeder Besucher froh, wenn er sich ohne lange Sucherei zurechtfindet. Anwender von assistiver Technologie wissen das ganz besonders zu schätzen. Von daher ist die Einhaltung der (relativ wenigen) Gestaltungskonventionen, die das Web bisher entwickelt hat, im Allgemeinen eine unentbehrliche Voraussetzung für hohe Zugänglichkeit.

Dass die Dreispaltigkeit nicht zwangsläufig langweilig sein muss, haben viele Designer bewiesen.

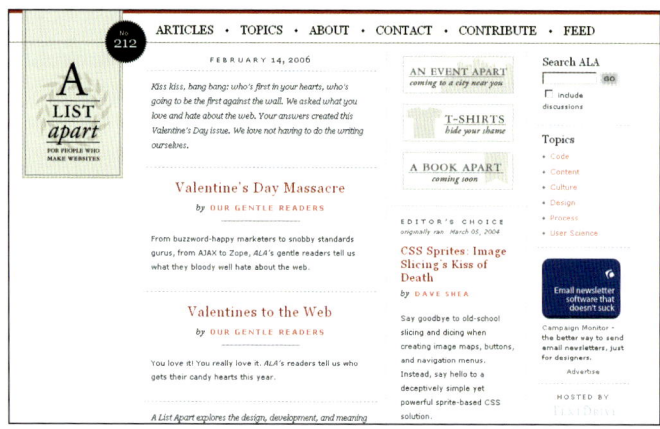

3.1.2   Grafisches Layout – Zeit für die Optik

Die räumliche Anordnung der Inhalte ist der erste Schritt. Dem folgt die konkrete Gestaltung. Visuelle Elemente unterstützen die Besucher bei der Aufnahme der ihnen angebotenen Informationen. Sie zeigen ihnen Interaktionsmöglichkeiten und drücken gleichzeitig die Corporate Identity des Seitenbetreibers aus. Sie führen den Betrachter in logischer Folge durch die wichtigsten Inhalte einer Seite und helfen ihm so beim Erfassen des Gesamtkonzepts.

Die Startseite bildet das Zentrum des Konzepts, sie entscheidet über das weitere Verhalten des Betrachters und schließlich über den Erfolg eines Webprojekts. Ihre Gestaltung sollte den Erwartungen und dem üblichen Leseverhalten der Besucher entsprechen und ihnen immer wieder visuelle Ankerpunkte anbieten, um sich daran zu orientieren.

Farben – ein zentrales Element

Farben haben einen großen Einfluss auf menschliche Stimmungen. Ihre Wirkungsweisen sind komplex und werden durch den kulturellen Hintergrund sowie das Geschlecht bestimmt. Auch der Ton einer Farbe ruft unterschiedliche Stimmungen hervor: Ein dunkles Blau wirkt deutlich seriöser als strahlendes Hellblau. Oft ist es möglich, Farben auf Zielgruppen abzustimmen: Farben wie Schwarz und Silbergrau wirken elegant, Frauen bevorzugen Rottöne, während sich Männer eher durch Blau angesprochen fühlen. In anderen Fällen wird die Farbwahl jedoch von vornherein durch das Corporate Design unseres Kunden bestimmt.

Viele Designer arbeiten heute noch mit den websicheren Farben, wir halten dies jedoch für nicht mehr notwendig. Die technische Ausstattung der meisten Internetuser hat sich deutlich verbessert; schon jetzt stehen ihnen Millionen unterschiedlicher Farben zur Verfügung.

Viele Designer haben die Erfahrung gemacht, dass der Auftraggeber mit dem Pantone-Farbfächer neben dem Bildschirm stand und kontrollieren wollte, ob die Hausfarbe auch korrekt umgesetzt wurde. Sie mussten dann genau wie wir erklären, dass man niemals davon ausgehen kann, dass Farben auf verschiedenen Systemen gleich dargestellt werden. Die Darstellung kann auf Grund unterschiedlicher nicht kalibrierter Bildschirme und unterschiedlicher Grafikkarten teilweise deutlich voneinander abweichen. Röhrenmonitore geben die Farben meist dunkler wieder als TFT-Displays, und es gibt sogar deutliche Unterschiede zwischen den Betriebssystemen. Zudem werden die wenigsten Nutzer ihre Bildschirme richtig kalibriert haben.

Bei der Konzeption einer barrierefreien Website kommt der Auswahl der Farben eine besondere Bedeutung zu. Bei bestimmten Farbkombinationen können erhebliche Barrieren auftreten.

Bei der sehr seltenen totalen Farbenblindheit fehlt, wie der Name schon sagt, jegliche Farbwahrnehmung. Dies liegt daran, dass die Betroffenen nur mit den „Stäbchen"-Zellen der Netzhaut sehen können. Diese sind normalerweise für das Sehen in der Dämmerung zuständig, während die Zapfen-Zellen die Farbwahrnehmungen übernehmen.

Konvertiert man ein Layout in Graustufen, gewinnt man eine ungefähre Vorstellung davon, was farbenblinde Menschen sehen. Allerdings ist die Wahrnehmung sehr individuell und je nach Ausprägungsgrad der Fehlsichtigkeit unterschiedlich. Viele farbenblinde Menschen haben allerdings im Laufe ihres Lebens gelernt, welche Farben hinter dem, was sie tatsächlich sehen, stecken. Sie wissen z.B., dass Rasen grün ist und können durch Vergleiche auch andere Grüntöne identifizieren.

Wesentlich verbreiteter als die totale Farbenblindheit ist die so genannte Rot-Grün-Blindheit. Durch eine genetische Besonderheit sind die Betroffenen nicht in der Lage, die Farben Rot und Grün zu unterscheiden. Mischfarben, die diese Farbanteile enthalten, verschwimmen. Die Fähigkeit, diese beiden Farben zu unterscheiden, wird auf dem X-Chromosom weitergegeben. Da Frauen im Gegensatz zu Männern zwei X-Chromosomen besitzen, wird der Defekt auf dem einen Chromosom meistens durch das andere ausgeglichen. Männer besitzen ein X- und ein Y-Chromosom, was erklärt, dass diese Art der Fehlsichtigkeit hauptsächlich bei Männern vorkommt. Ca. 9 % aller Männer leiden an der „Rot-Grün-Blindheit". In der Regel wird dies von den Betroffenen meist nicht als große Einschränkung wahrgenommen. Es ist auch meistens kein Problem, wenn Rot-Grün-Blinde bestimmte bildliche Darstellungen nur eingeschränkt wahrnehmen können. Zum Problem wird es dann, wenn zur Aufnahme wesentlicher Informationen das Erkennen des Farbunterschiedes vorausgesetzt wird. Die Verkehrsampel zeigt, wie es richtig gemacht wird: Rot ist immer oben, Grün immer unten.

BITV 2
Texte und Graphiken müssen auch dann verständlich sein, wenn sie ohne Farbe betrachtet werden.

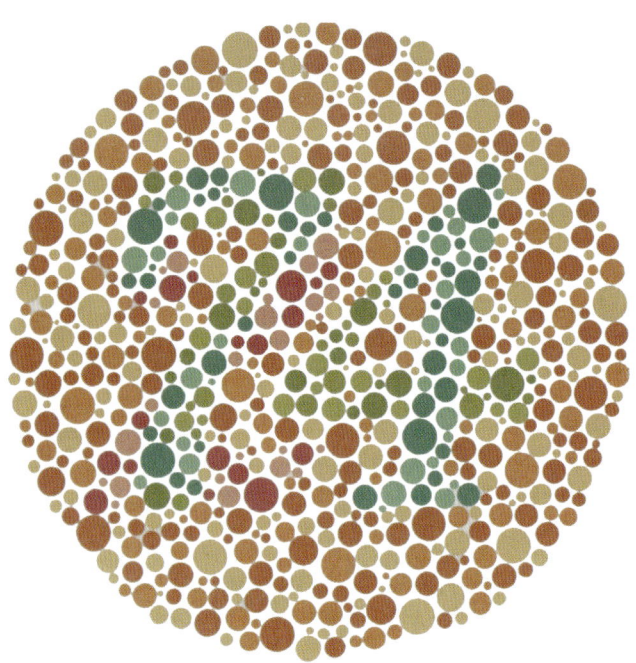

Online-Tools wie z.B.
`http://www.vischeck.`
`com` oder `http://color-`
`filter.wickline.`
`org` helfen uns, eine
ungefähre Vorstellung
davon zu bekommen, was
farbfehlsichtige Menschen
tatsächlich wahrnehmen.

BITV 2.2
Bilder sind so zu gestalten,
dass die Kombinationen
aus Vordergrund- und Hin-
tergrundfarbe auf einem
Schwarz-Weiß-Bildschirm
und bei der Betrachtung
durch Menschen mit Farb-
fehlsichtigkeiten ausrei-
chend kontrastieren.

Kontraste – Farbschemata entwickeln

Zu geringe Kontraste innerhalb einer Seite lassen das Design verwaschen und langweilig wirken. Ein zu starker Kontrast kann das Design unruhig und chaotisch erscheinen
lassen.

Kontraste sind jedoch nicht nur für den Gesamteindruck der Seite von entschei-
dender Bedeutung, sondern auch für die Lesbarkeit der Inhalte. Vordergrund- und
Hintergrundfarben sind so zu wählen, dass der Unterschied auch für Besucher mit
Farb-Fehlsichtigkeit oder bei Betrachtung auf einem Graustufen-Bildschirm erhalten
bleibt. Warum die BITV hier – in Abweichung von der englischsprachigen Vorlage
– von „Bildern" spricht, ist uns schwer verständlich. Bei Fotos zumindest haben wir
in der Regel keinen Einfluss auf die Gestaltung von Vorder- und Hintergrundfarben.
Wird ein neues Bild- und Fotokonzept entwickelt, ist es durchaus sinnvoll, auch bei der
Gestaltung der Bilder auf diesen Aspekt zu achten.

Vorder- und Hintergrundfarbe sollten innerhalb unserer Textelemente deutlich kontrastieren, allerdings ist es nicht möglich, Farb- und Kontraststellungen auszuwählen,
die allen gerecht werden. Schwarzer Text auf weißem Hintergrund erzielt einen größt-
möglichen Farbkontrast. Um störende Blendeffekte zu vermeiden, kann eine leichte
Tönung des Hintergrundes sinnvoll sein. Manche fehlsichtige Menschen benötigen
sehr starke Kontraste, um die einzelnen Elemente einer Seite inhaltlich voneinander
trennen zu können. Für sie sind Farbkombinationen, wie z.B. weiße Schrift auf hellem,

orangefarbenem Hintergrund nicht kontrastreich genug. Auf andere hingegen wirken starke Kontraste als Überstrahlung – der Inhalt wird schwer lesbar.

ABBILDUNG 3.4

Darstellung guter und schlechter Kontrastverhältnisse. Eine Prüfung mit dem Color Contrast Analyser ergibt einen Helligkeitsunterschied zwischen dem Beige-Orange und der weißen Schrift von 44, die Farbdifferenz weist lediglich einen Wert von 165 auf. Beide Ergebnisse liegen weit unter dem vom W3C-Konsortium geforderten Werten. Empfohlen werden ein Helligkeitsunterschied von mindestens 125 und eine Farbdifferenz von 500.

Das Kontrastverhältnis hängt nicht nur von der Vorder- und Hintergrundfarbe ab, auch das Schriftgewicht spielt eine Rolle: Fette Schrift wirkt oft deutlich kontrastreicher als die normale Schriftformatierung.

ABBILDUNG 3.5

Die Farben Rot und Grau scheinen für normalsichtige Menschen gut unterscheidbar zu sein ...

ABBILDUNG 3.6

... konvertiert man Abbildung 3.5 jedoch in Graustufen, sind keine Farbdifferenzen mehr erkennbar.

Unter `http://juicystudio.com/services/colourcontrast.php` finden Sie den Color-Contrast-Analyser. Nach der Eingabe von zwei Farbwerten sagt das System Ihnen, ob diese ausreichend kontrastieren oder nicht.

Auch die Differenz der Farbwerte beeinflusst die Zugänglichkeit. Farben, deren Werte nah beieinander liegen, sind bei der Konvertierung in Graustufen nicht mehr voneinander zu unterscheiden. Bei bestimmten Designs – also immer dann, wenn Informationen nicht nur durch Farbunterschiede dargestellt werden – können wir in diesem Bereich Kompromisse machen. Wir sollten uns aber dennoch darüber im Klaren sein, das Menschen mit Farbfehlsichtigkeiten eventuell keine Unterschiede in der Farbgebung feststellen können.Icon NOTE

Navigation – das Kernstück des Designs

Die Navigation sollte sich deutlich vom eigentlichen Inhalt der Seite abgrenzen. Sie bildet den gestalterischen Ankerpunkt, an dem sich der Besucher orientieren kann, auch wenn er sich weit in die unteren Ebenen eines tief gestaffelten Angebotes vorgearbeitet hat.

Jede Seite sollte möglichst deutlich Auskunft darüber geben,

◆ wo der Besucher sich – im Verhältnis zum Gesamtauftritt – gerade befindet,

◆ welche weiteren Hauptbereiche vorhanden sind und

◆ wie er sie erreichen kann.

Dies erreichen Sie, indem Sie

◆ den aktiven Navigationspunkt sowie dessen Elternelemente hervorheben,

◆ ihm Ränder geben, den Text fett darstellen oder kleine Grafiken nutzen,

◆ Informationen nicht allein durch eine farbige Textänderung kennzeichnen (denken Sie an Benutzer mit eigenen CSS-Dateien oder farbfehlsichtige Menschen!),

◆ besuchte und nicht besuchte Links kennzeichnen,

◆ Ihre Links einheitlich gestalten,

◆ Links, die sich innerhalb des Textflusses befinden, deutlich hervorheben und diese eine gestalterische Einheit zur Darstellung der Links innerhalb der Navigation bilden lassen,

◆ bei der Anordnung der Links auf eine logische in sich stimmige Reihenfolge achten, damit sie über die ⇆-Taste der Tastatur erreichbar sind, und

◆ eine Breadcrumbs-Navigation anbieten.

Contentdesign – damit das Lesen Spaß macht

Der eigentliche Inhalt der Seite sollte so gestaltet sein, dass der Leser neugierig auf tiefere Inhalte wird. Grafische Elemente dienen dazu, dem Auge des Betrachters Halt zu geben. Sie leiten ihn von Abschnitt zu Abschnitt, damit die Informationen schrittweise aufgenommen werden können.

Jeder von uns kennt die Textwüsten im Netz, die das Lesen am Bildschirm schnell unerträglich machen. Zeilen verschwimmen, weil es keine auffälligen Punkte gibt, an denen sich das Auge festhalten kann. Zentrale Kernartikel sollten also gestalterisch als solche gekennzeichnet sein.

Überschriften dienen dazu, Textabschnitte hervorzuheben, und spiegeln semantisch sinnvolle Strukturen wider. Sie sollten sich durch ihre Farbe und ihre Größe deutlich von Inhalt abheben. Dunkle Überschriften wirken markanter als helle. Je prägnanter die Bedeutung der Überschrift ist, desto deutlicher sollte sie hervorgehoben werden. Die Lesbarkeit der Abschnitte hängt entscheidend von der Zeilenlänge ab – werden die Zeilen zu lang, findet das Auge nur noch schwer zurück zum Anfang der folgenden Zeile. Gerade bei skalierbaren Layouts ist dies – je nach Bildschirmauflösung – manchmal schwierig umzusetzen. Zu kurze Zeilen können ebenso schwer lesbar sein, da bei zu vielen Zeilenumbrüchen der eigentliche Inhalt weniger schnell erfasst werden kann. Lange Fließtexte sind durch Zwischenüberschriften zu gliedern, lange Absätze lassen die Augen schnell ermüden. Auch zu enge oder zu weite Zeilenabstände können dazu führen, dass Inhalte schwerer erfasst werden.

Mit CSS haben Sie die Möglichkeit, den Zeilenabstand durch die Eigenschaft `line-height` sehr einfach zu formatieren Diese Eigenschaft kann als absoluter oder relativer Wert, als fixe Länge in Form von Pixeln oder in Prozent oder em angegeben werden.

```
p {
line-height:1.4em
}
```

Der eigentlichen Textformatierung kommt eine große Bedeutung zu. Unter Textformatierung versteht man u.a. Angaben zur Schriftart, Schriftgröße, zum Schriftgewicht, zu Zeichen- und Wortabständen oder zu der eigentlichen Schriftfarbe. CSS bietet Ihnen eine Reihe solcher Textformatierungsmöglichkeiten.

Schriftgestaltung – viele Möglichkeiten haben wir nicht

Bei der Wahl des Schrifttyps sind wir Designer eingeschränkt. Es ist nach wie vor sinnvoll, auf Systemschriftarten zurückzugreifen, um sicherzugehen, dass die Schrift wie gewünscht angezeigt wird.

ABBILDUNG 3.7

Den Unterschied zwischen serifenlosen und Serifen-schriften sieht man hier deutlich.

> Arial: serifenlose Schrift
>
> Bookman Old Style: Serifenschrift

Schriften lassen sich generell in zwei Kategorien – serifenlose Schriften und Serifen-schriften – unterteilen. Serifenschriftarten zeichnen sich dadurch aus, dass sie am Ende eines jeden Buchstabens kleine Häkchen aufweisen, während serifenlose Schriften, wie z.B. Arial oder Helvetica, ein glattes Schriftbild aufweisen. In Bezug auf die Lesbarkeit im Web gelten serifenlose Schriften wie Arial und Verdana am Bildschirm als besser lesbar, während sich Schriften mit Serifen besser für den Printeinsatz eignen. Gerade die im Fließtext verwendeten kleineren Schriften wirken schwer lesbar: Auf dem Bildschirm, wo alles in Pixeln dargestellt werden muss, können Serifen schon einmal „verklumpen" oder ganz verschwinden. Auf Papier kommen dagegen auch noch feine Serifen gut zum Ausdruck und unterstützen das Auge bei der Erfassung der Wortge-stalt.

Die gestalterische Wirkung jedoch kann sehr unterschiedlich sein. Serifenlose Schriften wirken moderner und klarer, während Serifenschriften manchmal als altbacken und unmodern empfunden werden.

In der letzten Zeit werden beide Schriftarten auch im Web gern kombiniert: Als Laufschrift kommt eine Arial oder Helvetica zum Einsatz, für die dann großzügig zu bemessenden Überschriften eine Times oder Georgia. Die Webseite `http://www.alistapart.com` zeigt uns deutlich, welche Wirkung mit einer solchen Kombination erreicht werden kann.

`p { font-family: verdana,sans-serif;)`

Es ist sinnvoll, zu der eigentlichen Schriftart auch die generische Schriftfamilie anzugeben. So stellen Sie sicher, dass wenigstens Ihr gewünschter Schrifttyp angezeigt wird, wenn die ausgewählte Schrift sich nicht auf dem System des Anwenders befindet.

Schriftgröße – Skalierbarkeit von Text

Es ist oft verführerisch, durch Einsatz von sehr kleinen Schriften mehr Informationen auf dem Bildschirm unterzubringen. Wenn schon die Fläche nicht vergrößert werden kann, will man doch die Menge der Informationen erhöhen. Größere Schriften wirken zudem am Bildschirm wenig elegant und stören deshalb das „Designerauge".

Nicht nur für fehlsichtige und alte Menschen sind jedoch zu kleine Schriften schwer bis gar nicht lesbar.

Die gängigen Browser bieten uns glücklicherweise die Möglichkeit, Schriften zu zoomen. Dies funktioniert aber nur dann, wenn wir relative Angaben für die Schriftgrößen machen und keine feste Pixelgröße wählen. Sie haben die Wahl zwischen Prozentangaben und der em-Angabe. Beide Angaben beziehen sich, wenn man sie auf die Eigenschaft `font-size` anwendet, auf die elementeigene Schrifthöhe.

Selbst wenn sich ein Text in allen Browsern skalieren lässt, muss das Design diese Skalierbarkeit zulassen.

3.1.3 Feste und fluide Layouts

Innerhalb des Webdesigns unterscheidet man zwischen festen und fluiden Layouts. Fluide Layouts passen sich der Bildschirmgröße an und bieten skalierbarem Text Raum. Die Breitenangaben einzelner Spalten des Designs werden in Prozent oder em angegeben, das bietet die Möglichkeit, den Darstellungsbereich des Bildschirms maximal auszunutzen. Ändert sich die Größe des Browserfensters, passt sich der Inhalt automatisch an.

In Punkt 3.4 der BITV findet man die Anforderung:

> *Inhalte und Layout sind skalierbar zu gestalten. Es sind relative anstelle von absoluten Einheiten in den Attributwerten der verwendeten Markup-Sprache und den Stylesheet-Property-Werten zu verwenden.*

Eigentlich ist das eine schöne Sache, aber im Rahmen unserer gestalterischen Aufgabe kann das zu massiven Problemen führen. Falls Seiten nur sehr wenig textlichen Inhalt haben, können sie bei einer Auflösung von 800x 600 Pixeln durchaus homogen und ausgeglichen wirken. Schaut man sich dieselbe Seite mit einer Auflösung von 1280 x 1024 Pixeln an, kann es passieren, dass der Inhalt am oberen Rand des Bildschirms klebt, was sehr unschön aussieht und die Lesbarkeit der angebotenen Texte deutlich erschwert. Das Auge beginnt zu schwimmen und kann den Beginn der Zeile nicht mehr mit ihrem Anfang verknüpfen. Dann kann es sinnvoll sein, eine maximale Breite für diesen Bereich festzulegen.

BITV 3.4
Es sind relative anstelle von absoluten Einheiten in den Attributwerten der verwendeten Markup-Sprache und den Stylesheet-Property-Werten zu verwenden.

Im Internet Explorer finden Sie diese Funktion unter ANSICHT/SCHRIFTGRAD; oder nutzen Sie die Tastenkombination Strg und + bzw. Strg und -.

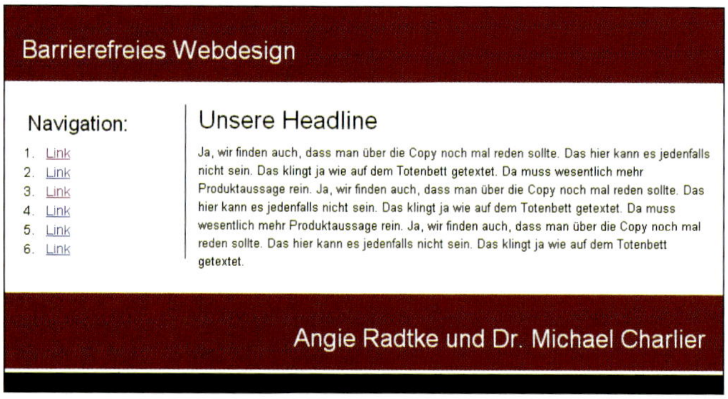

ABBILDUNG 3.8

*Flexibles Layout bei einer
Auflösung von 800 x 600
Pixeln*

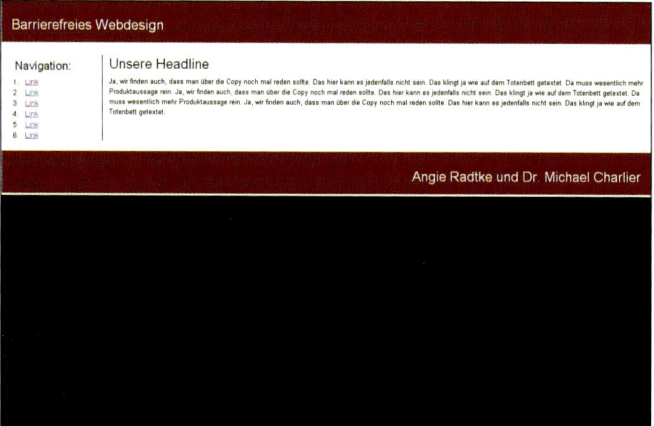

ABBILDUNG 3.9

*Flexibles Layout bei einer
Auflösung von 1240 x 1024
Pixeln*

Standardkonforme Browser, wie z.B. Mozilla und Firefox, bieten die CSS-Eigenschaft `max-width`.

Der Internet Explorer unterstützt diese Eigenschaft jedoch nicht. Hier muss man leider auf einen kleinen Trick zurückgreifen, um das gleiche Ergebnis zu erzielen:

```
*html #inhalt
  { width: expression((body.offsetWidth >1000)?'1000px':'auto'); }
```

`expression` ist eine proprietäre Eigenschaft des Internet Explorer und wird nur von ihm verstanden. Diese Lösung ist nicht standardkonform und damit auch nicht valide, kann jedoch in bestimmten Fällen durchaus nützlich sein. Ist das Browserfenster breiter als 1000 Pixel, wird unserem Container `#inhalt` die feste Breite von 1000 Pixeln zugewiesen. Ist es kleiner als 1000 Pixel, verhält er sich entsprechend unserer relativen Angaben. Aber es ist Vorsicht geboten: Microsoft hat gerade eine Beta-Version seines Internet Explorers in Version 7 veröffentlicht und dort scheint diese Lösung nicht mehr zu funktionieren. Auch eine Unterstützung des Attributs `max-width` scheint nicht gewährleistet zu sein.

Feste Designs bieten dem Gestalter die Möglichkeit, die Darstellung genauer zu steuern. Einzelne Seitenbereiche bleiben in ihrer Anordnung konsistent, nichts rutscht hin und her. Es ist deutlich einfacher, Grafiken zu integrieren, da man weiß, wie groß diese tatsächlich sein müssen, um bestimmte Seitenbereiche auszufüllen. Die Länge der Textzeilen lässt sich besser steuern.

Beim Einsatz von skalierbaren Schriften in einem festen Layout muss das Design den Schriften genug Raum geben, um sich ausdehnen zu können. Ist dafür nicht genug Platz vorhanden, kann es dazu kommen, dass sich Seitenbereiche überlappen oder Teile des Inhalts nicht mehr zugänglich sind. Zur praktikablen Skalierbarkeit kann es daher in vielen Fällen erforderlich sein, relative und absolute Angaben zu mischen. Bei jeder Kombination relativer Maße mit anderen Maßangaben ist durch entsprechende Tests (Schriftvergrößerung im Browser bzw. Umstellung der Darstellungsgröße auf der Ebene des Betriebssystems) zu gewährleisten, dass die beschriebenen Überlagerungen nicht auftreten. Ein zweites Verfahren zur Sicherung der Skalierbarkeit besteht darin, mit floatenden Bereichen zu arbeiten, die sich bei Vergrößerung im Rahmen des jeweiligen Viewports untereinander anordnen. Das Problem der Skalierbarkeit sollte bei der Entwicklung und Auswahl grafischer Layouts rechtzeitig mitbedacht werden. Nicht alles, was optisch gefällig und konzeptionell sinnvoll erscheint, ist „pixelgenau" zu skalieren und umsetzbar.

Wenn Entwürfe erst einmal von Entscheidungsgremien abgenommen worden sind, fällt es erfahrungsgemäß sehr schwer, dann unter Hinweis auf Notwendigkeiten der Zugänglichkeit noch einmal Änderungen einzubringen.

Zum Abschluss dieser allgemeinen Ausführungen, die bei der Erstellung zugänglicher Designs zu berücksichtigen sind, hier noch einige grundsätzliche Überlegungen zum Einsatz von zwei Formaten, die aus dem modernen Web nicht mehr wegzudenken sind: Flash und PDF. Beide sind nicht primär oder zumindest ausschließlich für das Web entwickelt worden, und ihr Einsatz kann gerade im Hinblick auf die Zugänglichkeit erhebliche Probleme aufwerfen.

3.2   Was machen wir mit Flash?

Flash ist ein Tool der Firma Macromedia (die im Herbst 2005 von Adobe gekauft wurde) zum Erstellen von Internetapplikationen, Web-Oberflächen und interaktiven CD-ROMs. Es gibt Gestaltern fast unbegrenzte Freiräume, ihre Kreativität einzusetzen. Vor einigen Jahren fand man noch auf vielen Seiten Flash-Elemente – vor allem als Intros, weil jeder, der etwas auf sich hielt, damit Beweglichkeit und Innovation demonstrieren wollte. Man sagte Flash ein große Zukunft voraus. Dieser Hype ist deutlich zurückgegangen, was daran liegt, dass es mittlerweile die meisten Internetnutzer deutlich nervt, Flash-Intros ohne eigentliche Aussage zu betrachten.

Aber nach wie vor bleibt Flash in einigen Bereichen ungeschlagen. Die Einbindung von Sound ist eine seiner großen Stärken. Ohne den Einsatz eines Streaming-Servers ist es sonst auch bei einer langsamen Internetverbindung möglich, den entsprechenden Sound schnell zu hören. Große Datenmengen können im Hintergrund geladen werden, ohne dass der Internetnutzer davon etwas merkt. Animationen und interaktive Anwendungen werden in der Flash-eigenen Programmiersprache *Actionscript* erstellt, Videos können problemlos in Flash integriert werden. Man benötigt lediglich das Flash-Plugin, das heute in den meisten Fällen schon standardmäßig in die benutzten Browser integriert ist.

Aber wie sieht es mit Flash und der Barrierefreiheit aus? Die Firma Macromedia hat schon vor einigen Jahren die Notwendigkeit erkannt, ihre Anstrengungen in Hinblick auf die Zugänglichkeit von Inhalten in Flash-Elementen zu intensivieren. Macromedia greift dazu auf die so genannte *MSAA-Schnittstelle* (Microsoft Active Accessibility) zurück.

Microsoft hat diese Schnittstelle für Hilfsmittelprogramme, wie z.B. Screenreader entwickelt. Sie ermöglicht es, Informationen an externe Programme weiterzugeben, soweit auch diese über eine entsprechende Schnittstelle verfügen.

Auf diesem Weg ist es daher auch möglich, Informationen aus Flash direkt an Hilfsmittel – konkret meistens an Screenreader – zu übergeben. Testet man jedoch die so erstellten Seiten mit den unterschiedlichen Technologien, die blinde Menschen nutzen, wird schnell klar, dass diese Funktionalitäten nur zum Teil oder gar nicht unterstützt werden.

Je nach Zielgruppe sollte man sich daher genau überlegen, ob der Einsatz von Flash im jeweiligen Fall tatsächlich sinnvoll ist oder nicht. Bei Seiten, die sich wirklich „an alle" richten, wird es im Allgemeinen nicht ratsam sein, wesentliche Inhalte nur mit Flash zu präsentieren. Ganz anders sieht das bei Zusatzinformationen oder Erläuterungen aus: Gerade für Menschen, die mit der Aufnahme von Texten Probleme haben, können Flash-Animationen eine wertvolle Hilfe bei der Erfassung von Inhalten darstellen. In *Kapitel 10.2.2* werden wir näher auf die technischen Möglichkeiten im Umgang mit Flash eingehen.

3.3   Das allgegenwärtige PDF

Das „Portable Data Format" PDF ist heute auf zahlreichen Webseiten im Einsatz, obwohl es primär für die Speicherung, den Transport und den Druck in der Papier-Welt entwickelt worden ist. Der große Vorteil von PDF ist seine Fähigkeit, Dokumente hochgradig layouttreu zu übermitteln. Ähnlich wie bei Flash hat der Hersteller auch bei PDF in den vergangenen Jahren viel getan, um die Zugänglichkeit des Formats zu verbessern. Insbesondere bei komplex gestalteten Dokumenten – und bei denen bringt der Einsatz von PDF zweifellos den größten Vorteil – kann sich die Zugänglichkeit jedoch noch nicht mit der des Webformats HTML messen. Außerdem ist das Know-how zur Produktion barrierearmer PDFs noch wenig verbreitet. Insbesondere die automatischen PDF-Generatoren, die in vielen Content Management-Systemen eingesetzt werden, um Dokumente in PDF ins Netz zu stellen, waren im Frühjahr 2006 sämtlich nicht in der Lage, zugängliche PDFs zu produzieren.

Unter diesen Umständen wird es im Allgemeinen nicht empfehlenswert sein, auf Websites mit Anspruch an hohe Zugänglichkeit Kerninformationen in PDF anzubieten. Bei ergänzenden Informationen sieht das anders aus. Nichts spricht zum Beispiel dagegen, zu einem bereits informativen Webauftritt eines Fremdenverkehrsortes auch noch ein paar Flyer über das Netz als quasi „Zugabe" zu verteilen. Auch für Formulare kann der Einsatz von PDFs sinnvoll sein – wenn es gelingt, die Zugänglichkeit zu erhalten. Da PDF-Dokumente zwar oft über das Web übermittelt werden, aber nur sehr selten für „Webdesign" im eigentlichen Sinne verwandt werden, können wir das Thema in diesem Kapitel über die Grundlagen barrierearmen Designs mit diesen kurzen Bemerkungen abschließen. Auf die Gestaltung weitgehend zugänglicher PDF-Dokumente werden wir in *Kapitel 10.1* noch einmal zurückkommen.

4

GESETZLICHE VORGABEN

Nachdem wir hier stellenweise schon recht tief in die praktische Gestaltung von Zugänglichkeit eingestiegen sind, sollten wir darauf hinweisen, dass Zugänglichkeit nicht nur eine Frage der persönlichen Vertrautheit mit den einschlägigen Bedürfnissen der unterschiedlichen User und deren technischen Möglichkeiten ist. Wie alles in dieser Welt ist auch Zugänglichkeit durch Richtlinien definiert und in vielen Ländern auch gesetzlich vorgeschrieben.

Die Anstrengungen, Computer auch für Behinderte zugänglich zu machen, sind tatsächlich älter als das Internet. Die UNO verabschiedete im Dezember 1982 das „World Programme of Action" (WPA), in dem die Zugänglichkeit moderner Technologien für Menschen mit Behinderungen eine große Rolle spielt. Große IT-Unternehmen wie IBM, Mircosoft und Sun haben in den folgenden Jahren erste wichtige Beiträge geleistet, um diese Zugänglichkeit zu verbessern. Im Dezember 1993 – das HTTP-Protokoll war kaum zwei Jahre alt – verabschiedete dann die Generalversammlung der UNO eine Resolution, in der gleichberechtigter Zugang zu Information und Kommunikation für Menschen mit physischen Behinderungen gefordert wurde. Schon bald entwarfen erste Staaten Verordnungen oder Gesetze, um diese Vorgabe umzusetzen.

Mit der Gründung des W3C 1994 stand dann auch ein fachkundiges Gremium zur Verfügung, das – neben anderen Standardisierungsmaßnahmen – auch die Erarbeitung von Richtlinien für den barrierearmen Webzugang zu seiner Aufgabe machte. Diese Arbeiten waren 1998 weitgehend abgeschlossen, so dass die Vereinigten Staaten auf ihrer Grundlage im Dezember 1998

Auf der Seite
http://www.einfach-
fuer-alle.de/arti-
kel/bitv/bgg/ finden
Sie den aktuellen Stand
der Gesetzgebung in den
einzelnen Bundesländern.

Section 508 of the Rehabilitation Act Amandment verabschiedeten. Damit wurde die Einhaltung bestimmter Zugänglichkeitsanforderungen für die US-Regierung und ihre Lieferanten zur gesetzlichen Pflicht. Die Web Accessibility-Initiative (WAI) des W3C hat diese Richtlinien dann ihrerseits erst im Mai 1999 als *Web Content Accessibility Guidelines 1.0* (WCAG1.0) verabschiedet. In weitgehend unveränderter Form wurden diese Richtlinien dann zur Grundlage der BITV (*Barrierefreie Informationstechnologie Verordnung*) nach dem deutschen *Bundesgesetz zur Gleichstellung behinderter Menschen* von 2002 und zahlreichen anderen gesetzlichen Regelungen in vielen Ländern der Erde. In den Jahren nach 2000 hat die WAI dann noch weitere Richtlinien erarbeitet, die sich z.B. auf die zugänglichkeits-fördernde Gestaltung von Browsern und anderen User-Agents (UAAG) beziehungsweise Authoring-Werkzeugen (ATAG) beziehen.

4.1 Struktur von WCAG1

ABBILDUNG 4.1

Gemeinsam zum Ziel

Die Richtlinien der WCAG1 aus dem Jahr 1998 sind heute in einigen Punkten überholt und daher nicht mehr uneingeschränkt als Grundlage unserer Arbeit geeignet. Andererseits sind die Arbeiten an einer WCAG2, die eigentlich bereits 2001 fertig gestellt werden sollte, immer noch nicht zum Abschluss gekommen, und es sieht auch nicht so aus, als ob in absehbarer Zeit ein praktisch verwendbares Ergebnis erzielt würde. WCAG1/BITV sind daher trotz ihrer Schwächen derzeit die einzige verbindliche Grundlage für die Gestaltung zugänglicher Webseiten. Wir empfehlen daher allen, die auf diesem Gebiet arbeiten wollen, sich außer in wenigen zu begründenden Ausnahmen an diese Richtlinien zu halten, gleichzeitig aber auch die weitere teilweise öffentlich geführte Diskussion um Version 2 mitzuverfolgen.

Die WCAG1 besteht aus 14 Richtlinien, die jeweils mehrere Punkte umfassen. Diese Prüfpunkte sind in drei Prioritätsstufen eingeteilt, die den Kategorien „muss erfüllt sein", „sollte erfüllt sein" und „ist sinnvoll" entsprechen. Je nachdem, ob die erste, die erste und die zweite oder alle drei Kategorien erfüllt sind, darf sich eine Website mit A, AA oder AAA schmücken. In der deutschen BITV sind die beiden ersten Kategorien zusammengefasst, so dass lediglich eine Unterscheidung von „Pflichtpunkten" und „sinnvollen Anregungen" vorliegt. Hier gibt es somit also nur AA oder AAA – damit sind die Anforderungen der BITV theoretisch höher als die der WCAG.

Als Grundlage für die praktischen Beispiele, die im zweiten Teil dieses Buches behandelt werden sollen, werden hier die wesentlichen Inhalte der Pflichtkategorie der BITV erläutert. Den vollständigen Text finden Sie im *Anhang*.

„Wesentliche Inhalte" heißt hier, dass die Hauptzielrichtung der jeweiligen Vorgabe anhand der häufigeren Anwendungsfälle umrissen wird – seltene oder „ausgestorbene" Anwendungsfälle (z.B. Vorkehrungen zum Zugänglichmachen serverseitiger Imagemaps) bleiben unerwähnt. Auch die Unterpunkte der 3. Kategorie nach WCAG bzw. der 2. Kategorie nach BITV werden hier nur in Ausnahmefällen berücksichtigt.

Diese Darstellung kann nur das Ziel verfolgen, eine grobe Einführung in den Inhalt und in die Zielsetzungen dieser Richtlinien zu bieten. Für alles, was darüber hinausgeht, ist das Studium der (größtenteils nur auf Englisch verfügbaren) Originaldokumente unerlässlich. Sie bestehen nicht nur aus den relativ kompakten und allein schwer verständlichen Richtlinien, sondern werden von drei weiteren Dokumenten begleitet und erläutert:

◆ „Core Techniques for Web Content Accessibility Guidelines 1.0"

◆ „HTML Techniques for Web Content Accessibility Guidelines 1.0"

◆ „CSS Techniques for Web Content Accessibility Guidelines 1.0"

Erst in ihrer Gesamtheit bilden diese Dokumente ein zwar reichlich unübersichtliches, aber doch einigermaßen zuverlässig interpretierbares Regelwerk.

4.1.1 Anforderung 1: Text-Äquivalente

ABBILDUNG 4.2

Brücken bauen

Wortlaut: (BITV 1) Für jeden Audio- oder visuellen Inhalt sind geeignete äquivalente Inhalte bereitzustellen, die den gleichen Zweck oder die gleiche Funktion wie der originäre Inhalt erfüllen.

✓ Nur Text kann problemlos von jedem Ausgabegerät interpretiert werden.

Erklärung: Diese Richtlinie zielt darauf ab, dass alle Inhalte, die nicht als Text angeboten werden (Bilder, Filme, Tonaufnahmen, Diagramme ...), von einem „äquivalenten Inhalt" zumindest in Textform begleitet werden. Für einige Elemente wie z.B. das img-Element zur Darstellung von Bildern ist ein eigenes Attribut (hier: alt) vorgesehen, um diesen Text aufzunehmen. In anderen Fällen (z.B. bei Videos oder Soundfiles) ist der Webautor selbst dafür verantwortlich, einen Alternativtext auf geeignete Weise zugänglich zu machen. Die Grundidee dieser Vorgabe ist also, dass alle wesentlichen Inhalte auch als Text erscheinen, weil nur Text problemlos von jedem Ausgabegerät interpretiert werden kann. Der problematische Teil dieser Anforderung liegt in dem Begriff „äquivalent". Textliche Äquivalente einer guten Karikatur oder eines Musik-Video-Clips sind schwer vorstellbar, auch Landkarten mit ihren übereinander liegenden Informationsebenen werfen praktisch unlösbare Probleme auf. Statt eines „Äquivalents" wird man in den meisten Fällen nur einen stark reduzierten „Ersatz" bieten können, der sich darauf beschränkt, den „harten" Informationsgehalt oder die Funktionalität des Nicht-Text-Elements wiederzugeben.

ABBILDUNG 4.3

Das Zeichen vor der Überschrift hat lediglich schmückenden Charakter.

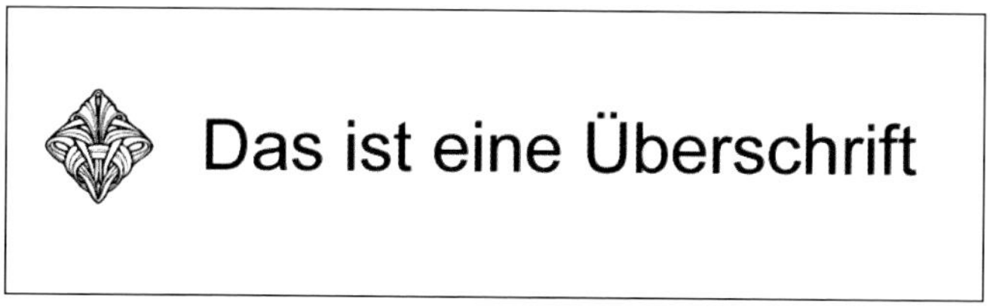

 Das ist eine Überschrift

Bei vielen illustrativen Elementen wird sich dabei herausstellen, dass der Informationsgehalt nahezu null ist. Dass kann darauf hindeuten, dass die Bildauswahl nicht optimal
ist. Es kann aber auch daran liegen, dass Bilder vielfach nicht wegen ihres Informa-
tionsgehaltes, sondern zum Zweck der visuellen Gliederung von Flächen eingesetzt
werden. In diesen Fällen kann es sinnvoll sein, auf bedeutungslose Text„äquivalente"
ganz zu verzichten. Schließlich bedeutet jedes dieser Textäquivalente für Menschen, die
die Seite hören, auch eine oft störende Unterbrechung des Textflusses.

```
<img src="strich.gif" width="455" height="440" alt="" / >
```

Aus dem Gesagten geht bereits hervor, dass die Webentwicklung vor allem da gefordert
ist, wo visuelle Navigations- und Funktionselemente zugänglich gemacht werden müssen. In vielen anderen Fällen kann die Entwicklung nur die technische Grundlage für
die Erfüllung der Anforderung 1 bereitstellen: Die Bestimmung des relevanten Inhaltes
von Illustrationen und anderen Nicht-Text-Inhalten und die Formulierung entsprechender Texte ist eine dauernde Aufgabe für die Webredaktion, die dafür entsprechend
geschult werden muss.

4.1.2 Anforderung 2: Farbneutralität

*Wortlaut: (BITV 2) Texte und Grafiken müssen auch dann verständlich sein, wenn sie
ohne Farbe betrachtet werden.*

Erklärung: Diese Forderung soll sicherstellen, dass auch Farbenblinden oder Anwendern, die einen Graustufenmonitor einsetzen, nichts Wesentliches entgeht. Das könnte
z.B. dann geschehen, wenn eine Unterstreichung eingesetzt wird, die einen unzureichenden Farbkontrast zur Hintergrundfarbe aufweist.

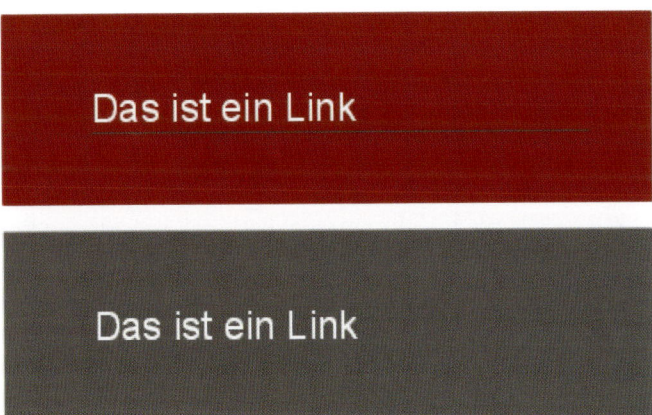

ABBILDUNG 4.4

*Durch die Konvertierung
in Graustufen ist der
Unterstrich ganz ver-
schwunden.*

Unterpunkt 2.2 zeigt die Grenzen dieser Art von Anforderung:

Bilder sind so zu gestalten, dass die Kombination aus Vordergrund- und Hintergrund-
farbe auf einem Schwarz-Weiß-Bildschirm und bei der Betrachtung durch Menschen
mit Farbfehlsichtigkeiten ausreichend kontrastieren.

Erklärung: Das ist natürlich nur da möglich, wo es sich um „gestaltete" Bilder handelt
– nicht jedoch bei Bildern aus fremden Quellen, die dokumentarischen Charakter
haben und nicht ohne weiteres durch irgendwelche Manipulationen verändert werden
können.

ABBILDUNG 4.5

Alleine funktioniert es
nicht.

4.1.3 Anforderung 3: Standardkonformität

Wortlaut: (BITV 3) Markup-Sprachen (insbesondere HTML) und Stylesheets sind ent-
sprechend ihrer Spezifikationen und formalen Definitionen zu verwenden.

Erklärung: Dieser Punkt enthält die zentralen Vorgaben für jedes zugängliche Design.
Er verlangt die Trennung von Content und Präsentation (BITV 3.3 und 3.5), die
Validität des entwickelten Markups (BITV 3.2), die semantisch korrekte Verwendung
der Elemente von HTML (BITV 3.5, 3.6 und 3.7), den Verzicht auf nicht-textliche
Darstellungsformate (BITV 3.1) und die zumindest im Grundsatz flexible Gestaltung
aller Elemente einer Seite (BITV 3.4). Dass diese enorm inhaltsreiche Anforderung erst
an dritter Stelle und nach einer Detailregelung wie Punkt 2 genannt wird, ist schwer
verständlich.

Auf die Forderungen ist daher auch im Einzelnen kurz einzugehen.

Die Trennung von Content und Layout ist die Voraussetzung dafür, dass das Layout
dem Inhalt in keiner Weise „in die Quere kommen" kann. Es gibt Clients (z.B. Text-

browser), die nur das Markup, also den eigentlichen HTML-Code, auswerten – sie sollen nicht durch irgendwelche Designbestandteile gestört werden.

Aus dem gleichen Grund ist auch Validität des Codes wichtig: Viele Clients arbeiten zwar sehr fehlertolerant und versuchen auch dann noch, eine „richtige" Darstellung zu treffen, wenn der Code Mängel hat, aber dabei müssen sie notwendigerweise „schätzen". Eine Garantie für die richtige Wiedergabe des Inhalts gibt es nur dann, wenn Markup und Client sich möglichst vollständig an die Standards halten.

Semantische Korrektheit (Strukturierung) ist wichtig, weil sie die Voraussetzung für eine strukturierte Anzeige und ggf. automatisierte Analyse der Inhalte ist. Moderne Screenreader sind hier schon weiter als die meisten Browser. Sie ermöglichen es dem Benutzer, sich z.B. die Überschriftenhierarchie ansagen zu lassen oder einzelne Überschriften bzw. Elemente gleicher Art gezielt anzeigen zu lassen. Das setzt natürlich voraus, dass diese Elemente auch tatsächlich korrekt ausgezeichnet sind.

```
<h1> Das ist unsere Hauptüberschrift </h1>

<p> Gefolgt von einem einleitenden Teasertext</p>

<h2> Zwischenüberschrift</h2>

<p> inhaltlicher Absatz</p>

usw.
```

Flexible Gestaltung ist schließlich deshalb wichtig, weil sie die Voraussetzung dafür bietet, dass der Anwender Schriftgrößen oder Farben den eigenen Bedürfnissen anpassen kann, ohne sich dafür gleich vollständig von dem vorgegebenen Layout einer Seite verabschieden zu müssen.

4.1.4   Anforderung 4: Sprachwechsel

Wortlaut: (BITV 4) Sprachliche Besonderheiten wie Wechsel der Sprache oder Abkürzungen sind erkennbar zu machen.

Erklärung: Zum korrekten Markup gehört es zunächst, die Sprache des Inhalts ausdrücklich zu kennzeichnen. Screenreader bzw. Voice-Synthesizer erfahren hier, wie sie den ausgelesenen Text aussprechen sollen. Damit Passagen in anderen Sprachen oder Fremdwörter erkannt und korrekt ausgesprochen werden können, sind sie entsprechend zu kennzeichnen.

```
<span lang="en" xml:lang="en"> Browser</span>

<Akronym lang="en" title="Cascading Style Sheets">CSS</Akronym>
```

Allerdings ist diese Kennzeichnung innerhalb von Attributen wie title oder alt nicht möglich. Damit Abkürzungen wie „zzgl." oder „m.E." verständlich vorgelesen werden, sind sie ebenfalls zu kennzeichnen.

4.1.5 Anforderung 5: Tabellen

Wortlaut: (BITV 5) Tabellen sind mittels der vorgesehenen Elemente der verwendeten Markup-Sprache zu beschreiben und in der Regel nur zur Darstellung tabellarischer Daten zu verwenden.

Erklärung: Im Grunde wiederholt diese Vorgabe nur die Anforderung 3 hinsichtlich der Elemente zur Tabellendarstellung: Auch die HTML-Elemente für Tabellen sollen nur für die Aufgaben benutzt werden, für die sie bestimmt sind. In Punkt 5.3 wird allerdings zugestanden, dass Tabellen dann auch zur Text- oder Bildgestaltung verwendet werden können – also als Layouttabellen –, wenn dass der linearisierten Widergabe des Inhalts nicht entgegensteht. Es geht der Richtlinie also mehr um die Verständlichkeit bei Verwendung assistiver Technologie, als um semantische Korrektheit. In Bedingung 5.4 wird diese Einschränkung dann allerdings wieder insoweit eingeschränkt, als dass auch innerhalb von Layouttabellen Strukturierungselemente (hier ist wohl in erster Linie an th zu denken) nicht verwandt werden dürfen, um visuelle Effekte (hier: eine fette Darstellung) zu erzielen.

Diese Regelung ist typisch für den Kompromisscharakter, der einige Anforderungen der inzwischen bald acht Jahre alten WCAG1 kennzeichnet. Nach den inzwischen zu verzeichnenden Fortschritten der Browser bei der Wiedergabe von Layouts mit Positionierung durch CSS besteht nur noch selten ein Grund, Layouttabellen einzusetzen. Die Ablehnung von Layouttabellen ist jedoch, solange Bedingung 5.3 eingehalten wird, weniger mit den Anforderungen der Zugänglichkeit zu begründen, als mit dem allgemein begrüßenswerten Bestreben, semantisch möglichst korrekt zu arbeiten.

4.1.6 Anforderung 6: Abwärtskompatibilität 1

Wortlaut: (BITV 6) Internetangebote müssen auch dann nutzbar sein, wenn der verwendete Benutzeragent neuere Technologien nicht unterstützt oder diese deaktiviert sind.

Erklärung: „Neuere Technologien" bezeichnet alles, was über einfaches HTML hinausgeht: Java, JavaScript, Flash, PDF, Multimedia-Formate ... Die Vorgabe sagt nicht, dass diese Techniken nicht verwandt werden dürfen – sie verlangt nur, dass der wesentliche Inhalt bzw. die wesentliche Funktionalität auch zugänglich sein muss, wenn diese Techniken nicht nutzbar sind.

In der Praxis bedeutet das, dass der wesentliche Inhalt immer in HTML angeboten werden sollte und dass Navigationen und Links immer so gestaltet werden müssen, dass sie auf einfachen Clients ohne weitere Plugins oder Extensions funktionieren. Das bedeutet nicht, dass man keine „neueren Technologien" einsetzen darf, um Webseiten für Besucher, die einen modernen Standard-PC mit allem Drum und Dran einsetzen, attraktiver zu gestalten oder ihnen manche Aktionen zu erleichtern (z.B. über AJAX). Aber es bleibt bei der Bedingung, dass die wesentlichen Informationen und die wesentliche Funktionalität auch ohne die neueste Technik zugänglich sein müssen.

Schwer lösbare Probleme können hier vor allem da auftauchen, wo verteilte Anwendungen – z.B. Frontends im Electronic Banking – mit nachvollziehbaren Gründen Java-Applets verwenden. Auch DHTML-Anwendungen, die in manchen Fällen durchaus sinnvoll sein können, sind betroffen. Hier wird oft nichts anderes übrig bleiben, als alternative Zugangswege oder Dokumente anzubieten, die ohne den Einsatz dieser Technologien auskommen.

4.1.7 Anforderung 7: Kontrolle über Zeitsteuerung

Wortlaut: (BITV 7) Zeitgesteuerte Änderungen des Inhalts müssen durch die Nutzerin, den Nutzer kontrollierbar sein.

Erklärung: Aus den Unterpunkten wird ersichtlich, dass hier zwei verschiedene Erscheinungen behandelt werden sollen: Bewegungen oder das Blinken von Inhalten auf dem Bildschirm sind zu vermeiden oder zumindest abschaltbar zu gestalten. Das wirkt nicht nur für viele Besucher – besonders für solche mit Konzentrationsschwierigkeiten – irritierend. Größere blinkende Flächen können bei bestimmten Frequenzen sogar eine Gefahr für Epileptiker darstellen.

Außerdem soll es keine automatischen Aktualisierungen des Inhalts und auch keine automatischen Weiterleitungen auf andere Seiten geben. Der Grund dafür ist, dass bei automatischen Aktualisierungen Screenreader normalerweise damit beginnen, die Seite erneut vorzulesen, was äußerst störend sein kann – vor allem dann, wenn man gerade erst den ersten Absatz eines Textes gehört hat und immer wieder an den Anfang zurückgeführt wird. Bei automatischen Weiterleitungen bekommen hörende Besucher normalerweise keine entsprechende Information und verlieren völlig die Orientierung.

Grundsätzlich ist davon auszugehen, dass es immer Besucher geben kann, die zur Aufnahme des Inhalts einer Seite oder eines Abschnitts wesentlich mehr Zeit benötigen als andere. Wenn also überhaupt eine Zeitsteuerung sinnvoll sein sollte, muss sie auf jeden Fall ausschaltbar sein. Der Anwender sollte rechtzeitig über einen möglichen Reload der Seite informiert werden, um entsprechend reagieren zu können.

ABBILDUNG 4.6

Drahtseilakt

4.1.8 Anforderung 8: Zugänglichkeit von Benutzerschnittstellen

Wortlaut: (BITV 8) Die direkte Zugänglichkeit der in Internetangeboten eingebetteten Benutzerschnittstellen ist sicherzustellen.

Erklärung: Auf vielen Webseiten werden Inhalte oder Funktionalitäten nicht direkt – also mit den Mitteln von HTML – angeboten, sondern über eingebundene Objekte oder Plugins. Auch diese Inhalte/Funktionalitäten müssen für alle Clients zugänglich sein. Die Erfüllung dieser Forderung kann in der Praxis außerordentlich hohe Ansprüche stellen. Sowohl Flash-Filme als auch PDF-Dokumente sind mit heutiger Technik nicht zuverlässig und nicht in vollem Umfang zugänglich zu machen. Die vorhandene Zugänglichkeit wird teilweise über die MSAA-Schnittstelle von Microsoft vermittelt – und genau diese Schnittstelle wird in der nächsten Version von Windows nach bisherigen Ankündigungen nicht mehr vorhanden sein. Für die Zukunft zeichnet sich ein stärkerer Einsatz von XML für den Austausch zwischen Objekten und assistiver Technologie ab. Die praktische Nutzung dieser Möglichkeiten ist jedoch noch nicht sehr weit entwickelt. Beim aktuellen Stand der Technik kann daher sowohl für PDF als auch für Flash keine volle Zugänglichkeit garantiert werden – bei weniger stark verbreiteten Objekten und Formaten stehen die Chancen eher noch schlechter.

Obwohl die Hersteller in den vergangenen Jahren viel getan haben, um die Zugänglichkeit ihrer Formate zu verbessern, kann beim aktuellen Stand der Technik sowohl für PDF als auch für Flash keine volle Zugänglichkeit garantiert werden.

Der Hauptgrund für den Einsatz von Nicht-HTML-Formaten liegt in dem Bestreben, interaktive Seiten, die als Frontend zur serverseitigen Weiterverarbeitung dienen, im Aussehen möglichst genau an z.B. bestehende Formulare auf Papier oder User-Interfaces bestehender Anwendungen anzupassen. In diesem Fall führt kein Weg daran vorbei, als Alternative für den Zugriff mit assistiver Technologie zusätzliche HTML-Versionen bereitzustellen. Es ist jedoch zu überlegen, ob diese optische Angleichung aus der Sicht des Users tatsächlich Vorteile bringt. Vielfach wird es sinnvoller sein, die Eingabe entsprechend den Wahrnehmungs- und Interaktionsmustern vor dem Bildschirms völlig neu und barrierefrei zu gestalten und die Umwandlung der Daten in eine dem eigenen Workflow entsprechende Form erst im Backend vorzunehmen. Mit der neuen Spezifikation für Webformulare (XForms), die vom World Wide Web Consortium bereits 2003 verabschiedet wurde, ergeben sich hier interessante Perspektiven. Solange die Browser XForms noch nicht angemessen verarbeiten können, bleibt das jedoch Zukunftsmusik.

4.1.9   Anforderung 9: Geräteunabhängigkeit

Wortlaut: (BITV 9) Internetangebote sind so zu gestalten, dass Funktionen unabhängig vom Eingabegerät oder Ausgabegerät nutzbar sind.

Erklärung: Das Erfordernis der Geräteunabhängigkeit wurde bereits im Zusammenhang mit Punkt 3 angesprochen. Dort ging es im Wesentlichen um die Präsentation. Geräteunabhängigkeit ist jedoch genauso auch für die Funktionalität gefordert. Damit ist zum Beispiel der Umgang mit Event-Handlern angesprochen. Hier sind nach Möglichkeit logische statt geräteabhängige Handler anzugeben. also nicht `onmouseover` oder `onkeypress`, sondern `onchange` oder `onfocus`. Es ist sicherzustellen, dass Navigationen, Links oder Eingabefelder von Formularen nicht nur mit der Maus, sondern auch über die Tastatur bedient bzw. angesteuert werden können. Bei standardkonformem und semantisch korrektem Seitenaufbau ist das in der Regel ohne besonderen Aufwand gewährleistet. Wo nicht, können Tabindexes eingesetzt werden, um eine anwenderfreundliche Reihenfolge zu erreichen. Der von Bedingung 9.5 nahe gelegte Einsatz von Accesskeys stößt allerdings in der Praxis auf große Bedenken, weil es hier große Unterschiede zwischen den gebräuchlichen Plattformen gibt und schon viele Shortcuts browserintern genutzt werden.

Browser	Vorbelegte Shortcuts
Internet Explorer 5	a b d f r x
Internet Explorer 6	a b d f s x 2 4 6 7 ?
Netscape 4.77	c e f g h v
Netscape 6/7	b e f g h i m n p s t v w
Mozilla 1.3	b d e f g h t v w
Opera 6	a b d e f h l n p s
Opera 7.11	a b c d f h l n p w x z 2 6 9 0
Lynx/Pine	c g h j m o p t
Home Page Reader	c e j l o t w z 0 1
Jaws	d 5
Alle schon vorbelegten Shortcuts	a b c d e f g h i j l m n o p q s t v w x z 1 2 4 5 6 7 9 0 - ?

Außerdem muss man damit rechnen, dass gerade motorisch behinderte Anwender, zu deren Unterstützung Accesskeys ganz wesentlich gedacht sind, die dafür erforderlichen Mehr-Tasten-Befehle unter Umständen nur unter Schwierigkeiten eingeben können.

4.1.10 Anforderung 10: Abwärtskompatibilität 2

Wortlaut: (BITV 10) Die Verwendbarkeit von nicht mehr dem jeweils aktuellen Stand der Technik entsprechenden assistiven Technologien und Browsern ist sicherzustellen, so weit der hiermit verbundene Aufwand nicht unverhältnismäßig ist.

Erklärung: Während Anforderung 6 eher die eingesetzten Techniken allgemein in den Blick nimmt, fordert Punkt 10 ausdrücklich, dass auch ältere Clients verwendet werden können. Das ist insofern bedeutsam, als einige Hilfsmittel außerordentlich teuer sind, so dass Anwender oft nicht in der Lage sind, die jeweils neuesten Versionen einzusetzen. Beim Einsatz von standardkonformem HTML treten hier nur selten Probleme auf. Ihnen vorzubeugen ist kaum möglich – hier helfen zuverlässig nur Tests unter Einschluss von älterer Technik.

Anforderung 10 hat zwei Unterpunkte, deren Zusammenhang mit „nicht mehr aktueller Technik" sich erst auf den zweiten Blick erschließt:

Bedingung 10.1: Das Erscheinenlassen von Pop-ups oder anderen Fenstern ist zu vermeiden. Die Nutzerin, der Nutzer ist über Wechsel der aktuellen Ansicht zu informieren.

Erklärung: Während Popups auf dem grafischen Bildschirm oft als eigene kleine Fenster dargestellt werden und so gut erkennbar sind, nehmen sie in älteren Browsern oft den gesamten Platz des Fensters ein, von dem aus sie aufgerufen worden sind. Dann erscheinen sie wie neu aufgerufene Seiten – aber der BACK-Button des Browsers funktioniert nicht, und der Anwender verliert die Orientierung. Ähnliche Probleme kann es für hörende Besucher geben.

Bedingung 10.2: Bei allen Formular-Kontrollelementen mit implizit zugeordneten Beschriftungen ist dafür Sorge zu tragen, dass die Beschriftungen korrekt positioniert sind.

Erklärung: Formularelemente werden auch heute noch wegen der Schwierigkeiten, die mit ihrer korrekten Positionierung verbunden sind, oft mit Layouttabellen realisiert. Dabei ist hier jedoch die Gefahr besonders groß, dass die Linearisierbarkeit nicht beachtet wird und z.B. zunächst mehrere in der einen Zeile angeordnete Beschriftungen und dann erst die zugehörigen Kontrollelemente/Eingabefelder erscheinen – der Zusammenhang ist nicht mehr nachvollziehbar.

4.1.11 Anforderung 11: Verwendung offener Standards

Wortlaut: (BITV 11) Die zur Erstellung des Internetangebots verwendeten Technologien sollen öffentlich zugänglich und vollständig dokumentiert sein, wie z.B. die vom World Wide Web Consortium entwickelten Technologien.

Erklärung: Die Kommunikation in offenen Netzen kann nur funktionieren, wenn Informationsanbieter und die Hersteller der Clients sich an einheitlichen Standards orientieren können. Das müssen nicht zwangsläufig die Standards bzw. Empfehlungen des W3C sein, auch andere Techniken wie z.B. das Flash-Format sind von ihren Entwicklern offen gelegt worden und können damit bei der Entwicklung von Clients jeder Art berücksichtigt werden. Die Erfüllung dieser Anforderung macht in der Praxis normalerweise keine Probleme. Auch die in 11.1 verlangte Verwendung der jeweils neuesten Version der Standards und der Verzicht auf überholte Elemente ist weitgehend unproblematisch. Seit Veröffentlichung von HTML 4.1 und XHTML 1.0 besteht für ältere Sprachversionen kein Bedarf mehr. XHTML 1.1 ist nicht als Ablösung von XHTML 1.0 anzusehen und kann noch nicht generell als praxisreif gelten.

Bedingung 11.3 verdient es, kurz extra erwähnt zu werden:

Wortlaut: Soweit auch nach bestem Bemühen die Erstellung eines barrierefreien Internetangebots nicht möglich ist, ist ein alternatives, barrierefreies Angebot zur Verfügung zu stellen, dass äquivalente Funktionalitäten und Informationen gleicher Aktualität enthält, soweit es die technischen Möglichkeiten zulassen. Bei Verwendung nicht barrierefreier Technologien sind diese zu ersetzen, sobald aufgrund der technologischen Entwicklung äquivalente, zugängliche Lösungen verfügbar und einsetzbar sind.

Erklärung: Ursprünglich hat diese Vorgabe das Ziel zu verhindern, dass durch die Erstellung so genannter „Textversionen" Angebote 2. Klasse für die Anwender von assistiver Technologien geschaffen werden. Tatsächlich gibt es bei Anwendung des Grundsatzes „Trennung von Content und Präsentation" für solche Textversionen keinerlei Grund mehr. Andererseits erlauben leistungsfähige CMS und moderne Verfahren wie XSLT auch die Ausgabe von clientspezifischen „Alternativversionen", die keinerlei Einbußen gegenüber der „Normalversion" bedeuten, sondern im Gegenteil eine besondere Berücksichtigung von Bedürfnissen der jeweiligen Nutzergruppe ermöglichen. Besonders auffällig wird das bei Gebärdenvideos oder Sonderseiten in spezieller „einfacher Sprache" – solche Angebote sind nur als Alternative zu einem Standardangebot denkbar.

Hier ist durch geeignete Mittel sicherzustellen, dass einerseits berechtigte Bedürfnisse nach Bereitstellung von besonderen Hilfen unterstützt werden, ohne die gelegentlich wahrnehmbaren Tendenzen von Kleingruppen zur Abschließung oder Errichtung exklusiver Kulturräume zu fördern. Gerade das Netz öffentlicher Informationsanbieter muss im Prinzip ein Raum bleiben, in dem sich möglichst viele Kommunikationsteilnehmer begegnen können.

4.1.12 Anforderung 12: Kontext und Orientierung

Wortlaut: (BITV 12) Der Nutzerin, dem Nutzer sind Informationen zum Kontext und zur Orientierung bereitzustellen.

Erklärung: Wie die Unterpunkte 1 und 2 zeigen, hatte diese Forderung zur Zeit ihrer Entstehung vor allem die Zielsetzung, Frames für die Verwender von assistiver Technologie besser handhabbar zu machen. Das ist selbstverständlich auch heute da noch aktuell, wo diese veraltete Technik noch eingesetzt wird. Größere praktische Bedeutung hat eigentlich nur noch die mit Priorität 2 ausgestatte Forderung des Punktes 12.6:

Wortlaut: Inhaltlich verwandte oder zusammenhängende Hyperlinks sind zu gruppieren.

Die Gruppen sind eindeutig zu benennen und müssen einen Mechanismus enthalten, der das Umgehen der Gruppe ermöglicht. Das ist sowohl auf die Navigation als auch auf andere Aufreihungen von Links zu beziehen und verlangt, dass diese im visuellen Design meist zu Blöcken zusammengefassten Links auch im Markup so strukturiert werden, dass Besucher, die auf grafische Unterstützung verzichten müssen, zusammengehörige Links identifizieren und gezielt ansteuern oder auch überspringen können.

Allgemeiner lässt sich die Anforderung 12 so verstehen, dass dem User unabhängig davon, mit welchen Geräten er die Seite besucht, ausreichend Orientierungshilfen zur Verfügung stehen müssen, damit er stets weiß, wo er sich befindet, welche anderen Bereiche es noch gibt und wie er dorthin kommen kann. Das bezieht sich sowohl auf die verschiedenen Teile einer einzigen Seite als auch auf die Gesamtheit der Seiten, die einen Webauftritt ausmachen.

Das hört sich zunächst wie eine triviale Forderung an: Genau das machen gute Webdesigner seit Beginn professioneller Webgestaltung vor mehr als zehn Jahren. Aber sie machen es sehr oft allein mit visuellen Mitteln. Sehende werden gut bedient – wer nichts sieht, hat nichts davon. Damit alle Besucher stets „gut im Bilde" sind, ist ein semantisch sauber strukturiertes Markup erforderlich. Außerdem sind zusätzliche – für Sehende möglicherweise gar nicht sichtbare – Hilfen zum schnellen Erreichen einzelner Bereiche der Seiten anzubieten, sog. Übersprung-Links. Die Orientierung innerhalb des gesamten Webauftritts ist nicht nur durch eine klar aufgebaute Navigation, sondern auch durch Wegweiser wie z.B. die so genannten Breadcrumbs zu unterstützen.

ABBILDUNG 4.7

Alles im Blick

4.1.13 Anforderung 13: Übersichtlichkeit

Wortlaut: (BITV 13) Navigationsmechanismen sind übersichtlich und schlüssig zu gestalten.

Erklärung: Dieser Punkt vertieft einige der Bereits unter 12 behandelten Aspekte.

Bedingung 13.1: Das Ziel jedes Hyperlinks muss auf eindeutige Weise identifizierbar sein.

Dies zielt wie auch schon Anforderung 12 darauf ab, dass nicht alles, was auf dem Bildschirm klar zugeordnet ist, auch bei anderen Ausgabemodi zu verstehen ist. Für Sehende macht es keine Probleme, wenn eine Reihe von Teasern jeweils mit dem Link „weiterlesen" endet. Für Menschen, die sich nur die Links anzeigen oder vorlesen lassen, endet der Spaß spätestens dann, wenn „weiterlesen" zum vierten mal hintereinander angesagt wird. In die gleiche Kerbe schlägt

Bedingung 13.4: Navigationsmechanismen müssen schlüssig und nachvollziehbar eingesetzt werden.

Auch hier ist zu beachten, dass diese Mechanismen nicht nur verständlich aussehen sollen, sondern auch von der Struktur und der gesamten Logik so aufzubauen sind, dass ihre Ordnung auch dann nachvollziehbar ist, wenn man nichts sieht, keine Farben zur Verfügung hat oder auf die Anordnung in der Fläche verzichten muss.

Bedingung 13.3 verlangt, dass neben einer Navigation auch noch andere Formen der Inhaltserschließung angeboten werden:

Es sind Informationen zur allgemeinen Anordnung und Konzeption eines Internetangebots, z.B. mittels eines Inhaltsverzeichnisses oder einer Sitemap, bereitzustellen.

Daraus lässt sich auch die Forderung nach dem Angebot einer oder mehrerer besonderer Hilfeseiten ableiten, die auf leicht fassbare Weise darüber informieren, welche Informationen auf einer Website angeboten werden – und welche nicht – und wie man bei der Suche am besten vorgeht. Nicht nur für Besucher, die schlecht sehen oder wegen motorischer Behinderung nur umständlich navigieren können, ist es extrem ärgerlich, nach längerem Herumkramen auf einer unübersichtlichen Site festzustellen, dass die gesuchten Inhalte nicht vorhanden sind. Es liegt auf der Hand, dass solche unterstützenden Mechanismen bei kleinen Webauftritten unter Umständen gar nicht benötigt werden, während sie bei großen Informationsportalen unentbehrlich sind.

4.1.14 Anforderung 14: Verständlichkeit

Wortlaut: (BITV 14) Das allgemeine Verständnis der angebotenen Inhalte ist durch angemessene Maßnahmen zu fördern.

Erklärung: Die schwierigste Forderung haben sich die Verfasser von WCAG/BITV bis zuletzt aufgehoben. Schwierig ist diese Forderung in mehrfacher Hinsicht. Zum einen wird es zwischen Sachbearbeitern in einer Behörde und auskunftssuchenden Bürgern oder Hochschullehrern und informationsbegierigen Schülern oft nur schwer Übereinstimmung darüber geben, was erforderlich ist, um bestimmte Inhalte „verständlich" zu machen. „Verständlich für wen?" ist hier die Frage, die in jedem einzelnen Fall gestellt und beantwortet werden muss.

Das zweite Hauptproblem besteht darin, dass der Dienstleister, der den Webauftritt herstellt, oft am allerwenigsten diese Forderung erfüllen kann. Er muss allerdings seine Auftraggeber darauf aufmerksam machen, dass diese Forderung gegebenenfalls an ihren Webauftritt gestellt wird, und auf die technischen Mittel hinweisen, die dabei sinnvoll eingesetzt werden können. Auf einige davon weisen die Unterpunkte ausdrücklich hin:

Bedingung 14.2: Text ist mit graphischen oder Audio-Präsentationen zu ergänzen, sofern dies das Verständnis der angebotenen Information fördert.

Hier besteht freilich die Gefahr, in eine Endlosschleife zu geraten, müssen die Grafiken nach 1.1 doch wieder durch Text erläutert werden ... Kaum hilfreicher ist:

Bedingung 14.1: Für jegliche Inhalte ist die klarste und einfachste Sprache zu verwenden, die angemessen ist.

Was „angemessen" ist, kann man eben nicht „messen", sondern es ist eine „Ermessensfrage".

Dennoch sind die Forderungen von Punkt 14 wichtig, um das Problem der Verständlichkeit allen Beteiligten ins Bewusstsein zu rufen und ihre Aufmerksamkeit darauf zu lenken, dass „Spezialisten unter sich" – also die Fachleute für was auch immer beim Auftraggeber und die Webseitenbauer – leicht in die Gefahr geraten können, den „Endverbraucher", für den die ganze Veranstaltung schließlich stattfindet, aus dem Auge zu verlieren.

Eine ganz andere Frage ist, ob Forderungen dieser Art in einer Richtlinie, die primär technischer Natur ist, sinnvoll aufgestellt werden können. Es ist sicher kein Zufall, dass die zweite Version der WCAG, die mit solchen Forderungen noch weiter über den Rahmen einer technischen Richtlinie hinausgreifen will, wegen der damit verbundenen Probleme immer noch nicht fertig gestellt werden konnte.

4.2 Ausblick auf die WCAG2

Die WCAG1, die als Grundlage der BITV auch entscheidende Bedeutung für die Definition von „Barrierefreiheit" in Deutschland hat, wurde im Frühjahr 1999 veröffentlicht – vor einer sehr langen Zeit also, wenn man die dynamische Entwicklung im Bereich des Internets in Rechnung stellt. Da man sich bereits damals über den sehr unvollkommenen Stand dieses Dokuments im Klaren war, stellte die mit Accessibility-Fragen befasste Arbeitsgruppe des W3C die Vorlage einer Version 2 für das Jahr 2001 in Aussicht.

Allerdings ist nichts zählebiger als ein schlechtes Provisorium, und so ist die WCAG2 auch im Mai 2006, in dem dieser Abschnitt als der letzte unseres Buches geschrieben wird, noch nicht fertig. Zwar versichert die Arbeitsgruppe auch in diesem Jahr, wie in jedem der vergangenen Jahre auch, bis zum Ende des Jahres werde die neue Version fertig sein – aber sicher ist nichts.

Unterdessen ist in Deutschland auch der Mai 2005, in dem nach § 5 der BITV vom 27. April 2002 „spätestens" eine Überprüfung des Regelwerks hätte stattfinden sollen, schon seit mehr als einem Jahr verstrichen, ohne dass von dieser Überprüfung etwas zu hören gewesen wäre. Die Bindungskraft der Verordnung wird anscheinend von denen, die sie verabschiedet haben, nicht sonderlich hoch eingeschätzt.

Unter diesen Umständen ist es wenig sinnvoll, hier den Inhalt des aktuellen Entwurfes zur WCAG2 ausführlich darzustellen und über mögliche Auswirkungen auf die Situation in Deutschland zu spekulieren: Es hat in der Vergangenheit einschneidende Änderungen an den Entwürfen gegeben, und es sind immer noch viele Fragen offen. Aber wir wollen wenigstens kurz darauf eingehen, worin sich die WCAG2 (voraussichtlich) von dem Vorgängerdokument unterscheiden wird und warum die Erarbeitung sich so lange hinzieht.

Die WCAG2 erkennt an, dass im Internet inzwischen wesentlich mehr verschiedene Techniken eingesetzt werden als vor zehn Jahren, und bemüht sich daher um die Formulierung technologie-unabhängiger Richtlinien. Dazu hat sie vier Prinzipien aufgestellt, deren Einhaltung künftig von allen Webauftritten verlangt wird:

- ◆ Die Inhalte müssen für jeden wahrnehmbar sein.
- ◆ Die Bedienung muss unabhängig von der Art der verwendeten Ein- und Ausgabetechnik möglich sein.
- ◆ Inhalt und Steuerung müssen verständlich sein.
- ◆ Die verwendeten Techniken sollen so „robust" sein, dass die Inhalte nicht nur mit heutigen, sondern auch mit künftigen Verfahren darstellbar bleiben.

Zusätzlich hat die Arbeitsgruppe zwei gute Vorsätze für die eigene Arbeit gefasst:

◆ Die Richtlinien sollen möglichst verständlich formuliert sein, und

◆ möglichst viele Forderungen sollen durch automatische Prüfverfahren überprüft werden können.

Diese Vorgaben klingen nicht unvernünftig. Es sieht allerdings so aus, als ob die Arbeitsgruppe sich damit mehr vorgenommen hätte, als sie einlösen kann. Das Bestreben zur Formulierung technologie-unabhängiger Richtlinien hat dazu geführt, dass viele Richtlinien (in der gegenwärtigen Fassung zumindest) so allgemein formuliert sind, dass der Rückbezug zur Praxis kaum noch möglich ist. Und so kommt es, dass der WCAG2-Entwurf inzwischen eine 144-seitige Gebrauchsanweisung benötigt, um zumindest von Fachleuten verstanden zu werden.

Ein weiteres Problem entsteht durch die Absicht, „Verständlichkeit" zu normieren oder gar durch automatische Verfahren überprüfbar zu machen. Es wird zusätzlich durch eine immer wieder spürbare ideologische Voreingenommenheit verschärft, die vorauszusetzen scheint, dass jeder Inhalt für jeden Empfänger verständlich gemacht werden kann – und dass es die Aufgabe „des Internets" sei, diese Verständlichkeit herzustellen.

Kaum weniger problematisch ist die Forderung, alle Inhalte in zukunftssicherer Form niederzulegen – falls es in der Kommunikationstechnik erneut zu umwälzenden Entwicklungen kommen sollte, werden sich die großen DV-Unternehmen, die das W3C und dessen Zugänglichkeitsinitiative tragen, sicher nicht durch Rücksicht auf heutige Standards an der optimalen Nutzung und Verwertung neuer Techniken hindern lassen.

In einem Satz: Die Arbeitsgruppe zur Erstellung der WCAG2 befindet sich in der Gefahr, zugunsten sehr weit reichender theoretischer Ansprüche und idealer Zielvorstellungen die praktische Anwendbarkeit ihrer Ergebnisse aus den Augen zu verlieren.

Das scheint inzwischen auch einigen der Mitgliedsunternehmen deutlich geworden zu sein. Sie bemühen sich in den letzten Jahren zunehmend, „Generalklauseln" einzubauen, mit denen vorzugsweise ihre Produkte oder Technologien vor Einschränkungen geschützt werden könnten. Damit könnte freilich der gesamte Aufwand für die Erarbeitung der WCAG2 in Frage gestellt werden.

Zu dieser nicht sehr optimistischen Skizze einer Bestandsaufnahme gibt es jedoch einen optimistischen Schlusspunkt: Die angestrebte „technologie-unabhängige" Fassung der Richtlinien wird in der Praxis keine oder nur geringe Auswirkungen auf Webseiten haben, die bereits nach heute gültigen Standards als in hohem Maße zugänglich gelten können. Zugängliches (X)HTML wird auch unter veränderten Definitionen zugänglich bleiben.

5

Bad Seendorf – wie im wirklichen Netz

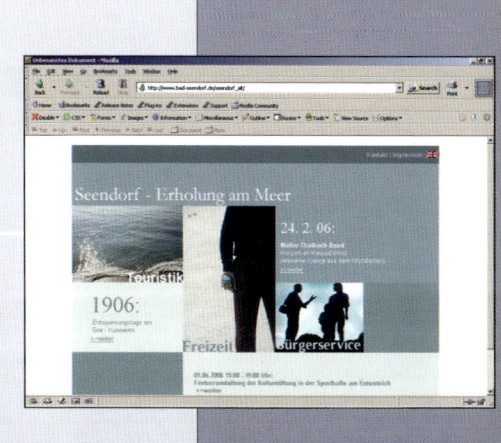

Bisher haben wir uns unserem Gegenstand über theoretische Ausführungen angenähert. Barrierefreiheit ist jedoch weniger eine Sache der Theorie als der Praxis. Um dem gerecht zu werden, haben wir ein Beispielprojekt entwickelt, an dem wir die am häufigsten vorkommenden Barrieren demonstrieren und zeigen wollen, wie man sie abbaut oder noch besser, gar nicht erst entstehen lässt. Und so stellen wir Ihnen in den folgenden Kapiteln die Website von Bad Seendorf vor: als Stadt höchst fiktiv, aber im Web durchaus real: http://www.bad-seendorf.de. Unter diesem URL finden Sie zwei verschiedene Versionen der gleichen Website.

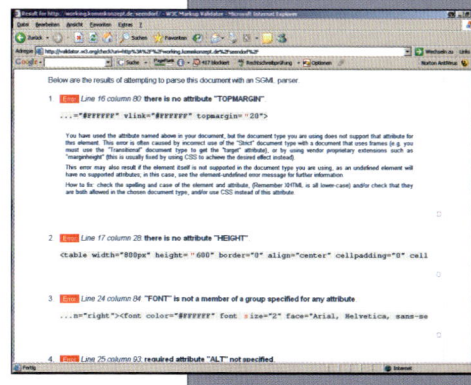

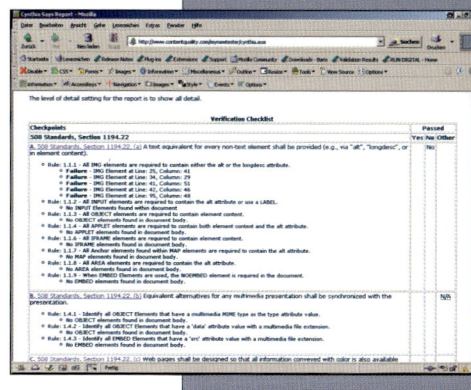

Bad Seendorf kommt
in zwei Ausführungen
vor: *bad-seendorf_alt* und
bad-seendorf_clean:

www.bad-seendorf.de/
seendorf_alt

www.bad-seendorf.de/
seendorf_clean/

Die Version „alt" zeigt in komprimierter Form, welche Verstöße gegen die Forderungen der Barrierefreiheit auf vielen realen Webauftritten vorkommen und Menschen mit Behinderungen, aber auch vielen anderen Usern das Leben immer wieder schwer machen. Nach einer eingehenden Kritik von „bad-seendorf_alt" wollen wir zunächst zeigen, was man tun kann, um die Zugänglichkeit eines solcherart mit Barrieren behafteten Auftritts zu verbessern *(Kapitel 6)*. Dabei wird man freilich gewisse Grenzen nie überspringen können – das ist erst bei einem grundlegenden Redesign möglich. Und genau das werden wir in einem weiteren Schritt angehen: Bad Seendorf bekommt einen Relaunch, der von Grund auf unter Beachtung der Anforderungen der Accessibility geplant und realisiert wird *(Kapitel 7 bis 9)*. Dabei verzichten wir auf einen Relaunch unter Idealbedingungen (handgeschmiedeter Code bei Optimierung jeder einzelnen Zeile), wie man sie in der Realität normalerweise nie antrifft, sondern unterwerfen uns bewusst den Begrenzungen, wie sie durch die Verwendung eines CMS vorgegeben werden.

Noch ein paar Worte zur Begründung dieses zunächst etwas umständlich erscheinenden Verfahrens – schließlich ist das Netz voller schwer zugänglicher Seiten, auf denen wir jede Menge schlechter Beispiele finden könnten. Das gilt auch für viele Seiten von Anbietern, die nach dem geltenden Recht gehalten sind, sich an der BITV zu orientieren. Selbst auf Seiten von Bundeseinrichtungen, die nach dem Gleichstellungsgesetz des Bundes ganz eindeutig zur Einhaltung der BITV verpflichtet sind, finden sich neben klaren BITV-Verstößen zahlreiche darüber hinaus gehende praktische Barrieren (Stand April 2006). Trotzdem haben wir hier darauf verzichtet, die Barrieren, die vielen Menschen den Zugang zum Netz verbauen, anhand von realen Beispielen darzustellen. Sie werden unsere Gründe sicherlich verstehen:

◆ Erstens müssten wir Sie dann auf eine ziemlich anstrengende Rundreise von einer Website zur anderen mitnehmen.

◆ Zweitens weiß man im Internet nie, ob eine Site im Sommer noch so aussieht wie bei unserem Besuch im Frühjahr – der nächste Relaunch kommt bestimmt. Ob er dann wirklich die Barrieren abbaut, steht auf einem anderen Blatt.

◆ Und drittens halten wir das Motto „Viel Feind' viel Ehr'" für nur begrenzt beherzigenswert und wollen keinesfalls unsere Zeit künftig statt mit dem Bau barrierereduzierter Webseiten damit verbringen, allen möglichen Leuten zu versichern, wir hätten es ja nicht so gemeint.

Bei der Entwicklung von „Bad Seendorf alt" haben wir uns von vielen Beispielen schlechter Zugänglichkeit inspirieren lassen, die wir im Laufe unserer Arbeit im Netz kennen gelernt haben. Stellenweise haben wir sogar ganze Codeteile übernommen – natürlich nachdem wir vorher den Inhalt anonymisiert haben. Dabei haben wir nur Seiten von öffentlichen Anbietern (Ländern, Städten, Kommunen, Hochschulen) ausgewertet, die von Rechts wegen mehr für die Zugänglichkeit tun müssten.

Die hier vorgeführten Barrieren sind also nicht erfunden oder konstruiert, sondern stammen aus dem realen Leben, wir haben sie lediglich stark verdichtet. Und oft genug stammen sie von Seiten, auf denen stolz verkündet wurde, ab jetzt sei man barrierefrei.

Eine leichte Sache war das übrigens nicht. Wenn wir also nicht alle Fehler eingebunden haben sollten, die Ihnen schon einmal begegnet sind, nehmen Sie es uns bitte nicht übel: Der Vorrat ist unerschöpflich. Auf einige Barrieren, die aus dem unüberlegten Einsatz veralteter Technologie wie z.B. Frames entstehen, haben wir auch ganz bewusst verzichtet. Aber wir waren bemüht, Ihnen die häufigsten und die Zugänglichkeit am meisten behindernden Fehlerquellen vorzuführen. Dabei war es uns wichtig, das Negativbeispiel keinesfalls in einem abschreckenden Design zu präsentieren – Hässlichkeit lassen sich nur die wenigsten Auftraggeber aufschwatzen. Uns geht es einerseits darum zu zeigen, dass Seiten, die auf den ersten Blick einen guten Eindruck machen, beim genauen Betrachten oft massive Probleme in Bezug auf die Zugänglichkeit aufweisen. Und umgekehrt wollen wir später auch zeigen, dass Accessibility keinesfalls hässlich sein muss.

Sie haben sicher Verständnis dafür, dass wir uns in beiden Ausführungen des Webauftritts von Bad Seendorf auf relativ wenige Seiten beschränken, die möglichst viel repräsentatives Material enthalten – schließlich wollen wir ein Buch über Zugänglichkeit schreiben und keinen Roman über Bad Seendorf und die Reize seiner Kurpromenade. Und obwohl wir entsprechend der Vorgabe der BITV intensiven Gebrauch von Stylesheets machen, können wir auch auf Probleme des CSS-Designs nur insoweit eingehen, wie das unmittelbar Auswirkungen auf die Zugänglichkeit hat.

Aber nun endlich auf nach Bad Seendorf (alt), zu unserer reichhaltigen, aber keinesfalls vollständigen Sammlung von Barrieren und Zugangshindernissen, voll aus dem wirklichen Leben gegriffen.

Seendorf – Barrieren
wie im wirklichen Netz:
www.bad-seendorf.de/
seendorf_alt/

ABBILDUNG 5.1

Startseite Bad Seendorf – Negativbeispiel

Falls Sie übrigens gerade keinen Rechner mit Netzanschluss zur Hand haben: Die folgenden Ausführungen enthalten immer wieder Codebeispiele und Screenshots, die es ermöglichen, auch mit dem Buch allein nachzuvollziehen, was wir gemacht haben und worum es uns geht. Aber mit dem Live-Beispiel geht manches besser – und vielleicht haben Sie ja auch Lust, selbst einmal eine Accessibility-Überprüfung „am lebenden Objekt" vorzunehmen.

Das Ziel dieses Kapitels besteht darin,

◆ am Beispiel von „Bad-Seendorf (alt)" den groben Verlauf der Evaluierung eines Webauftritts auf Barrierefreiheit nachzuzeichnen,

◆ besonders häufige oder lästige Barrieren an Praxisbeispielen zu demonstrieren und

◆ Möglichkeiten und Grenzen von Reparaturen an bestehenden Websites vorzustellen.

5.1 Was man über Bad Seendorf wissen sollte

Bad Seedorf ist ein Luftkurort an der Ostsee. Oder war es an der Nordsee? Egal. Zu der Stadt gehören einige kleine Dörfer, so dass Bad Seendorf mit über 20.000 Einwohnern schon ein mittelgroßes Städtchen ist. Die meisten Menschen leben vom Tourismus oder der Landwirtschaft. Da keine Kommune ohne Online-Präsenz denkbar ist und Tourismus ohne Internet völlig undenkbar geworden ist, hat Bad Seendorf eine ortsansässige Werbeagentur beauftragt, die Stadt „ins Netz zu bringen". Neben der Information der Bürger war das Hauptziel der Seite, Bad Seendorf als Kurort mit großem Erholungswert und gutem kulturellen Angebot für Touristen interessant zu machen. Lokale Hotels und Wellness-Angebote sollten eine Plattform erhalten, um sich präsentieren und mehr Gäste in den Ort holen zu können.

Vor einigen Monaten ist dann der neue Webauftritt online gestellt worden, und die Abteilung Öffentlichkeitsarbeit hat per Pressemeldung erfreut mitgeteilt, was so oder in ähnlicher Form derzeit in vielen Pressemeldungen zu lesen ist: „Barrierefreies Internet, Accessibility (Zugänglichkeit) und Usability (Benutzbarkeit/Bedienerfreundlichkeit) sind feste Begriffe geworden, um das Internet für alle einfacher zugänglich zu machen. Deshalb haben auch wir in Bad Seendorf keine Anstrengungen und Kosten gescheut, um allen Menschen eine barrierefreie Nutzung und die Zugänglichkeit zu Einrichtungen, Institutionen und des öffentlichen Raumes zu ermöglichen."

Aber es kamen nicht mehr Gäste, sondern mehr Beschwerden. Gerade ältere Menschen, denen man einen geruhsamen Aufenthalt schmackhaft machen wollte, fanden die neue Site überhaupt nicht überzeugend. Dabei hatte die beauftragte Agentur versichert, einen Webauftritt nach allen aktuellen technischen und rechtlichen Anforderungen zu erstellen, auch barrierefrei würde die Seite sein. Und nun ist im Rathaus von Bad Seendorf dicke Luft. Das Amt für Öffentlichkeitsarbeit beschließt, ein Gutachten erstellen zu lassen – und Sie als Leser haben das Privileg, den Gutachtern bei der Arbeit zuzuschauen.

5.2   Der Zugänglichkeits-Check

Den Ausdruck „Gutachten" nehmen wir am besten sofort wieder zurück. Erstens unterliegt Bad Seendorf als Gemeinde nicht direkt den Vorgaben des Bundesgleichstellungsgesetzes und der dort verankerten BITV, und auch die Landesgesetze binden die Kommunen nicht unmittelbar. Es gibt hier also keine rechtsverbindliche Grundlage für ein „Gutachten". Zweitens wäre ein vollständiger Test auf Konformität einer Website mit BITV oder WCAG1 eine ziemlich umständliche und im Rahmen dieses Buches letztlich wenig aufschlussreiche Angelegenheit – wer sich davon und von den damit verbundenen Problemen einen Eindruck verschaffen möchte, sei auf den sog. „BITV-Kurztest" oder den unfangreicheren BITV-Test von „barrierefrei informieren und kommunizieren" unter `http://www.bik-online.info/verfahren/index.php` verwiesen. Ersatzweise reicht es auch, sich die komplette Anforderungsliste eines Testtools wie webXact (`http://webxact.watchfire.com/`) oder Cynthia Says (`http://www.contentquality.com/`) zu Gemüte zu führen. Komplett – das heißt, sich nicht nur auf die von diesen Tools automatisch überprüfbaren Punkte zu beschränken, sondern auch die umfangreichen Listen abzuarbeiten, die dort für die Überprüfung „mit eigenen Augen" aufgestellt werden.

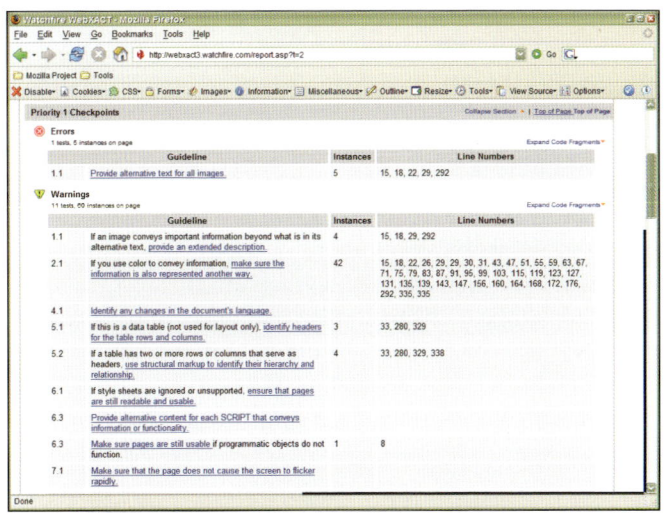

ABBILDUNG 5.2

webExact gibt für jede Seite von Bad Seendorf (alt) zahlreiche Warnungen aus, die einzeln überprüft werden müssten.

Im ersten Teil unseres Checks setzen wir die gängigen Validatoren für Standardkonformität und Zugänglichkeit ein, um Barrieren und andere Schwachstellen zu identifizieren. Dabei werden wir allerdings sehr schnell feststellen, dass man sich nicht allein auf die Technik verlassen kann, um tatsächlich alle vorhandenen Mängel und Hindernisse aufzuspüren. Im weiteren Verlauf des Tests greifen wir dann verstärkt auf Entwickler-Tools wie die *Accessibility Extension* für den Firefox/Mozilla sowie die *AIS Toolbar* für den Internet Explorer zurück. Sie haben sich bei unserer Arbeit als unentbehrliche Hilfsmittel zur Analyse von Webseiten erwiesen.

5.2.1   Valider Code als Grundlage der Zugänglichkeit

BITV 3.2
Mittels Markup-Sprachen geschaffene Dokumente sind so zu erstellen und zu deklarieren, dass sie gegen veröffentlichte formale Grammatiken validieren.

Der erste Schritt bei einer Prüfung auf Zugänglichkeit ist für uns immer der Validitäts-Check: Seiten, die nicht valide sind, verstoßen damit nicht nur gegen die formalen Anforderungen der BITV (Bedingung 3.2), sie bieten auch eine nicht-optimale Grundlage für die Realisierung praktischer Zugänglichkeit.

Webstandards sind der gemeinsame Boden, auf dem sich alle Teilnehmer an der Webkommunikation und die von ihnen eingesetzten Verfahren und Geräte treffen können. Nur wenn sich die Hersteller von Clients, also der Software für den Webzugang, und die Anbieter von Webseiten möglichst genau an die Standards halten, besteht eine realistische Chance, dass die meisten Webangebote für möglichst viele Benutzer zugänglich sind. Einige Clients sind zwar sehr fehlertolerant und erraten auch bei schweren Fehlern im Markup so ungefähr, was der Designer erwartet – aber darauf kann man sich nicht verlassen. Moderne Clients müssen so viele Anforderungen erfüllen, dass deren Entwickler sich – völlig zu Recht – immer stärker auf die Beachtung der Standards konzentrieren und voraussetzen, dass die Entwickler von Webseiten das ebenfalls tun.

Der Validator meckert

Möchten Sie mehrere Seiten mit einem Schlag prüfen, kann der Validator der Web Design Group auf www.htmlhelp.com sehr hilfreich sein.

Für unsere Prüfung der Validität von www.bad-seedorf.de/seendorf_alt verwenden wir den Validator des W3C (http://validator.w3.org/) – also des internationalen Gremiums, das auch die Webstandards selbst (die rechtlich übrigens nur den Charakter von „Empfehlungen" haben) entwickelt hat. Dieser Validator ist nicht der einzige und auch nicht der einzige gute, aber er wird ständig weiterentwickelt und auf den neuesten Stand gebracht. Seine Benutzung ist kostenlos. Es gibt also keinen Grund, Seiten ins Netz zu stellen, ohne sie zuvor mit Hilfe dieses Werkzeugs zu überprüfen.

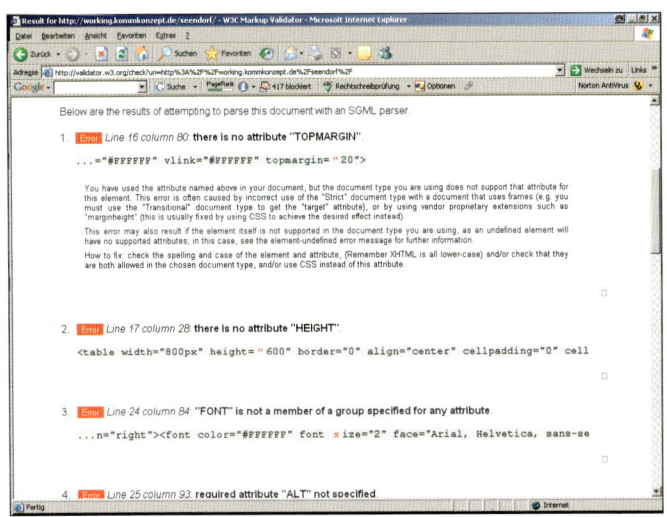

ABBILDUNG 5.3

Beginn der Mängelliste des Validators für die Startseite

Der Validator ist mit Bad Seendorf ziemlich unzufrieden. Er meldet Fehler auf (fast) allen Seiten, darunter eher formale wie die Verwendung nicht standardgemäßer Attribute, aber auch hochgradig zugänglichkeitsrelevante wie das Fehlen von alt-Texten. Das ist nicht nur ein Verstoß gegen die Spezifikation von HTML, sondern auch gegen Bedingung 1.1 der BITV.

Ein Test, der lediglich feststellen will, ob die Seiten von Bad Seendorf der BITV genügen, könnte bereits hier abgebrochen werden: Die Seite ist mit Pauken und Trompeten durchgefallen.

BITV 1.1
Für jeden Audio- oder visuellen Inhalt sind geeignete äquivalente Inhalte bereitzustellen, die den gleichen Zweck oder die gleiche Funktion wie der originäre Inhalt erfüllen.

Warum alt-Texte wichtig sind

ABBILDUNG 5.4

Ohne Bilder sieht die Startseite von Bad Seendorf eher inhaltsarm aus.

Da die Grafiken auf der Startseite die Links zu den eigentlichen Inhaltsbereichen darstellen, sind diese Bereiche für Anwender nicht-grafischer Clients und Besucher, die keine Bilder sehen können, praktisch gar nicht vorhanden. Diese Besucher kommen über die erste Seite kaum hinaus.

Die prominentesten Clients, die an dieser Hürde scheitern, sind übrigens Googlebot und seine Brüder von den anderen Suchmaschinen – sie können den Inhalt folglich auch nicht indizieren.

Auch auf den hinteren Seiten stolpert der Validator in erster Linie über fehlende `alt`-Texte und nicht standardkonforme Attribute. Zeilen wie

```
<a href="html/service.htm"><img src="pics/Burgerservice.jpg" width="193"
height="147" border="0"></a>
```

oder

```
<font color="#FFFFFF" size="2" face="Arial, Helvetica, sans-serif">
```

sollten auf modernen Webseiten nicht mehr vorkommen.

Wir haben darauf verzichtet, weitere Validierungsfehler absichtlich einzubauen und zu kommentieren – hier geht es schließlich um die Zugänglichkeit, und für die ist Validität nur eine eigentlich selbstverständliche Rahmenbedingung. Auch die Behebung von Validitätsmängeln ist hier nicht das Thema. Wie an der Seite mit der Wahlordnung zu sehen ist, konnte der von der Agentur in letzter Minute eingesetzte gewissenhafte Praktikant eine Seite ohne größere Mühe so weit herrichten, dass der HTML-Validator sie passieren lässt – aber diese rein formale Verbesserung hatte keine nennenswerten Auswirkungen auf die Zugänglichkeit. Selbst wenn wir auf diese Weise alle Seiten formal valide gemacht hätten, hätte das zur Zugänglichkeit wenig beigetragen. Außerdem wollten wir mit Bad Seendorf (alt) ja realistisch bleiben – und in der Realität des Webs sind leider immer noch weitaus mehr als 90% aller Seiten nicht valide.

Auf die Frage, ob die Forderung der BITV nach validem Code tatsächlich und ausnahmslos eingehalten werden muss, werden wir später noch einmal im Zusammenhang mit dem Redesign eingehen. Zunächst jedoch setzen wir den Accessibility-Check fort, indem wir Bad Seendorf durch die Augen eines der automatischen Accessibility-Tester betrachten, die im Netz oder auf der eigenen Festplatte anzutreffen sind.

5.2.2   Startseite Teil 1: Mit den Augen von Cynthia, Bobby und Co.

Bevor wir die Durchleuchtung der Startseite von Seendorf (alt) beginnen, wollen wir die von uns eingesetzten Accessibility-Checker kurz vorstellen. Accessibility-Checker gibt es reichlich, und nicht jeder davon ist für jede Aufgabe gleich gut geeignet. Aber fast jeder hat neben diversen Schwächen auch seine besondere Stärke, die ihn in bestimmten Fällen unentbehrlich macht.

◆ Pionier des Genres ist der gute alte Polizist *Bobby*, der von seinem Hersteller *Watchfire* seit einiger Zeit unter dem Namen *WebXACT* angeboten wird. WebXACT gibt es kostenlos im Netz (aber nur mit einem Test pro Minute) und als kostenpflichtiges Programm für die eigene Festplatte. (`http://webxact3.watchfire.com/report.asp?t=2`)

◆ Mit einem ähnlichen Angebot kommt *HiSoftware* mit seinem Checker *Cynthia Says* daher: kostenlos mit eingeschränktem Umfang im Netz und die Luxusausführung zum käuflichen Erwerb. Cynthia bezieht bei seinen Checklisten auch die „HTML-Techniques" zur WCAG ein und erleichtert damit die Fehlererkennung beträchtlich. (`http://www.contentquality.com/fulloptions.asp`)

◆ Nur für die eigene Festplatte gibt es das kostenlose Tool *Aprompt* (`http://www.wob11.de/apromptkomplett.html`) sowie den ebenfalls kostenlosen

◆ *aDesigner* von *IBM* (`http://www.alphaworks.ibm.com/tech/adesigner/download`). Beide sind eher zur Unterstützung des Entwicklungsprozesses als zur Begutachtung fertiger Seiten geeignet.

◆ Im Web gibt es inzwischen in Version 3.5 das Prüftool *Wave*, das keine langen Listen mit Fehlermeldungen produziert, sondern „auf einen Blick" erkennen lässt, wie es um die Beachtung wesentlicher Gesichtspunkte der Accessibility steht. Wegen seiner visuellen Natur ist Wave selbst übrigens nicht barrierefrei – visuelle und textliche Präsentation sind zwei grundsätzlich verschiedene Dinge und lassen sich auch nicht 1:1 ineinander übersetzen (`http://www.wave.webaim.org/wave/index.jsp`).

◆ Die Accessibility Toolbars für den Mozilla und den Internet Explorer erleichtern uns unsere tägliche Arbeit ganz beträchtlich. Deshalb möchten wir sie an dieser Stelle zu einem kleinen Exkurs einladen, um diese beiden für uns unentbehrlichen Helfer etwas näher vorzustellen.

Accessibility Toolbars

Die Mozilla Accessibility Toolbar oder die AIS Toolbar für den Interner-Explorer sind wichtige zusätzliche Hilfsmittel, um Sie bei der nicht automatischen Prüfung Ihrer Seiten auf Zugänglichkeit zu unterstützen. In den folgenden Kapiteln werden wir diese Tools noch häufiger verwenden, um mögliche Probleme in Bezug auf die Zugänglichkeit transparenter zu machen.

AIS für den Internet Explorer

Für den Internet Explorer steht die AIS (Accessible Information Solutions – Web Accessibility) Toolbar zur Verfügung. Entwickelt wurde sie von einem Team für „Barrierefreie Informationslösungen" des *Nationalen Informations- und Bibliotheksdienstes* (NILS) in Australien.

Sie können die AIS-Toolbar für den Internet Explorer unter `http://www.webforall.info/html/deutsch/ais-toolbar.php` herunterladen.

Sie bietet Funktionalitäten wie:

- Validierung des Codes mit dem Validator der W3C

- Validierung des CSS-Codes unter Verwendung des CSS-Validators des W3C-Konsortiums

- Integration von W3C HTML Tidy

- Link-Checker

- Schnelleinstellung der Größe des Browserfensters für die häufigsten Auflösungen

- CSS-Funktionalitäten, wie z.B. Ausschalten und Anzeigen

- Anzeige veralteter HTML-Attribute

- Bildfunktionen, wie das Erstellen einer Bilderliste, Ersetzen der img-Elemente durch ihren alt-Text etc.

- Farbfunktionen, wie Greyscale, Integration des Color-Contrast-Analysers von Juicy-Studio, Anzeige der verwendeten Farben

- Darstellung der Dokumentenstruktur (Überschriften, Listen, Dokumententitel, Formularelemente, Akronyme, Abkürzungen, JavaScript-Event-Handler, Accesskeys, Tabellen und vieles mehr)

- Weiterleitung zu externen Prüfprogrammen (Wave, Cynthia Says, Webxact usw.)

- Simulationen (ausgeschaltete Plugins, ausgeschaltete Maus, Fehlsichtigkeiten usw.)

ABBILDUNG 5.5

AIS-Toolbar im Internet Explorer

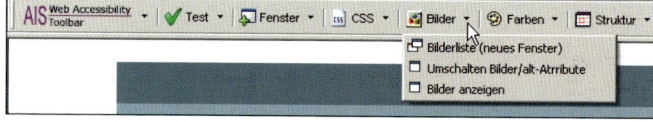

Die Installation ist sehr einfach. Nachdem Sie die Datei *Accessibility_Toolbar_De.exe* heruntergeladen haben, können Sie diese einfach ausführen und finden die Toolbar anschließend in Ihrer Browserleiste.

Accessibility Extensions für Mozilla/Firefox

Die Accessibility Extension für den Mozilla/Firefox bietet im Prinzip ähnliche Funktionalitäten. Zum Zeitpunkt der Fertigstellung des Manuskripts hatte sie sogar noch mehr zu bieten als AIS, darunter unter anderem:

- Ein High-Contrast-CSS

- Das gänzliche Ausschalten der Bilder

Die Accessibility-Toolbar für Mozilla und Co. finden Sie unter:

http://cita.disability.uiuc.edu/software/mozilla/

◆ Analyse der Dokumentenstruktur

◆ Linearisierung der Inhalte von Tabellen

◆ Emulation eines Browsers für Small Devices

Nachdem Sie die Extension heruntergeladen haben, erfolgt die automatische Installation einfach und unkompliziert. Nach erfolgreichem Neustart finden Sie die Toolbar dann in Ihrer Browserleiste.

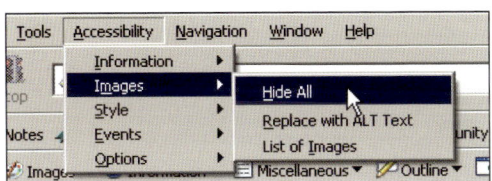

ABBILDUNG 5.6

Ausschalten der Bilder im Mozilla

Die Bilder ausschalten kann man dann z.B. unter EXTRAS/ACCESSIBILITY/IMAGES/HIDE ALL oder je nach Browserversion direkt unter ACCESSIBILITY/IMAGES/HIDE ALL.

Welches dieser Tools man nun tatsächlich für die tägliche Arbeit verwendet, hängt ganz von der jeweiligen Aufgabenstellung und von den persönlichen Vorlieben ab. Wir benutzen beide, da sie sich in manchen Bereichen hervorragend ergänzen.

Damit ist unser kleiner Exkurs über die Tools beendet, und es geht mit der Untersuchung von Bad Seendorf (alt) weiter.

Für die Begutachtung von Bad Seendorf lassen wir hier zunächst der Dame Cynthia den Vortritt, die ihre Ergebnisse in recht übersichtlichen Tabellen in Textform und damit auch für Screenreader erreichbar ausgibt.

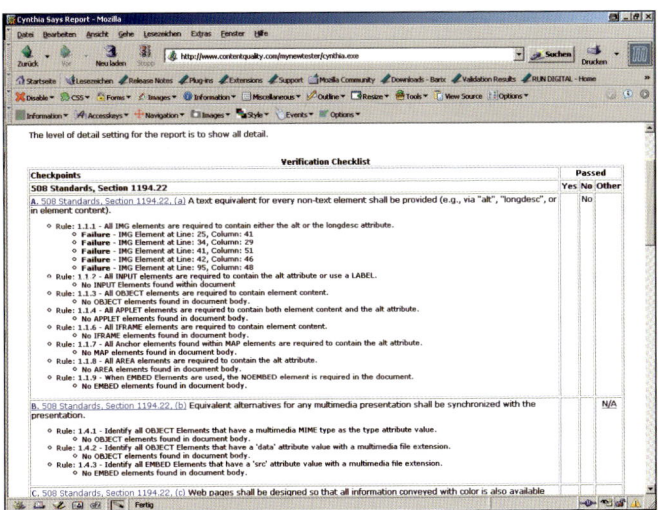

ABBILDUNG 5.7

Ergebnis von Cynthia Says

ABBILDUNG 5.8

Verschiedene Linkziele – gleicher Linktext

Testergebnis

Wie nicht anders zu erwarten, kritisiert Cynthia Says auf der Eingangsseite die fehlenden `alt`-Texte und die nicht-standardkonformen Elemente in HTML, letztere unter Hinweis auf Bedingung 11.2 der WCAG/BITV.

```
<font color="#FFFFFF" size="2" face="Arial, Helvetica, sans-serif">
<strong>M&uuml;ller-Thalbach-Band </strong><br>
Konzert im Kursaal West<br>
 Innovative Kl&auml;nge aus
 dem M&uuml;nsterland</font>
```

Außerdem erkennt sie den Verstoß gegen Bedingung 4.3: Die Sprache des Inhalts ist nicht korrekt angegeben. Screenreadern fehlt somit jegliche Information darüber, in welcher Sprache das Dokument nun tatsächlich vorzulesen ist. Wünschenswert wäre eine Information wie:

```
<html lang="de" xmlns="http://www.w3.org/1999/xhtml" xml:lang="de">
```

Redundante Textlinks

Cynthia erkennt, dass ein und derselbe Linktext (>> WEITER) mehrfach auf der Seite vorkommt – das ist ein klarer Verstoß gegen die Bedingung 13.1.

Dieser auf unzähligen Seiten anzutreffende Fehler ist schwerwiegend, weil z.B. Benutzer von Screenreadern Webseiten oft so navigieren, dass sie von Link zu Link springen – und wenn mehrmals hintereinander der Linktext „weiter" vorgelesen wird, weiß man natürlich nicht, wo man dran ist. Was Cynthia Says nicht merkt, ist, dass die spitzen Klammern zwar Text sind, aber eigentlich wegen ihrer grafischen Wirkung gesetzt sind. Ein auf die Links angesetzter Screenreader liest dann so etwas wie „größer als, größer als, weiter", „größer als, größer als, weiter" ... und das im Zweifelsfall zehnmal oder öfter hintereinander. Das ist nicht nur ziemlich unzugänglich, sondern grenzt auch schon an Körperverletzung.

JavaScript

Ebenfalls von Cynthia unbemerkt bleibt der betrübliche Umstand, dass zwei von diesen an sich schon bösen Weiter-Links als JavaScript-Links zum Öffnen eines Popups ausgeführt sind – was bedeutet, dass diese Links bei allen Clients, die kein JavaScript unterstützen oder bei denen es (z.B. von der DV-Abteilung eines Großunternehmens mit 15.000 Arbeitsplätzen) deaktiviert ist, überhaupt nicht als Links erkannt werden und einfach nicht funktionieren.

```
<a href="javascript:;" onClick="MM_openBrWindow('html/popup.htm','','
scrollbars=no,resizable=yes,width=700,height=560')">&gt;&gt;weiter</a>
```

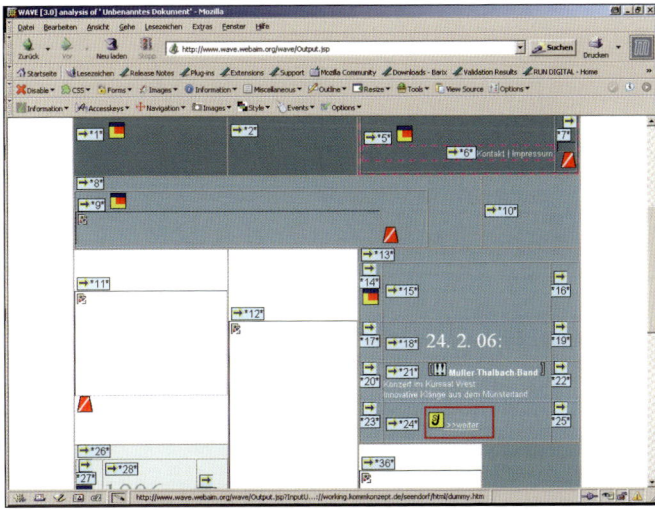

ABBILDUNG 5.9

*Was Wave zu unserer
Startseite sagt*

Bei Wave ist es übrigens gerade umgekehrt: Wave signalisiert zwar die beiden Java-Script-Links, erkennt aber nicht die Doppelung des „>>weiter" bei den HTML-Links.

Ohne Maus: Im Popup gefangen

An dieser Stelle ist noch auf eine weitere Barriere einzugehen, die von Cynthia Says nicht bemerkt worden ist:

BITV 10.1
Das Erscheinenlassen von
Pop-ups oder anderen
Fenstern ist zu vermeiden.
Die Nutzerin, der Nutzer ist
über Wechsel der aktuellen
Ansicht zu informieren.

ABBILDUNG 5.10

Die Müller-Thalbach-Band ist nur in einem Popup-Fenster zu sehen.

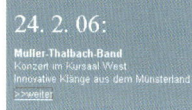

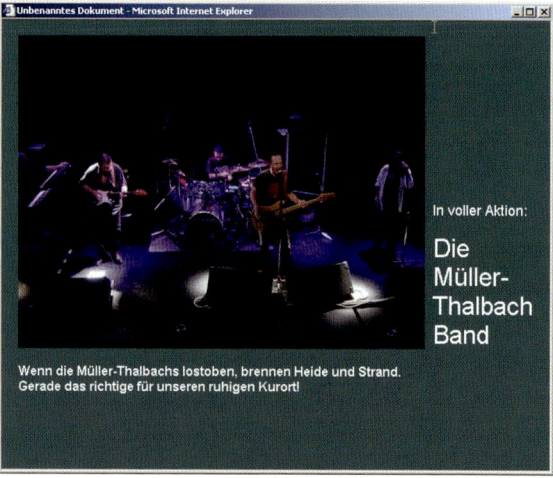

Wer mit der Tastatur statt mit der Maus durch die Seite navigiert, kann das Popup zwar aufrufen, kommt dann aber nicht mehr ohne weiteres heraus: Es gibt im Müller-Thalbach-Popup keinen mit dem Tabulator erreichbaren Link oder Button zum Schließen des Fensters. Natürlich kann man das Popup immer mit Alt + F4 schließen – wenn man zwei Hände oder zumindest eine voll funktionsfähige Hand hat, und genau das kann man bei Besuchern, die keine Maus führen können, nicht ohne weiteres voraussetzen.

BITV 9
Internetangebote sind so zu gestalten, dass Funktionen unabhängig vom Eingabegerät oder Ausgabegerät nutzbar sind.

Tatsächlich verwenden Menschen mit schweren motorischen Behinderungen öfters Eingabegeräte, die nur einen einzigen Kontaktgeber (siehe *Kapitel 2.2*) besitzen. Sie können zwar per Software auch Tastenkombinationen ansteuern, aber eher umständlich und zeitraubend. Der fehlende „Schließen"-Button ist also für diesen Benutzerkreis keine absolute Barriere, aber eine völlig überflüssige Erschwernis. In die gleiche Kategorie fällt die Tatsache, dass hier die Links, die den Fokus haben, visuell nur schwer erkennbar sind – der dünne gepunktete Rahmen, den die handelsüblichen Browser hier anbieten, reicht insbesondere auf größeren Seiten nicht aus, um den manchmal kreuz und quer über die Seite springenden Fokus im Auge zu behalten. Damit verstößt die Seite gegen Anforderung 9 der BITV – die Geräteneutralität ist nicht oder nicht ausreichend gesichert.

Warum der Seitentitel wichtig ist

```
<title>Unbenanntes Dokument</title>
```

Auch einen weiteren ärgerlichen Fehler auf der Eingangsseite können beide Prüfwerkzeuge nicht feststellen – Sie sehen, wir haben keine Mühen und Kosten gescheut, auf einer kleinen Seite schon ein reiches Sortiment von Barrieren anzubieten. Cynthia bescheinigt uns nämlich ausdrücklich, dass die Bedingung 13.2 erfüllt ist:

Die Seite hat zwar einen `title`. Was aber Cynthia und Kollegen aus der englischsprachigen Welt nicht bemerken können: Unser `title` „Unbenanntes Dokument" kommt aus der Voreinstellung eines Tools, ist also auf jeder Seite der gleiche und trägt insofern zur Information des Besuchers nicht allzu viel bei. Dabei ist gerade der Seitentitel z.B. für hörende Besucher höchst bedeutsam: Die Nutzer von Screenreadern sehen ja nicht, wenn eine neue Seite aufgeht, sondern sind darauf angewiesen, dass ihnen das jeweils mitgeteilt wird – genau das ist Aufgabe des `title`s. Deshalb sollte der `title` auch nicht einfach und vollautomatisch den Pfad der Seite wiedergeben: Da hört man den Unterschied nicht deutlich genug heraus. Diese Fensterproblematik ist auch einer der Gründe dafür, dass die BITV in 10.1 sagt: „Das Erscheinenlassen von Popups und anderen Fenstern ist zu vermeiden." Aber dagegen haben wir ja ohnehin verstoßen.

BITV 13.2
Es sind Metadaten bereitzustellen, um semantische Informationen zu Internetangeboten hinzuzufügen.

(Zu ergänzen nach den HTML-Techniques der WCAG: *Hierzu gehört auch der Document title.*)

5.2.3 Startseite Teil 2 – Was Cynthia und Kollegen nicht sehen

Die letzten Beispiele haben bestätigt, was Sie vermutlich schon befürchtet haben: Automatische Prüfverfahren können bei weitem nicht alle Barrieren aufspüren, die nach der BITV zu vermeiden sind. Das ist kein Konstruktionsfehler, sondern einfach unvermeidlich. Die Checker teilen dem Anwender auch deutlich mit, dass er zahlreiche Tests mit dem Einsatz seines eigenen Denkvermögens anreichern muss – leider unterbleibt das oft genug. Die Seite wird durch einen automatischen Kontrolleur geschickt, der findet keine Fehler – und schon hängt das Schildchen „barrierefrei" unten dran.

Farb- und Helligkeitskontraste

Auf den ersten Blick wirkt das Design durchaus ausgeglichen und stimmig. Die angenehme Farbwahl und die ausgesuchten Fotos bilden ein einheitliches Ganzes.

Das Angebot ist entsprechend den Interessenschwerpunkten der unterschiedlichen Zielgruppen unterteilt, es bietet je nach Bedürfnis den Einstieg in die verschiedenen Angebote: Die Einwohner von Bad Seendorf können sich unter „Bürgerservice" über Neuigkeiten in Rathaus und Verwaltung informieren. Touristen werden gezielt auf die entsprechenden Seiten geleitet, und Angehörige beider Gruppen brauchen nicht viel Phantasie, um sich vorzustellen, was sie unter „Freizeit" erwartet.

ABBILDUNG 5.11

Startseite in Graustufen
konvertiert

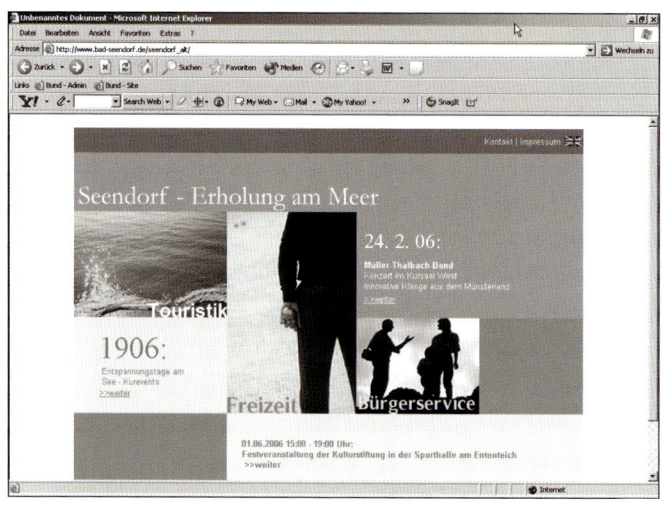

✓

Deutsche
Informationen finden Sie
unter: http://www.
webforall.info/html/
deutsch/col_analy.
php

ABBILDUNG 5.12

Der Color Contrast
Analyser informiert uns
darüber, dass weder der
Farbkontrast noch die
Farbdifferenz unserer
Startseite ausreichend
genug ist.

Aber angenehme Farben bedeuten nicht in jedem Fall gut erkennbare Farben. Die Farb- und Helligkeitskontraste auf der Eingangsseite von Bad Seendorf genügen nirgendwo den Grenzwerten, die von einem Tool wie dem *Colour Contrast Analyser* von Nils Faulkner (http://www.visionaustralia.org.au/info.aspx?page=628) angegeben werden.

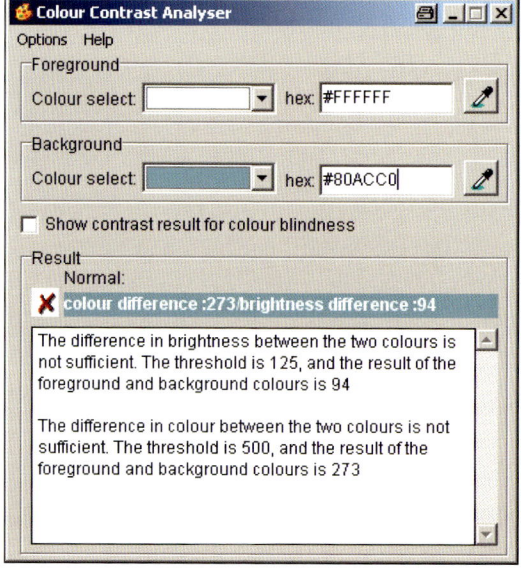

Man muss diese Vorgaben sicher nicht in jedem Fall hundertprozentig erfüllen – Abweichungen in einer Größenordnung von um die 10 Prozent wären sicher keine Katastrophe. Aber die Mitteilung des Tools, dass statt des theoretischen Schwellenwertes von 500 nur 273 erreicht wird, muss Bedenken hervorrufen und sollte Anlass zum Handeln sein. Und falls es einmal – was in Deutschland bisher wohl noch nicht geschehen ist – zu juristischen Auseinandersetzungen über die Zugänglichkeit einer Seite kommt, sind so starke Abweichungen sicher nur schwer zu verteidigen.

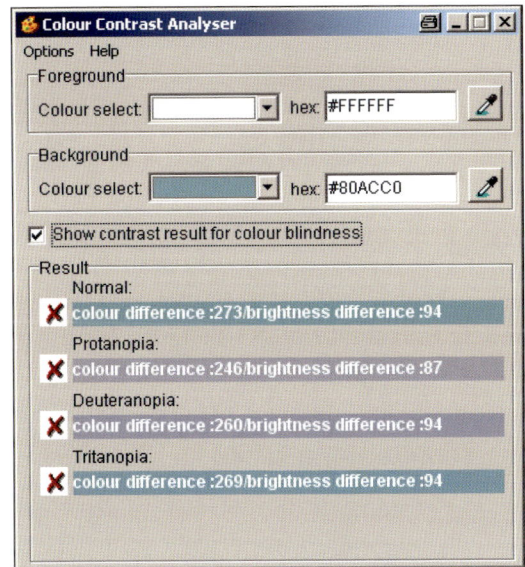

ABBILDUNG 5.13

Auf Anforderung bietet der CCA auch die Werte für verschiedene Farbfehlsichtigkeiten.

Erläuterung:

Protanopia = Rotblindheit

Deuteranopia = Grünblindheit

Tritanopia = Blaublindheit

Eine besonders interessante Eigenschaft des CCA besteht darin, dass er auch Werte dafür ermittelt, wie sich die Farbdifferenzen bei bestimmten Fehlsichtigkeiten darstellen. In unserem Beispiel wird dabei sichtbar, dass für die meisten farbfehlsichtigen Menschen statt des eigentlich erforderlichen Wertes 500 im Durchschnitt nur ein Wert von 90 erreicht wird. Unter diesen Umständen leuchtet es ein, dass es außerordentlich sinnvoll ist, das für eine neue Website in Aussicht genommene Farbschema vor seiner Implementierung mit dem CCA oder einem anderen entsprechenden Tool zu testen.

Es wird also eine Reihe von Menschen geben, die vielleicht gar nichts von ihrer „Behinderung" wissen, aber heftig die Augen zusammenkneifen müssen, um überhaupt etwas lesen zu können.

ABBILDUNG 5.14

*Schlecht lesbarer Text auf
unruhigem Hintergrund*

BITV 2.2
Bilder sind so zu gestalten,
dass die Kombinationen
aus Vordergrund- und Hin-
tergrundfarbe auf einem
Schwarz-Weiß-Bildschirm
und bei der Betrachtung
durch Menschen mit Farb-
fehlsichtigkeiten ausrei-
chend kontrastieren.

BITV 5.3
Tabellen sind nicht für die
Text- und Bildgestaltung
zu verwenden, soweit sie
nicht auch inlinearisierter
Form dargestellt werden
können.

Besonders problematisch sind auch Texte, die vor einem unruhigen Hintergrund erscheinen, wie bei unseren großen Links. Obwohl der Designer sich sichtlich Mühe gegeben hat, genügen sie in allen drei Fällen nicht wirklich den Anforderungen für gute Erkennbarkeit. Ein weiterer Verstoß gegen Bedingung 2.2 – und ein Automat hat kaum eine Chance, das zu bemerken.

Wenn Tabellen aus dem Rahmen fallen

Außerdem ist die Seite, wie es ja immer noch bei der großen Mehrheit der Seiten der Fall ist, mit Layouttabellen aufgebaut. Das ist nicht prinzipiell verboten, die BITV fordert in Bedingung 5.3 lediglich, dass der Inhalt auch bei Linearisierung der Tabelle, wie sie z.B. von jedem Screenreader vorgenommen werden muss, sinnvoll ausgegeben werden kann.

Und genau hier hapert es bei der Eingangsseite ganz beträchtlich. Sofern ein nicht-grafischer Client die Bereichslinks überhaupt sehen kann, wird er zunächst die beiden Links „Touristik" und „Freizeit" ausgeben, dann die Links zu den beiden Popups, als Nächstes den Bereichslink zum „Bürgerservice" und zuletzt die beiden Veranstaltungs-hinweise. Damit bleibt dem Besucher, der einen solchen Client verwendet, die Struktur der Navigation verborgen.

Linearisierte Darstellung im IBM-Homepagereader:

Kontakt | Impressum

[Bild ohne ALT-Text: grafic/englisch.gif.]

[Bild ohne ALT-Text: grafic/header.gif.]

[Bild ohne ALT-Text: pics/touristik.jpg.] [html/touristik.htm.]

[Bild ohne ALT-Text: pics/freizeit.jpg.] [html/dummy.htm.]

24. 2. 06:

Müller-Thalbach-Band

Konzert im Kursaal West

Innovative Klänge aus dem Münsterland

>>weiter

1906:

Entspannungstage am See – Kurevents

>>weiter

[Bild ohne ALT-Text: pics/Burgerservice.jpg.] [html/service.htm.]

01.06.2006 15:00 – 19:00 Uhr:

Festveranstaltung der Kulturstiftung in der Sporthalle am Ententeich >>weiter

17.09. 2006 20:00 – 23:00 Uhr:

Gastspiel der Oper Quakenbrück im Kulturhaus an Düne 3 >>weiter

Auf dieser kleinen Seite mit nur 9 Links ist das vielleicht ein überwindbares Hindernis, auf großen Seiten mit mehreren Menüs und Untermenüs steht ein Blinder dann im wahren Sinne des Wortes im Dunkeln. Ein Verstoß gegen Bedingung 12 der BITV, „Der Nutzerin, dem Nutzer sind Informationen zum Kontext und zur Orientierung bereitzustellen.", ist dieses Verhalten der Seite bei Linearisierung allemal.

Außerdem hat der hörende Besucher in unserem Fall noch Glück gehabt, dass wir als Handarbeiter mit menschenverständlichen Dateinamen gearbeitet haben. Je nachdem, welches CMS mit welcher Voreinstellung verwendet wird, könnte der obere Teil unseres Beispiels auch folgendermaßen klingen:

Kontakt | Impressum

[Bild ohne ALT-Text: c__27fc/3gif2r n.gif.]

[Bild ohne ALT-Text: c__27fc/gif32rp.gif.]

[Bild ohne ALT-Text: c__29fc/44jpeg23.jpg.] [html/n9 ?rptmode=2&url1=http%3A% 2F%2Ftouristik.htm.]

[Bild ohne ALT-Text: c__29fc/44jpeg99.jpg.] [html/n9 ?rptmode=2&url1=http%3A% 2F%2F/dummy.htm.]

Und so ist es dann wirklich ein absolut unüberwindbares Hindernis!

Während die Accessibility-Checker (und die Screenreader) die Links auf der Eingangsseite zumindest sehen, sind Besucher, die z.B. wegen „situativer Behinderung" (Zugriff über langsames Modem oder teuren Hotelzugang) die Bilder abgeschaltet haben, nicht

BITV 12
Der Nutzerin, dem Nutzer sind Informationen zum Kontext und zur Orientierung bereitzustellen.

so gut dran: Sie erfahren gar nichts von der Existenz der Links zu den Hauptbereichen. Auch dieser Umstand wird von den hier eingesetzten Accessibility-Checkern nur insoweit erkannt, als sie das Fehlen von `alt`-Texten bemängeln.

ABBILDUNG 5.15

Bei einer Auflösung von 800 x 600 Pixeln ist unser Union Jack verschwunden.

Damit ist die Eingangsseite fast abgehandelt – bis auf einen letzten Kritikpunkt, der freilich mehr zur allgemeinen Usability als zur Accessibility zählt: Bei einer Bildschirmbreite von 800 Pixeln erscheint im Browserfenster ein horizontaler Scrollbalken – die Designer haben die Site exakt für eine Breite von 800 angelegt und dabei wie so oft vergessen, dass für einen 800er Bildschirm auch noch ein vertikaler Scrollbalken und der Rahmen des Browserfensters abzuziehen sind. Es stehen also mit Sicherheit nur ungefähr 760 Pixel zur Verfügung, die restlichen 40 werden abgeschnitten. Auf den ersten Blick scheint nichts zu fehlen – aber genau in diesen 40 Pixeln verschwindet das kleine Bild des Union Jack, das signalisieren soll, dass es auch englischsprachige Seiten gibt. Das ist besonders ärgerlich, weil gerade in englischsprachigen Ländern noch weitaus mehr 800er Monitore eingesetzt werden als in Deutschland. Für englisch sprechende Besucher ist das also eine reale Barriere – und eine völlig überflüssige dazu.

Zusammenfassung der Kritikpunkte auf der Startseite

◆ Kein valides Markup

◆ Kein eindeutiger Seitentitel

◆ Veraltete Attribute

◆ Keine sematisch korrekte Linearisierbarkeit der Inhalte wegen Layouttabellen

◆ Fehlende `alt`-Texte, damit verbunden

◆ unidentifizierbare Links

◆ Fehlende Kontraste und keine ausreichende Farbdifferenz

◆ JavaScript-Links

◆ Nicht bedienbare Popups

5.2.4 Und weiter geht es – die Unterseiten

Von der Eingangsseite aus kommen Sie zu den beiden Popups, die Sie bereits gesehen haben und hoffentlich auch wieder verlassen konnten, dann in den Bereich *Touristik*, von dem es lediglich eine Seite gibt, und schließlich zum *Bürgerservice*, zu dem wir immerhin sechs Unterseiten angelegt haben. Freizeit und die anderen fünf Links auf der Eingangsseite führen ins Leere.

ABBILDUNG 5.16

Bürgerservice Bad Seendorf

Auf diesen hinteren Seiten verzichten wir auf die Überprüfung mit den üblichen Tools – sie würde nichts wesentlich Neues erbringen. Wir legen lieber gleich ein Geständnis ab und bekennen, welche Fehler wir dort präsentieren. Dabei besprechen wir die Seiten des Bürgerservice in der Reihenfolge, in der sie in der rechten Spalte dieses Bereichs als „neu" aufgelistet sind. Sie sind herzlich eingeladen, die Seiten also zunächst selbst kritisch mit oder ohne Tools in Augenschein zu nehmen, um zu sehen, ob Sie alle – oder vielleicht sogar noch mehr – Fehler finden, als wir bewusst in die Ausstellung aufgenommen haben.

Service – Die Schriftgröße anpassen

Wenn Sie versuchen, die Schriftgröße innerhalb des Browsers zu verstellen, merken Sie schnell, dass dies im Gegensatz zur Startseite hier nicht funktioniert.

Auf der Startseite von Bad Seendorf hat unser Tool veraltete font-Tags eingebaut, die allerdings den Vorteil hatten, eine Skalierung der Schrift zu ermöglichen. Mit der Einführung der Cascading Stylesheets sind viele Entwickler dazu übergegangen, wenigstens die Schrifteigenschaften mit CSS zu formatieren. Dabei setzen sie oft die Einheit „px" ein, die theoretisch eine relative Maßeinheit darstellt und von den Clients auch skaliert werden sollte. Das funktioniert auch im Allgemeinen ganz hervorragend – nur nicht für Anwender des MS Internet Explorers, bei dem „px" nicht skaliert werden. Damit sind die in dieser Einheit ausgezeichneten Schriften für die überwiegende Mehrheit der Surfer nicht variierbar. Die Schriftgröße ist unveränderbar festgezurrt, und damit ist der Inhalt für schlecht sehende Menschen kaum zugänglich. Der Fehler liegt in diesem Fall zwar eindeutig beim Browser – trotzdem sehen wir es als Aufgabe des Entwicklers, in Kenntnis solcher Umstände die Einheit „px" zu vermeiden. Mit Angaben für die Schriftgröße in „em" oder „%" hat auch der Explorer keine Probleme.

Service – aber nicht für hörende Besucher

Im Kopf der Seite sehen Sie die Adresse und die Telefonnummer des Rathauses von Bad Seendorf. Hören können Sie davon nichts – denn dieser besonders wichtige Text ist als Grafik eingefügt (vielleicht, um die Mail-Adresse vor Spammer-Automaten zu schützen), alt-Text oder title gibt es nicht: Wer nichts sehen kann, hat Pech gehabt.

ABBILDUNG 5.17

Grafik mit Adressangaben und Kontaktmöglichkeit

Rathaus Bad Seendorf
Kirchplatz 35
Telefon: 02145-8790
Email:info@badseendorf.de

```
<img src="../grafic/adresse.gif" width="200" height="70">
```

BITV 1
Für jeden Audio- oder visuellen Inhalt sind geeignete äquivalente Inhalte bereitzustellen, die den gleichen Zweck oder die gleiche Funktion wie der originäre Inhalt erfüllen.

Wir könnten verraten, wo wir das exakt so noch im Jahre 2006 auf einer kommunalen Seite gesehen haben, aber wir tun's nicht. In jedem Fall ist das ein übler Verstoß gegen Anforderung 1 der BITV.

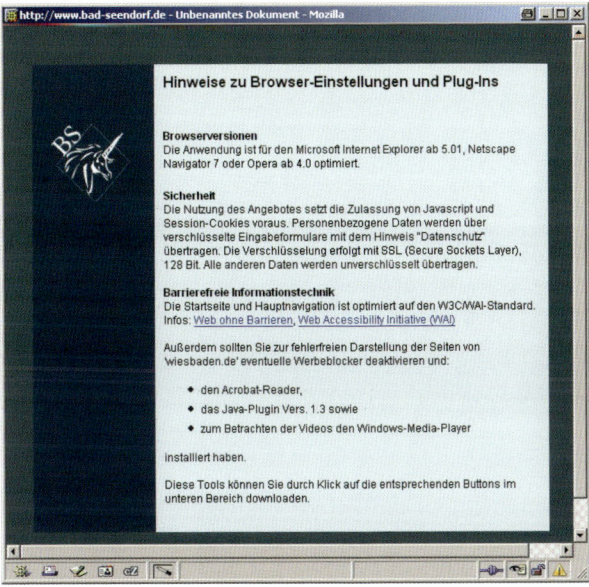

ABBILDUNG 5.18

... und noch einmal unzugängliche Information in einer Grafik: Es öffnet sich ein neues Fenster, das Hinweise zu Browsereinstellungen und Plugins enthält.

Und weil es so schön ist, den gleichen Fall noch einmal, wie wir ihn an einem anderen Tatort vorgefunden haben: Der Link zu den Hilfen ist nicht nur deshalb böse, weil er per JavaScript ein Popup aufruft, er ist auch noch als Grafik ausgeführt und damit unhörbar.

Dieses Popup funktioniert zwar – ganz wie wir es im Original gesehen haben – auch ohne JavaScript, aber um wieder zurückzukommen, muss man auch hier einen Zwei-Finger-Griff (Alt + F4) ansetzen. Dass im Popup selbst dann auch noch davon die Rede ist, dass die Seite zugänglich sein soll, übernehmen wir übrigens ebenfalls aus unserer Vorlage.

Eine weitere hohe Barriere auf der Bürgerservice-Seite ist die linke Spalte mit der langen Liste von Links zu den einzelnen Sachbereichen. Im Prinzip ist eine solche Linkliste eine gute Idee, und es schadet auch nichts, dass sie auf jeder Seite wiederholt wird. Was dagegen sehr schadet, ist die Tatsache, dass es für diese lange Liste keinen Übersprung-Link gibt. Wer die Website von Bad Seendorf mit einem Screenreader oder per Braillezeile besucht, muss auf jeder Seite erst diese 34 internen Links über sich ergehen lassen, bis er zum eigentlichen Content kommt.

Der Homepagereader liefert folgenden Output:

[doppelter Doppelpunkt.] Abfall

[doppelter Doppelpunkt.] Arbeitsamt

[doppelter Doppelpunkt.] Ausländer/Staatsangehörigkeit

[doppelter Doppelpunkt.] Auto, Verkehr

[doppelter Doppelpunkt.] Bauen und Wohnen

Als „Übersprung-Links" bezeichnen wir strategisch platzierte Anker, die ein Auslassen bzw. Überspringen von Seitenteilen ermöglichen (siehe dazu *Kapitel 8.3.4*).

[doppelter Doppelpunkt.] Einwohnermeldeamt

[doppelter Doppelpunkt.] Familie, Kinder

[doppelter Doppelpunkt.] Freizeit/Kultur

[doppelter Doppelpunkt.] Freizeit, Sport

[doppelter Doppelpunkt.] Geburt

[doppelter Doppelpunkt.] Gesundheit

[doppelter Doppelpunkt.] Gleichstellung

[doppelter Doppelpunkt.] Handel/Gewerbe

[doppelter Doppelpunkt.] Heirat

[doppelter Doppelpunkt.] Job-Börse …

Nicht aufgeben, nicht weiterblättern – auch die hörenden Besucher dieser Seite haben keine Möglichkeit, sich diesen Ärger abzukürzen.

…[doppelter Doppelpunkt.] Kirchengemeinden

+ Notfall - Notruf

::Satzungen

[doppelter Doppelpunkt.] Schule/Weiterbildung

[doppelter Doppelpunkt.] Senioren

[doppelter Doppelpunkt.] Sicherheit/Ordnung

[doppelter Doppelpunkt.] Sitzungen/Protokolle

[doppelter Doppelpunkt.] Soziales

[doppelter Doppelpunkt.] Standesamt

[doppelter Doppelpunkt.] Steuern und Abgaben

[doppelter Doppelpunkt.] Taxiservice

[doppelter Doppelpunkt.] Tierhaltung

+ Tod

[doppelter Doppelpunkt.] Umwelt

[doppelter Doppelpunkt.] Verbraucherschutz

[doppelter Doppelpunkt.] Verkäufe v. Häusern und Grundstücke

[doppelter Doppelpunkt.] Verwaltung

[doppelter Doppelpunkt.] Wahlen

[doppelter Doppelpunkt.] Wirtschaftsförderung

Selbst die größten Optimisten können kaum annehmen, dass ein hörender User das öfter als einmal auf sich nehmen wird, zumal die Doppelpunkt-Grafik einen `alt`-Text hat, der jedes Mal mit vorgelesen wird:

```
<a title="_____" href="index.php?pcid=59&amp;pdid=0&amp;bf
style=0">_____</a>
```

Man beachte übrigens die ebenfalls als Link ausgeführten Zierleisten ober- und unterhalb der Liste – apart, apart. Vorgelesen wird übrigens: „awe 19 Unterstreichung".

Die beiden Kreuze in der Liste sind unsere Zutat, einmal, weil man bei der Arbeit mit so barrierebehafteten Vorlagen wirklich kaum ernst bleiben kann, zum anderen, um zu demonstrieren, dass Rot auf Grün nicht für alle Augen als Hervorhebung gleicherweise funktioniert.

Vorsicht JavaScript!

ABBILDUNG 5.19

JavaScript-Navigation

Der nächste dicke Fehler ist das beliebte Aufklappmenü, das mit JavaScript arbeitet und folglich auf Clients ohne JavaScript nur begrenzt funktioniert.

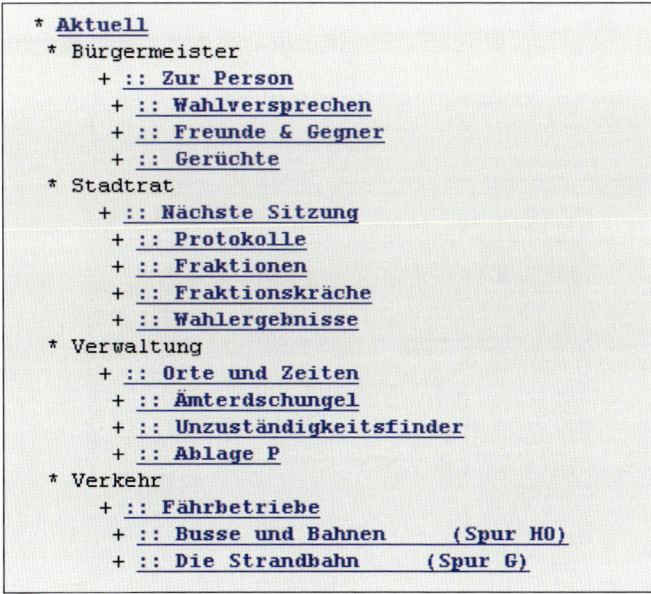

ABBILDUNG 5.20

Darstellung mit einem Textbrowser

Da die liefernde Agentur hier ein Aufklappmenü der besseren Sorte – die Links stehen in verschachtelten Listen – erwischt hat, gibt es Clients, die diese Links auch ohne JavaScript finden, beispielsweise Lynx. Der viel genutzte Screenreader Jaws sieht sie nicht – die auch hier zur Abwechslung allerdings als Text eingesetzten und dementsprechend auch vorgelesenen doppelten Doppelpunkte bleiben dem blinden User also unter Umständen erspart. Besucher, die ohne Maus durch die Seite navigieren wollen oder müssen, haben bei diesem Menü übrigens keine Chance – tatsächlich kennen wir bis jetzt kein Aufklappmenü, das wirklich mit allen relevanten Clients und geräteunabhängig zugänglich ist. Wie man es trotzdem einigermaßen hinkriegt – kooperationsbereite Besucher vorausgesetzt – verraten wir Ihnen später (*Kapitel 6.2.2*).

BITV 13
Navigationsmechanismen
sind übersichtlich und
schlüssig zu gestalten.

Ein so schwerwiegender Verstoß gegen Anforderung 13 der BITV ist in jedem Test ein KO-Kriterium. Angesichts dessen erscheint der letzte hier zu nennende Mangel dieser Seite kaum der Rede wert:

ABBILDUNG 5.21

*Unterstreichung des Textes
ohne weiteren Verweis*

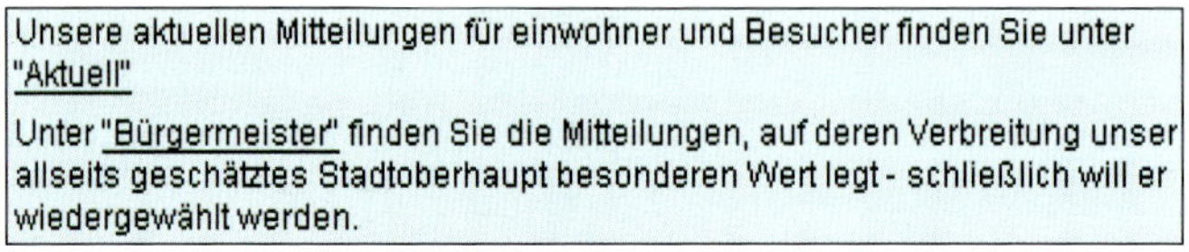

> Unsere aktuellen Mitteilungen für einwohner und Besucher finden Sie unter "Aktuell"
>
> Unter "Bürgermeister" finden Sie die Mitteilungen, auf deren Verbreitung unser allseits geschätztes Stadtoberhaupt besonderen Wert legt - schließlich will er wiedergewählt werden.

Im Haupttext sind die wichtigen Begriffe durch Unterstreichung hervorgehoben – das sollte prinzipiell nicht sein, weil die Unterstreichung auf Webseiten immer Links signalisiert. Dagegen müssen Links nicht unbedingt und ausnahmslos unterstrichen werden – in Menüs oder längeren Linklisten erkennt auch der ungeübte User, womit er es zu tun hat.

Aktuell – Nicht alles, was man sehen kann, ist auch zu hören

ABBILDUNG 5.22

*Seite Bad Seendorf
– Aktuell*

Die Seite begrüßt Leser wie Hörer mit einem freundlichen „Herzlich willkommen in Bad Seendorf". Für Hörer ist das schlecht: Sie kommen gerade von einer Seite, die sie ebenso begrüßte, und sind irritiert: Haben sie nun eine neue Seite erwischt oder die alte noch mal geladen? Mit einem ordentlichen Seitentitel wäre das nicht so schlimm, aber in jedem Fall ist es höchst irritierend, mehrere Seiten mit gleich lautenden Überschriften beginnen zu lassen.

Die Hits der Woche sind, wie es sich gehört, an den Anfang der Seite gestellt und optisch hervorgehoben. Das ist gut. Nicht so gut ist, dass die Textblöcke so in ein Tabellenlayout eingesetzt sind, dass die Linearisierung schief geht.

Herzlich Willkommen in Bad Seendorf!

Hits der Woche:

Im Kino

Kommt der Sommer?

Ab Donnerstag im Haus des Films der große Reißer der Saison: Robbenjagd in Kanada.

Wie das metereologische Institut Cuxendorf meldet, besteht noch Hoffnung: Am Wochenende bis 27 Grad!

weiterlesen

weiterlesen

Erst werden die beiden Überschriften vorgelesen, dann die beiden darunter stehenden Textstücke, und das ohne wahrnehmbare Pause. „Im Kino kommt der Sommer?" ist da zu hören, das kann schon zu Missverständnissen führen. Wenn gar drei oder vier Boxen nebeneinander stehen, entsteht leicht ein völlig unverständlicher Mischmasch.

Homepagereader:

[gruener Pfeil mit Border rechts.] Bäder-Benchmark: Karibik-Tempel erneut umsatz- und besucherstark – 2006 regelmäßige Saunaevents – große Nachfrage an Activity-Opportunities – Damensauna immer montags!

Der entsprechende Code dazu sieht folgendermaßen aus:

```
<a href="#"><img src="../grafic/linkbullet.gif" width="21" height="27"
alt="gruener Pfeil mit Border rechts" border="0" align="absbottom"></a>
<a href="#" class="lauflinks">B&auml;der-Benchmark: Karibik-Tempel
erneut umsatz- und besucherstark &#8211; 2006 regelm&auml;&szlig;ige
Saunaevents &#8211; gro&szlig;e Nachfrage an Activity-Opportunities
&#8211; Damensauna immer montags!</a>
```

Bei den weiteren Links auf dieser Seite hat ein ungenügend eingerichtetes CMS zunächst wieder dafür gesorgt, dass die Pfeile vor den Links als eigene Links ausgeführt sind – das treibt die vom Screenreader angesagte Zahl der Links auf der Seite unnötig in die Höhe und macht auch Tastatur-Nutzern keine Freude. Außerdem sind die Teaser-Texte komplett als Link ausgeführt. Das ist ebenfalls ungünstig, weil insbesondere die vom Screenreader abrufbare Liste der Links auf diese Weise ziemlich unhandlich werden kann. Unhandlich ist die ganze Seite für Hörer ohnehin, weil natürlich keine Überschriften ausgezeichnet sind und man die Seite wohl mehrfach durchhören müsste, bis man herausbekommt, wie die einzelnen Abschnitte gegeneinander abzugrenzen sind. Ganz und gar nicht hilfreich in diesem Zusammenhang ist es dann, dass beim letzten Abschnitt „Was ist los in Bad Seendorf?" plötzlich die Darstellungsweise gewechselt wird: Hier steht vor den Links kein Pfeil, sondern eine Zahl. Und da diese nummerierte Liste nicht mit 01, sondern mit einer Tabelle gebaut worden ist, wird auch nicht „erstens", „zweitens" vorgelesen, sondern nur „eins", „zwei".

Fehlende Markierung für Fremdwörter und Abkürzungen

Wissen Sie, was „Well surfife" heißt? Nun, das kommt dabei heraus, wenn ein Screenreader mitten im Text auf den englischen Ausdruck „We'll survive" stößt und ihn, da ihm keiner etwas anderes gesagt hat, natürlich treudeutsch vorliest. Kaum verständlicher klingt übrigens JANUN. Damit ist nicht etwa die Floskel „ja, nun" gemeint und auch kein Krieger aus einem Fantasy-Rollenspiel, sondern die Abkürzung einer durchaus anerkennenswerten Institution – bloß hat das dem Screenreader keiner gesagt. Nicht alle Screenreader erkennen an den Großbuchstaben, dass hier eine Abkürzung gemeint ist, und selbst wenn es erkannt wird, weiß man deshalb noch lange nicht, was das heißen soll: die genau für diese Angabe gedachte Auszeichnung als Akronym fehlt.

Minibanner mit Text als Bild

Am Fuß der Seite finden Sie drei Anzeigen des örtlichen Einzelhandels – gestaltet in der neuerdings sehr in Mode gekommenen Form der Minibanner. Immer öfter findet man Seiten, bei denen die ganze rechte Spalte mit solchen Minibannern angefüllt ist, entweder mit Werbung oder mit Links zu anderen Seiten des gleichen Konzerns oder zu Unternehmen, die besonders hervorgehoben werden sollen. Im Prinzip ist das also eine sehr praktische Angelegenheit. Leider wird bei diversen Auftritten wie auch hier in Bad Seendorf vergessen, diesen Minibannern einen Alternativtext mitzugeben.

Homepagereader:

Anzeigen:

[image.] [image.] [image.]

Der Code:

```
<p><a href="dummy.htm"><img src="../pics/leisentritt.jpg" width="200"
height="70" border="0" alt="image"></a> <a href="dummy2.htm"><img
src="../pics/seehecht.jpg" width="200" height="70" border="0"
alt="image"></a> <a href="dummy.htm"><img src="../pics/vollgas.jpg"
width="200" height="70" border="0" alt="image"></a></p>
```

Wer ohne Bilder surft, erfährt gar nichts von ihrer Existenz, und wer die Seite akustisch darstellen lässt, bekommt bestenfalls den Namen der Datei vorgelesen, auf die das Banner verlinkt. Als Variante ebenfalls beliebt ist der alt-Text „Werbebanner" – mindestens dreimal der gleiche hintereinander. Durch entsprechende Angabe eines title lässt sich der Belästigungsfaktor übrigens mühelos verdoppeln.

Lästige Link-titles

Und wo wir gerade von Belästigungsfaktoren sprechen:

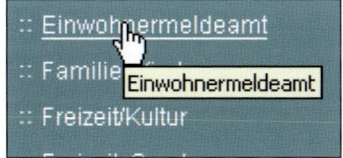

ABBILDUNG 5.24

title-Tooltipp im Internet Explorer

Wenn Sie im Internet Explorer mit der Maus über die Linkliste der linken Spalte fahren, sehen Sie, dass dort sämtliche Links mit einem title ausgestattet sind, der noch einmal exakt das Gleiche sagt wie der Linktext. Das Verfahren ist nicht nur eine persönliche Gewohnheit des hochqualifizierten Fachpersonals der Bad Seendorfer Webseitenbauer, man kann es auch im wirklichen Leben auf außerordentlich vielen Seiten antreffen. Bei Links, die einen regulären Linktext haben (also nicht aus einer Text-Grafik bestehen), ist es allerdings völlig überflüssig und störend. Für sehende Besucher ist es nur irritierend, wenn der Tooltip den freien Blick auf die nächsten Links in der Spalte hemmt. Für Hörer ist es ausgesprochen lästig, wenn alles doppelt vorgelesen wird. Deshalb lassen sie es meist bei der Voreinstellung ihres Screenreaders, nach dem `titles` überhaupt nicht beachtet werden – und damit entgehen ihnen dann auch die durchaus denkbaren Fälle, in denen ein `title` sinnvollerweise vergeben wird. Zur Erläuterung von schlecht konzipierten Linktexten sind `titles` allerdings in keinem Fall geeignet: Erstens soll es schlecht konzipierte Linktexte erst gar nicht geben, und zweitens ist die Anzeige des `titles` als Tooltip eine Eigenheit des Microsoft Internet Explorers, die von anderen Browsern nicht geteilt wird.

Sehenswürdigkeiten – Viele falsche alt-Texte

ABBILDUNG 5.25

Bad Seendorf – Sehenswürdigkeiten

Die Seite „Sehenswürdigkeiten" haben wir im Wesentlichen dem `alt`-Text gewidmet, der gerne unzutreffenderweise auch „`alt`-Tag" genannt wird. Sie erinnern sich: Das Attribut `alt`, dessen Fehlen bereits vom HTML-Validator als Fehler gerügt wird, verdankt seinen Stellenwert der allerersten Forderung von BITV/WCAG, dass nämlich Content, der in nicht-textueller Form angeboten wird, stets von einem als Text lesbaren Äquivalent begleitet werden soll.

Auf der Seite „Sehenswürdigkeiten" haben wir einige Fehler illustriert, die dann entstehen, wenn man sich zwar „irgendwie" um die Erfüllung dieser Forderung bemüht, dabei aber aus dem Auge verliert, was der tiefere Sinn hinter dieser Vorgabe ist. Das Ergebnis kann, wie unsere wieder nach Beispielen aus dem realen Leben zusammengestellte Seite belegt, insbesondere für Nicht-Sehende absolut unzugänglich ausfallen.

Warnung: Das Betreten dieser Seite mit einem Screenreader erfolgt auf eigene Gefahr und Risiko.

Auf den `alt`-Text für den als Grafik realisierten doppelten Doppelpunkt innerhalb der Navigation hatten wir schon aufmerksam gemacht:

BITV 1.1
Für jeden Audio- oder visuellen Inhalt sind geeignete äquivalente Inhalte bereitzustellen, die den gleichen Zweck oder die gleiche Funktion wie der originäre Inhalt erfüllen.

```
<img src="../grafic/listenlink.gif" width="13" height="13" style="border:
none" alt="doppelter Doppelpunkt">
```

Im Prinzip ist es gut und sinnvoll, diese Art von visuellen Signalen zur Hervorhebung von Links nicht mit Text, sondern mit einer Grafik zu realisieren – doch eine solche Grafik braucht definitiv keinen `alt`-Text, schließlich sagt der Screenreader schon von sich aus, dass es sich um ein Link handelt. Tatsächlich entsteht beim Vorlesen von dreißig Links, die alle mit den Worten „Link-Grafik-Doppelter Doppelpunkt" anfangen und sich dann nur noch in einem oder zwei sinntragenden Wörtern unterscheiden, eine monotone Leier, die es sehr erschwert und unter Umständen sogar unmöglich macht, den Inhalt der Linktexte angemessen zu erfassen.

Monoton klingende Linklisten sind akustisch außerordentlich schwer zu interpretieren.

Sehenswürdigkeiten – Überflüssige Links

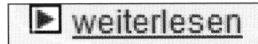

ABBILDUNG 5.26

Pfeil rechts mit border

```
<a href="dummy.htm">

<img style="border:none" src="../grafic/linkbullet2.gif" width="21"
height="11" alt="Pfeil rechts mit border">

</a>

<a href="dummy.htm" class="lauflinks">weiterlesen</a>
```

In der mittleren Spalte wiederholt sich dieser Fehler bei den Pfeilen vor den WEITER-LESEN-Links, die dem hörenden Besucher jedes Mal völlig überflüssigerweise mitteilen, dass es sich um den „Pfeil rechts mit Border" handelt. Da der Linktext selbst jedes Mal der gleiche ist, kann ein Hörer, der sich die Links alleine ansagen lässt, mit diesen Links nur wenig anfangen. Ebenfalls nicht besonders glücklich ist der Umstand, dass das CMS, dem wir dieses Beispiel verdanken, aus der Pfeilgrafik und dem dahinter stehenden Text zwei getrennte Links gemacht hat. Da auf dem Bild zum Teaser ebenfalls ein Link mit noch einmal dem gleichen Ziel liegt, ergibt sich hier völlig überflüssigerweise eine Verdreifachung der Links. Warum das schädlich ist? Nun, die meisten Screenreader melden, was auch durchaus sinnvoll ist, beim Öffnen einer Seite die Gesamtzahl der dort enthalten Links. Hier heißt es: „Diese Seite hat 65 Links" – das ist schon mehr, als sich mancher Screenreader-User zutraut, der dann vielleicht die Seite lieber gleich wieder verlässt. Und richtig: Wer den einen Link, den er sucht, nicht mit der Maus ansteuern kann, sondern sich mit der Tabulator-Taste dorthin vorarbeiten muss, findet eine unnötig hohe Zahl von Links auch höchst lästig. Es ist daher angebracht, auf allen Seiten den bisher allerdings nirgendwo ausformulierten Grundsatz der „Link-Ökonomie" zu beachten, dazu später mehr (*Kapitel 8*).

Nicht jedes Bild enthält auch einen Inhalt

Doch zurück zu den `alt`-Texten. Bei den Bildern zu den Teasern der Mittelspalte demonstrieren wir an jedem Bild einen anderen häufig gemachten Fehler.

ABBILDUNG 5.27

Der Hafen

Im Hafen

herrscht den ganzen Tag über Betrieb. Seine Lage fast mitten im Ort macht ihn zu einem beliebten Treffpunkt für unsere Gäste. Wohlgepflegte Restaurants laden zum Ausprobieren unserer typischen Spezialitäten.. ▶ weiterlesen

```
<img  style="border:none"src="../fotolia/hafen.jpg" width="150"
height="120" alt=" "></a>
```

Bei „Im Hafen" ist der `alt`-Text auskommentiert – darüber könnte man im konkreten Fall sogar diskutieren. Die Bilder, die die Teaser in Nachrichtenspalten oder anderen Aufzählungen kurzer Texte begleiten, sind oft nicht mehr als inhaltsarme Bullets. Sie unterstützen wirkungsvoll die visuelle Gliederung von Seiten und sind keinesfalls überflüssig – aber so inhaltsreich, dass ihre Beschreibung nicht mehr irritiert als informiert, sind sie in vielen Fällen nicht. Wenn man sie auskommentiert, dann aber bitte richtig, d.h. ohne Leerzeichen zwischen den Anführungszeichen – andernfalls liest der Screenreader unter Umständen genau das vor, was er vorfindet: „Leerzeichen".

ABBILDUNG 5.28

Der Nachthafen

Der Fischereihafen bei Nacht

Da die Fischer schon am frühen Morgen ausfahren müsen, kommt die Arbeit im Fischereihafen auch Nachts selten zur Ruhe. ▶ weiterlesen

```
<img style="border:none" src="../fotolia/nachthafen.jpg" width="150"
height="120" alt="Aufnahme Studio Fischernetz, 12.8.2005, 23:24:15,
150px x 120px">
```

Bei „Fischereihafen bei Nacht" wird der `alt`-Text missbraucht, um Angaben zur Herkunft oder Katalogisierung des Bildes unterzubringen. Damit wird der Sinn des `alt`-Textes, eine Textalternative zur Bildinformation bereitzustellen, allerdings völlig verfehlt. Den hörenden Besucher interessiert das nicht – und das völlig zu Recht. Auch die gelegentlich zu beobachtende Verwendung von `alt`-Text oder `title` für eine Quellen- oder Urheberangabe ist nicht sinnvoll, da beides praktisch unter Ausschluss der Öffentlichkeit stattfindet.

Der alte Leuchtturm

bewacht seit über hundert Jahren die Hafeneinfahrt. Bei Ebbe scheint er auf einer mächtigen Festungsmauer zu stehen - bei Flut kriegt er nasse Füße. ▶ weiterlesen

ABBILDUNG 5.29

Der Leuchtturm

```
<img style="border:none" src="../fotolia/quargel_gurgel_2860000_44.jpg"
width="150" height="120" alt="quargel_gurgel_2860000_44.jpg">
```

Der alte Leuchtturm hat seinen alt-Text anscheinend nicht vom Textredakteur, sondern vom CMS bekommen – und dem ist nichts Besseres eingefallen, als den Dateinamen des Bildes zu verwenden. Leider handelt es sich um einen der häufigen maschinell generierten Dateinamen, die für einen menschlichen Leser oder Hörer meistens absolut unverständlich sind. Eine andere CMS-bedingte Unsitte, die wir hier aus Mangel an einer Bildunterschrift nicht direkt demonstrieren können, besteht darin, automatisch die Bildunterschrift in den alt-Text zu packen. Erstens ist eine gut formulierte Bildunterschrift nie eine textliche Alternative zum Dargestellten, und zweitens entsteht aus diesem Verfahren für den hörenden Besucher eine lästige Doppelung.

Die malerischen alten Fischerbote

werden heute nicht mehr zum Fischfang benutzt. Einige davon hat unser verdienter Altbürgermeister in seim Bootsmuseum gesammelt und zeigt sie gerne unseren Gästen. Hier seine neueste Erwerbung - fotografiert unmittelbar nach der Rückkehr von der letzten Ausfahrt. ▶ weiterlesen

ABBILDUNG 5.30

Fischerboote

```
<img style="border:none" src="../fotolia/altboot.jpg" width="150"
height="150" alt="werden heute nicht mehr zum Fischfang benutzt. Einige
davon hat unser verdienter Altb&uuml;rgermeister in seim Bootsmuseum
gesammelt und zeigt sie gerne unseren G&auml;sten. Hier seine neueste
Erwerbung - fotografiert unmittelbar nach der R&uuml;ckkehr von der
letzten Ausfahrt."></a>
```

Das nächste Beispiel mit „Die malerischen alten Fischerboote" kommt dem aber schon recht nahe. Hier wird automatisch der Text des Teasers als alt-Text übernommen. Wer einen Screenreader benutzt, muss diesen Text also ebenfalls zweimal unmittelbar hintereinander hören. Auch hier ist wieder das CMS als Schuldiger auszumachen, genauer gesagt: dessen unbedachte Einrichtung.

ABBILDUNG 5.31

*Das ist zwar nicht wirklich
eine Scholle, aber...*

```
<img style="border:none" src="../fotolia/scholle.jpg" width="150"
height="120" alt="Das Bild zeigt ein Prachtexemplar von Scholle
unmittelbar nach dem Fang. Zarte Graubraun-Töne herrschen vor. Die
Scholle wog zum Zeitpunkt des Fangs über 2 Kilo">
```

Beim Prachtexemplar von Scholle liegt gerade der umgekehrte Fall vor: Hier hat sich
der Redakteur oder die Redakteurin von der Begeisterung hinreißen lassen und den
Bildtext im alt-Text weitergeschrieben – mit dem Resultat, dass eine wichtige Information
dem normalsichtigen Besucher verborgen bleibt.

ABBILDUNG 5.32

Das Watt

```
<img style="border:none" src="../fotolia/watt.jpg" width="150"
height="120" alt="Sonnenuntergang über den Sand- und Wasserflächen des
Wattenmeeres">
```

Mit dem letzten Beispiel, „Das Watt", wollen wir schließlich zeigen, wie ein einigermaßen
sinnvoller alt-Text aussehen könnte. Dabei ist aber bei dieser Art von Begleitillustrationen
durchaus darüber nachzudenken, ob ein alt-Text – der immer eine
Unterbrechung des Leseflusses bedeutet – überhaupt nötig ist: Im konkreten Fall ist
der Informationsgehalt der Bilder nur gering, und das meiste davon kommt in den
Überschriften und im Inhalt der Teaser schon zum Ausdruck.

alt-Texte, die ihren Sinn verfehlen, entstehen in der Praxis vielfach durch ungeschickte
Einrichtung von Content Management-Systemen und durch fehlerhafte Schulung
der Redakteure. Da wird beispielsweise zu bestimmten Grafiken fest ein alt-Text in
der Datenbank hinterlegt, und der wird vom System dann auch jedes Mal in den Code
übernommen, unabhängig davon, ob es sinnvoll ist oder nicht. Wenn alt-Texte wirklich
die Zugänglichkeit verbessern sollen, muss die Entscheidung über ihre Platzierung
und Gestaltung jedoch von menschlichen Redakteuren getroffen werden.

Wahlordnung – Struktur ist nicht nur eine Sache der Optik

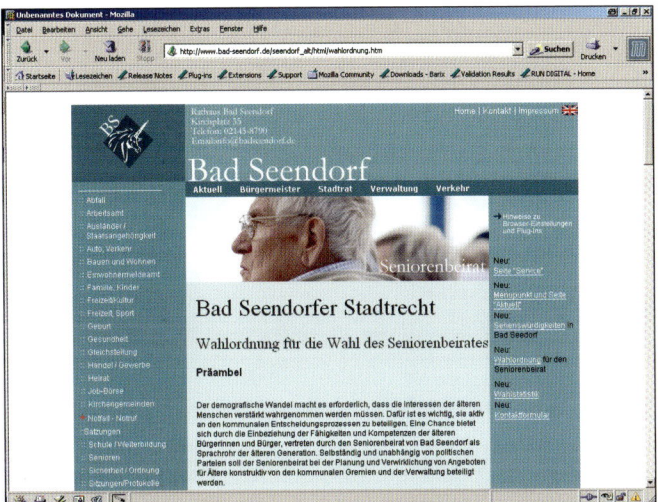

ABBILDUNG 5.33

*Bad Seendorf –
Die Wahlordnung*

Auf der Seite *Wahlordnung* demonstrieren wir im Wesentlichen einen einzigen Fehler – aber der hat es in sich: Der Text ist völlig unstrukturiert. Auf dem Bildschirm erscheint er auf den ersten Blick durchaus übersichtlich gegliedert – Sehende finden sich sofort zurecht.

Der Webformator liest ohne Punkt und Komma:

Staatsangehörigkeit eines Mitgliedstaates der Europäischen Gemeinschaft besitzt, Grafik grünes Quadrat 5 Pixel] das 60. Lebensjahr vollendet hat, Grafik grünes Quadrat 5 Pixel] mindestens seit drei Monaten in Bad Seendorf seine Hauptwohnung hat und Grafik grünes Quadrat 5 Pixel] nicht nach § 8 Kommunalwahlgesetz vom Wahlrecht ausgeschlossen ist. § 6 Voraussetzungen für eine Kandidatur als Vertreter/in für einen Stadtbezirk und Vorschläge zur Wahl Die/der Wahlleiter/in fordert 4 Monate vor dem Wahltag durch öffentliche Bekanntmachung auf, Vorschläge zur Wahl der Seniorenvertretung einzureichen. Die Kandidatinnen/Kandidaten müssen folgende Voraussetzungen erfüllen: Grafik grünes Quadrat 5 Pixel] Hauptwohnung im Stadtbezirk, in dem kandidiert wird, Grafik grünes Quadrat 5 Pixel] Wahlberechtigung zur Seniorenbeiratswahl (§ 5), wobei das 60. Lebensjahr nicht vollendet sein muss, Grafik grünes Quadrat 5 Pixel] Vollendung des 58. Lebensjahres am 1. des Monats, in dem die Seniorenbeiratswahl stattfindet, Grafik grünes Quadrat 5 Pixel] Abgabe der Kandidatenmeldung bis zum Anmeldeschluss, Grafik grünes Quadrat 5 Pixel] Vorlage von 20 gültigen Unterstützungsunterschriften für die Kandidatur durch Wahlberechtigte aus dem Stadtbezirk. Nicht wählbar ist, wer am 1. des Monats, in dem die Seniorenbeiratswahl stattfindet, infolge Richterspruchs die Wählbarkeit oder die Fähigkeit zur Bekleidung öffentlicher Ämter nicht besitzt. Für die Wahlvorschläge und die Unterstützungsunterschriften sind Formblätter zu verwenden, die vom Bekanntmachungstage an von der städtischen Seniorenhilfe, den Bürgerbüros und den Bezirksverwaltungsstellen ausgegeben werden. § 7 Wahlverfahren Grafik grünes Quadrat 5 Pixel] Die 10 Vertreter/innenaus den Stadtbezirken und ihre Stellvertreter/innen werden in allgemeiner, freier, unmittelbarer, gleicher und geheimer Wahl gewählt. DieWahl findet als Briefwahl statt. (Den Rest sparen wir uns und Ihnen – auf der Website gibt's den vollen Text)

Menschen, die die Seite mit einem Screenreader anhören wollen, bekommen also nur eine endlos erscheinende Schlange von Wörtern geliefert. Aber auch sehende Besucher, die sich schnell einen Eindruck vom Inhalt der Seite verschaffen wollen, bekommen keine weitere Unterstützung. Sie müssen schon bis zum Ende scrollen, um alle Überschriften wenigstens zu überfliegen.

Wie eines der zahlreichen Tools, die die Struktur einer HTML-Seite wiedergeben (Developer Toolbar in Mozilla bzw. Accessibility Toolbar im IE) zeigt, ist der optisch reichlich gegliederte Text im Markup völlig unstrukturiert – da gibt es keine Überschriften, keine Zwischenüberschriften und keine Listen, alles ist ein Brei. Einem hörenden Besucher bleibt also nichts anderes übrig, als diese Seite von Anfang bis Ende durchzuhören. Theoretisch kann er zwar Funktionen wie „nächste Seite anzeigen" oder „nächsten Absatz anzeigen" verwenden, um etwas schneller durch den Text zu kommen, aber eine große praktische Hilfe ist das bei Texten, bei deren Abfassung nicht entsprechend verfahren worden ist, auch nicht.

Wahlordnung – Noch einmal: alt-Texte

ABBILDUNG 5.34

Integrierte Bulletgrafiken

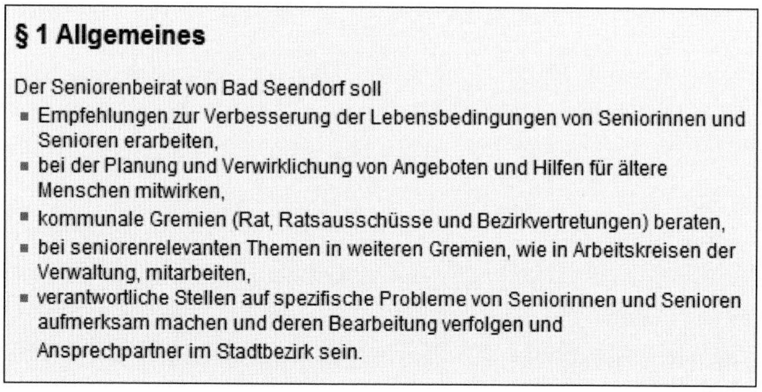

§ 1 Allgemeines

Der Seniorenbeirat von Bad Seendorf soll
- Empfehlungen zur Verbesserung der Lebensbedingungen von Seniorinnen und Senioren erarbeiten,
- bei der Planung und Verwirklichung von Angeboten und Hilfen für ältere Menschen mitwirken,
- kommunale Gremien (Rat, Ratsausschüsse und Bezirkvertretungen) beraten,
- bei seniorenrelevanten Themen in weiteren Gremien, wie in Arbeitskreisen der Verwaltung, mitarbeiten,
- verantwortliche Stellen auf spezifische Probleme von Seniorinnen und Senioren aufmerksam machen und deren Bearbeitung verfolgen und Ansprechpartner im Stadtbezirk sein.

```
<td width="15" align="right" valign="top">

<img src="../grafic/bullet.gif" width="12" height="12" alt="grünes
Quadrat 5 Pixel">

</td>
```

Obwohl die Macher dieser Seite im Allgemeinen nichts von alt-Texten halten, hat hier der gewissenhafte Praktikant zu all den Bulletgrafiken, mit denen die Pseudo-Listen hervorgehoben sind, auch noch den alt-Text „Grünes Quadrat 5 Pixel" eingesetzt. Für jemanden, der die Seite anhört, ist das wenig erfreulich. Tatsächlich hat der Praktikant es mit wenigen Eingriffen und einigen alt-Texten sogar geschafft, die Seite durch den

Validator zu bringen. Zugänglicher geworden ist sie dadurch nicht. Im Gegenteil: Er hat sogar noch einen zusätzlichen Verstoß gegen die BITV eingebaut: Die *summaries* zu den Tabellen sind zwar nur mäßig störend und in einem Fall vielleicht sogar hilfreich, aber sie verstoßen gegen BITV 5.4: *summaries* für Layouttabellen sind unzulässig. Das semantisch korrekte Mittel für solche Gliederungen sind und bleiben mit ⟨hx⟩ ausgezeichnete Überschriften.

Die bloße Validität einer Seite sagt noch nichts über ihre Zugänglichkeit aus. Allerdings wird es in der Regel erleichtert, Zugänglichkeit zu sichern, wenn der Code auch valide ist.

Immerhin gibt uns der gute Wille des Praktikanten Gelegenheit, die Problematik der Formulierung von alt-Texten an einigen weiteren Beispielen darzustellen.

Der Reihe nach: „Logo Seedorf" geht in Ordnung, man muss nicht jedes Mal dazuschreiben, wie das Logo aussieht, aber es ist entgegenkommend, wenn derlei auf der obligatorischen Hilfe-Seite kurz beschrieben wird. „Alter Herr" für das Banner im Kopf der Mittelspalte ist demgegenüber ausgesprochen ungeschickt. Wichtiger wäre es, die hier im Bild versteckte Überschrift „Seniorenbeirat" in geeigneter Weise mitzuteilen. „Englische Flagge" als Textalternative zu eben dieser ist zwar nicht ganz falsch, aber es geht hier ja gar nicht um die Abbildung einer englischen Flagge, sondern um die Mitteilung, dass es auch eine englische Version der Seite gibt, und genau das sollte man im alt-Text auch mitteilen: durch „english version" beispielsweise.

Von Strichen und Strichinnen

1 Vertreter/in des Sozialdezernates
6 Vertreter/innen der Verbände der freien Wohlfahrtspflege
1 Vertreter/in des Ausländerbeirates
1 Vertreter/in des Frauenbüros

Ein besonderes Kapitel, das hier nur angerissen werden kann, stellt die „geschlechtsneutrale" Formulierung verschiedener Abschnitte dar. „Vertreterschrägstrichinnen" klingt zumindest gewöhnungsbedürftig, und ein Satzanfang wie „*Stellvertreterschrägstrichin wird diejenige Schrägstrich derjenige, die Schrägstrich der …*" sind zumindest beim ersten Hören völlig unverständlich. Hier verlangt die Gesetzgebung im Sinne der Gleichbehandlung der Geschlechter von der bemitleidenswerten Webredaktion die Erfüllung eines Gebotes, das die Erfüllung der Forderung nach Barrierefreiheit praktisch unmöglich macht. Das müssen nicht nur in Bad Seendorf der/die Gleichstellungsbeauftragte und der/die Behindertenbeauftragte dann unter sich ausmachen.

BITV 5.4
Soweit Tabellen zur Text- und Bildgestaltung genutzt werden, sind keine der Strukturierung dienenden Elemente der verwendeten Markup-Sprache zu verwenden.

Statistik – Tabellen und Diagramme

ABBILDUNG 5.35

*Bad Seendorf
– Wahlergebnisse*

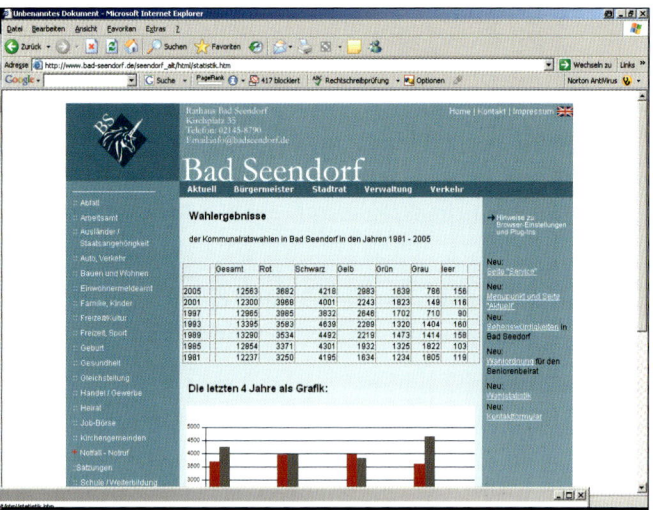

Das Hauptproblem mit Datentabellen in einem Tabellenlayout besteht für Anwender assistiver Technologie darin, sie erst einmal zu finden. Ein Screenreader hat keine Möglichkeit, Layout-Tabellen und Datentabellen voneinander zu unterscheiden – zumindest so lange nicht, wie diese Tabellen keine *summary* haben. Der hörende User bekommt also angesagt, dass da jede Menge Tabellen sind – aber um herauszubekommen, was in diesen Tabellen drinsteht, muss er sich jeweils eine oder mehrere Zeilen ansagen lassen. Das ist definitiv nicht anwenderfreundlich. Ist die richtige Tabelle dann erst einmal identifiziert, können einige Screenreader den Inhalt recht gut darstellen, selbst dann, wenn wie im konkreten Beispiel die von HTML gebotenen Möglichkeiten zur Verbesserung der Darstellung sämtlich ungenutzt bleiben. Allerdings sind nicht alle Screenreader so schlau. Es wäre also auf jeden Fall geboten, diese Möglichkeiten auch einzusetzen – wenn die Screenreader sie denn auch tatsächlich nutzen wollten.

Screenreader lesen zur Verbesserung der Orientierung auch vor, in welcher Spalte man sich gerade befindet. Da kann es irritierend werden, wenn, wie es hier der Fall ist, die logische Anzahl von Spalten (hier 8) sich von der tatsächlichen Anzahl (hier 10) unterscheidet. Solche Leerspalten sind ein beliebtes Mittel zur Verbesserung der (visuellen) Lesbarkeit, aber sie errichten eine überflüssige Barriere für Blinde.

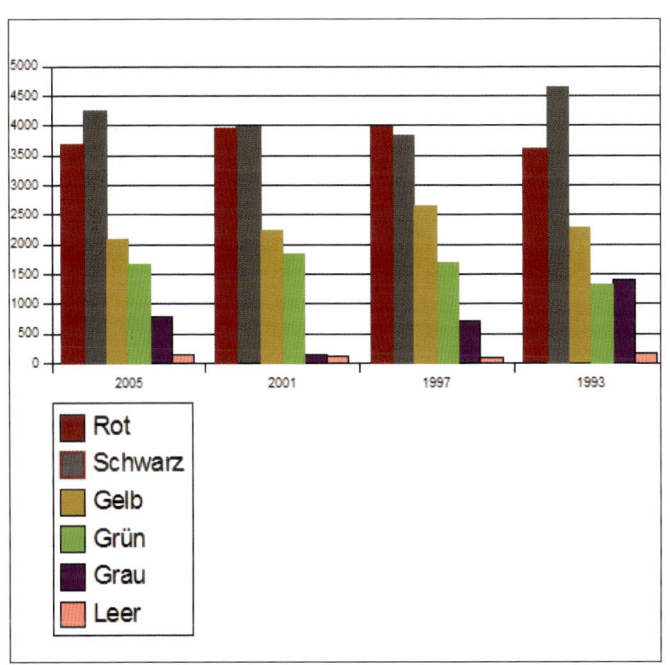

ABBILDUNG 5.36

Wahlergebnisse als Balkendiagramm

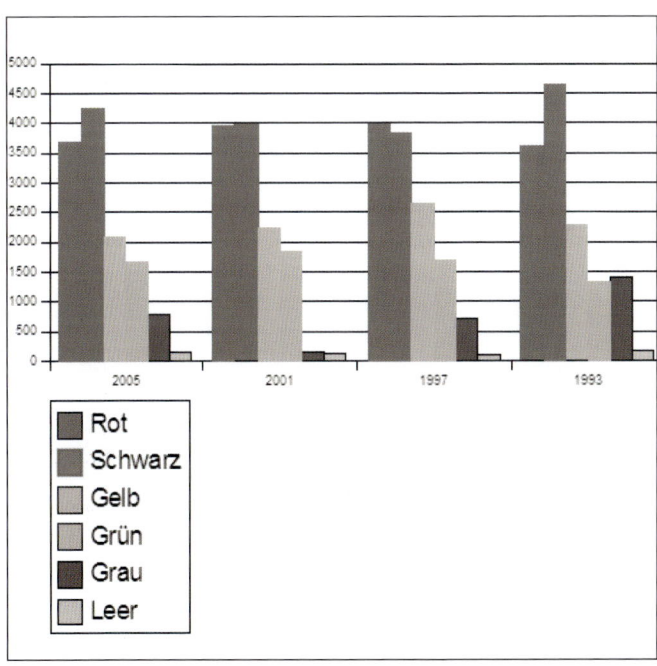

ABBILDUNG 5.37

Balkendiagramm in Graustufen konvertiert

Es ist in jedem Fall ein guter Service und entspricht auch durchaus dem Geist der BITV, umfangreichere Zahlenwerke durch die Beigabe von Diagrammen leichter verständlich zu machen. Die Gestalter von Bad Seendorf haben dabei aber nicht darauf geachtet, Farben zu verwenden, die für möglichst viele Menschen klar unterscheidbar sind. Die Farbpaare „Schwarz-Rot" und „Gelb-Grün" sind für einige Menschen mit Farbenschwäche sehr schwer bis gar nicht zu unterscheiden. Das gleiche gilt für die Grauwerte, die je nach Simulationsverfahren bei einem oder sogar beiden dieser Farbpaare völlig gleich ausfallen. Da sich das Farbempfinden der Menschen ziemlich stark voneinander unterscheidet und sich auch kaum objektivieren lässt, ist es praktisch nicht möglich, Farbskalen aufzustellen, die zuverlässig für jeden unterscheidbar sind. In schwierigen Fällen ist es daher sinnvoll, zusätzliche Schraffuren einzusetzen.

Wie wir es von Bad Seendorf nicht besser erwarten, gibt es zu diesem Diagramm keinen Alternativtext. Muss es überhaupt einen geben? Schließlich ist das Diagramm nur eine andere Form der Präsentation von Content, der bereits in der Tabelle geboten wird. Aber wenn man schon sehenden Besuchern das Verständnis der Zahlen durch eine visuelle Darstellung erleichtert, ist das für nichtsehende Besucher natürlich mindestens ebenso wichtig. Ein `alt`-Text ist also sinnvoll – allerdings sollte er dann mehr enthalten als eine inhaltsarme Aussage wie „Diagramm zu den Wahlergebnissen". Ein Mittel, das sich hier anbietet, wäre die Einbindung einer `longdesc` – wir werden beim Relaunch der Site (siehe *Kapitel 7*) darauf zurückkommen.

Kontakt anbieten – oder abwimmeln

ABBILDUNG 5.38

Bad Seendorf – Kontakt

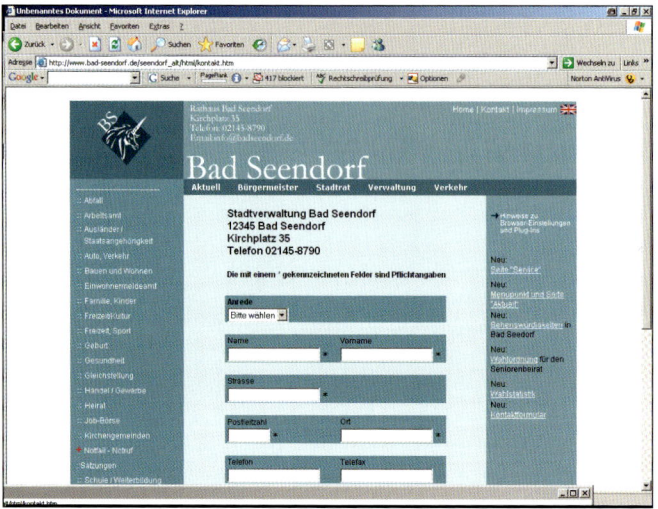

Das Formular auf der Kontakt-Seite von Bad Seendorf (alt) enthält drei Verstöße gegen die Vorgaben von WCAG/BITV. Diese stellen die Anwender von Screenreadern vor beträchtliche Barrieren:

Der Webformator erkennt:

*Stadtverwaltung Bad Seendorf 12345 Bad Seendorf Kirchplatz 35 Telefon 02145-8790 Die mit einem * gekennzeichneten Felder sind Pflichtangaben Anrede Aufklappliste Bitte wählen] Name Vorname Eingabefeld] * Eingabefeld] * Strasse Eingabefeld] * Postleitzahl Ort Eingabefeld] * Eingabefeld] * Telefon Telefax Eingabefeld] Eingabefeld] E-Mail Eingabefeld] Ihre Anfrage Eingabefeld] Schalter Abschicken] Schalter Eingaben löschen]*

◆ Da ist erstens das bereits von „Aktuell" bekannte Linearisierungsproblem von unsachgemäß gebauten Layout-Tabellen: Für linearisierende Clients werden mehrfach zwei Feldnamen hintereinander vorgelesen, denen dann die nicht weiter benannten Eingabefelder folgen.

◆ Zweitens fehlt die Auszeichnung mit `label`, die gerade den Sinn hat, diese eindeutige Zuordnung auch da möglich zu machen, wo aus Gründen des Layouts davon abgewichen wird, immer nur ein Eingabefeld in einer Zeile zu präsentieren.

◆ Drittens ist da noch die wörtlich umgesetzte Ankündigung: „Die mit einem * gekennzeichneten Felder sind Pflichtangaben." Tatsächlich sind die Felder gekennzeichnet, allerdings kommt der Stern erst hinter dem Feld – das heißt, wer die Seite hört, bekommt auch erst nachträglich zu hören, ob er etwas hätte ausfüllen müssen oder nicht. Das ist zumindest bei einem relativ kurzen Formular keine unüberwindbare Barriere, nur eine von den vielen Gedankenlosigkeiten, die Nutzern von Screenreadern den Zugang zum Netz erschweren und die sich in ihrer Gesamtheit sehr wohl zu einer großen, unübersteigbaren Barriere auftürmen können.

5.3 Was zu Bad Seendorf noch zu sagen wäre

In den vorhergehenden Abschnitten war viel von den Benutzern von Screenreadern die Rede, obwohl deren prozentualer Anteil an den Behinderten im Web keinesfalls an erster Stelle liegt – das sind die Sehbehinderten der verschiedensten Ausprägungen. Der Grund für diese Konzentration auf die Hörer bzw. Braille-Taster besteht darin, dass diese Gruppe nach ihren Ansprüchen und Rezeptionsgewohnheiten die einheitlichste ist: Sie bekommt von ihrer Technik exakt das, was als Text auf den Seiten angeboten wird, in streng linearisierter Form angeboten. Sehbehinderungen sind demgegenüber ein weites Feld – da lassen sich, wie man bei den gelegentlichen Erwähnungen feststellen konnte, kaum allgemeine Aussagen treffen. Und die von vielen Sehbehinderten genutzte Möglichkeit zur Farbveränderung und Schriftvergrößerung, wie sie mit den Bordmitteln von Windows möglich ist, funktioniert bei einem technisch sauberen Tabellenlayout ganz gut. Das funktioniert allerdings nicht mehr bei einem freigestellten Schriftzug, wie er auf dieser Seite anzutreffen ist. Sobald ein Anwender weiße Hintergrundfarbe einstellt, wird der Schriftzug der Rathaus-Adresse so gut wie unlesbar.

ABBILDUNG 5.39

Viel erkennt man jetzt nicht mehr.

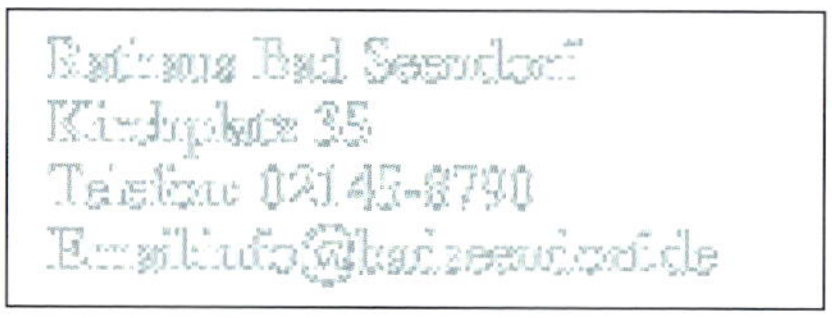

Auf Menschen mit motorischen Behinderungen wurde ebenfalls kurz eingegangen; für sie sind die Seiten allgemein sehr schwer und unbequem zu bedienen, und einige Inhalte sind völlig unzugänglich. Besonders störend ist für sie der Umstand, dass Links, die den Fokus haben, nur mit den Bordmitteln des jeweiligen Browsers markiert werden – und diese Markierung ist beim Bad Seendorfer Farbschema kaum sichtbar:

ABBILDUNG 5.40

Wo ist der Fokus?

Abschließend ist noch kurz auf weitere bedeutende Gruppen einzugehen, die bis jetzt überhaupt nicht erwähnt wurden. Dabei beschränken wir uns darauf, die wichtigsten Barrieren für diese Gruppen kurz anzusprechen. Lösungsansätze – denn Patentrezepte gibt es da nicht – diskutieren wir im Zusammenhang mit dem Redesign.

5.3.1   Gehörlose

Wie schon erwähnt wurde, gibt es viele Gehörlose, die große Probleme beim Umgang mit Texten in geschriebener Sprache haben. Das heißt nicht, dass diese Menschen überhaupt nicht lesen könnten – einzelne Wörter oder einfache Sätze sind in der Regel zu bewältigen, vor allem dann, wenn es nicht auf den exakten Wortlaut ankommt, sondern auf Informationen wie eine Adressenangabe, ein Kinoprogramm oder einen Fahrplan. So etwas ist auch für Gehörlose in der Schriftform vielfach leichter zu erfassen als in Gebärdensprache. Schwieriger wird es bei Wortneubildungen oder Zusammensetzungen, wie sie bei Marketingleuten so beliebt sind: *Saunaevent* oder *Musikspektakel* von der Seite „Seendorf – Aktuell" sind sicher schon problematisch.

Wirklich schwierig wird es bei längeren Texten in Fach- oder Verwaltungssprache, wie z.B. bei der Wahlordnung für den Seniorenbeirat. Ein solcher Text ist für alle Menschen mit Leseschwierigkeiten kaum zu erfassen. Ob er durch eine bloße Übersetzung in Gebärdensprache verständlicher wird, ist später zu überlegen.

5.3.2 Geistig Behinderte

Hier herrscht eine ähnlich unübersichtliche Situation wie bei den Sehbehinderungen: Es gibt zahllose, höchst unterschiedliche Behinderungen, die im Prinzip auch unterschiedliche und zum Teil gegensätzliche Lösungsansätze erfordern würden. Für Menschen mit Lernschwierigkeiten ist die Wahlordnung des Seniorenbeirates sicher nicht zu bewältigen, und wer Konzentrationsstörungen hat, scheitert vermutlich an der Seite „Aktuelles", auf der Informationen zu den verschiedensten Bereichen ziemlich unsystematisch und unübersichtlich aufgehäuft sind. Wer anfällig für Depressionen ist, könnte durch die kalte Farbgebung abgestoßen werden.

5.3.3 Analphabeten

Zu dieser Gruppe, von der man ungern spricht, gehören schätzungsweise 6 Prozent der erwachsenen Bevölkerung in Deutschland. Viele davon sind „funktionale Analphabeten", die zwar einzelne Wörter zusammenbuchstabieren und verstehen können, aber schon an einfachen Sätzen scheitern. Sie würden in Bad Seendorf durch die schiere Menge an Text und Links erschlagen und fänden deshalb noch nicht einmal zu den Wörtern und Links, die sie erkennen und suchen.

5.3.4 Ältere Menschen

Wie schon beschrieben, haben viele ältere Menschen eine allgemein reduzierte Leistungsfähigkeit, die sowohl das Sehvermögen, die Feinmotorik, das Konzentrationsvermögen und die Fähigkeit zum Erlernen von Neuem betreffen kann. Solche Benutzer sehen sich auf den Seiten von Bad Seendorf auf vielfältige Weise behindert. Insbesondere zu nennen sind die schwachen Farbkontraste, die im Internet Explorer, dem gebräuchlichsten Browser, nicht skalierbaren Schriften, eng beieinander liegende und uneinheitlich ausgezeichnete Links sowie überfüllte Seiten mit gelegentlich verwirrender Aufteilung.

ABBILDUNG 5.41

Das sehen Menschen, die an grauem Star leiden.

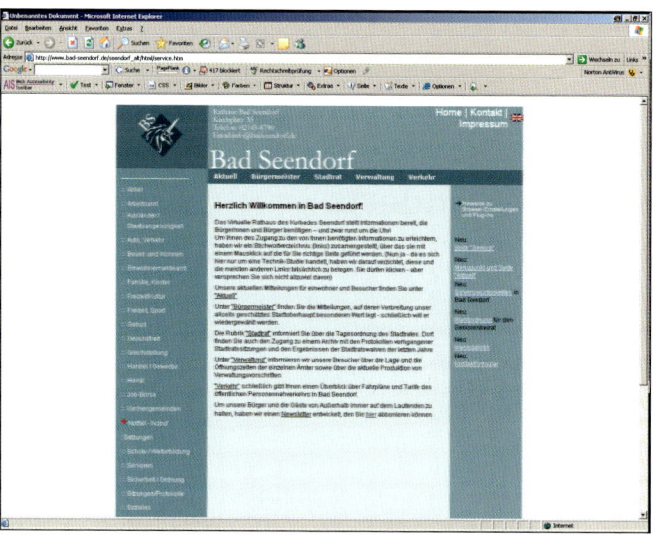

ABBILDUNG 5.42

Reduzierter Kontrast

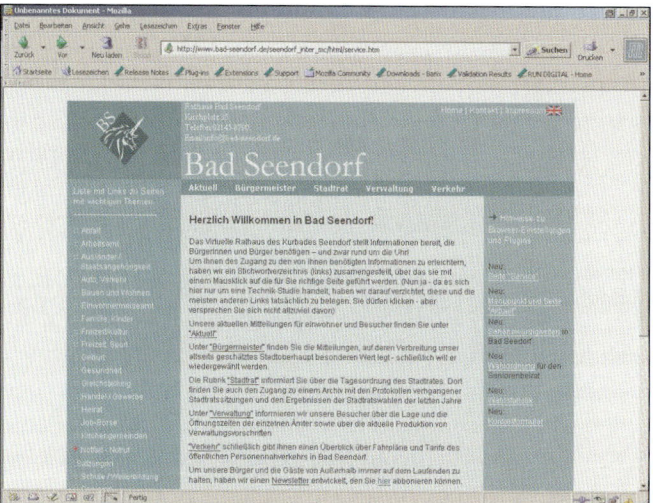

5.3.5 Fremdsprachler

Englisch sprechende oder zumindest lesende Menschen finden in Bad Seendorf eine englischsprachige Version vor, die Sie sich genauso zugänglich oder unzugänglich vorstellen können wie die deutsche. Technisch bereitet es nur geringe Probleme, weitere Sprachversionen hinzuzufügen. Das ist – anders als bei der Ermöglichung weitgehenden Zugangs für Menschen mit Behinderungen – eine reine Frage des Aufwandes und damit letztlich eine Abschätzung des Kosten-Nutzen-Verhältnisses. Daher wird Bad Seendorf vermutlich auf Dauer für weit über eine Milliarde Chinesen nicht nur unbekannt, sondern auch unzugänglich bleiben: Das Versprechen „Zugänglich für alle" bleibt bis auf weiteres eine Illusion.

6

MASSNAHMEN ZUR KORREKTUR

Nachdem der Öffentlichkeitsverantwortliche von Bad Seendorf unsere Mängelliste gelesen hat und seine erste Wut verraucht ist, stellt sich die nahe liegende Frage: Was kann getan werden, um wenigstens die schlimmsten Barrieren auf einer Seite wie der von Bad Seendorf abzubauen? Die Ergebnisse der vorhergehenden Analyse sind dazu unter praktischen Gesichtspunkten in drei Kategorien einzuteilen:

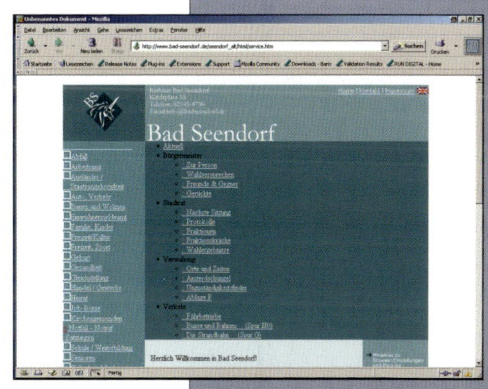

1. **Zugangsblockaden:** Das betrifft Barrieren, die so hoch sind, dass sie bestimmte Besucher, die keineswegs besonders exotische Clients oder Konfigurationen einsetzen, völlig ausschließen. Sie sind, wenn irgend möglich, vollständig zu beseitigen.

2. **Zugangserschwernisse, die leicht zu beheben sind.** Das betrifft Verstöße gegen die Zugänglichkeitsrichtlinien, deren Beseitigung durch eine einfache Revision des Codes, durch Veränderung der Konfiguration des CMS oder durch einen Schulungsrundbrief an die mit der Pflege der Inhalte betrauten Mitarbeiter möglich erscheint. Auch sie sollten vollständig bereinigt werden.

3. **Zugangserschwernisse, deren Beseitigung höheren Aufwand erfordert.** Das ist also der mehr oder weniger umfangreiche Rest, der im Normalfall im Rahmen einer einfachen Korrektur überhaupt nicht angegangen werden kann. Unter Marketingaspekten kann es angeraten erscheinen, auch die eine oder andere dieser Schwachstellen zu beseitigen – aber das ist dann eine Frage der Kosten-Nutzen-Abwägung. Alles andere kommt dann auf die Anforderungsliste für den nächsten Relaunch.

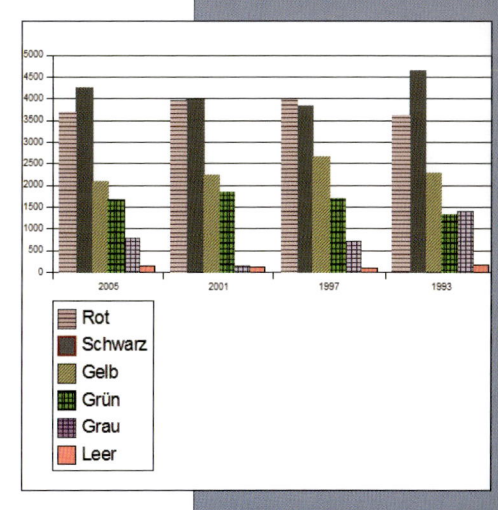

Man muss sich darüber im Klaren sein, dass mit einem solchen Reparaturverfahren natürlich meistens keine volle BITV-Konformität oder gar eine Barrierefreiheit zu erreichen ist, die diesen Namen tatsächlich verdient. Das kann jedoch kein Grund sein, auf diese Reparatur ganz zu verzichten. Die meisten Informationsanbieter sind ja nicht gesetzlich verpflichtet, die Vorgaben der BITV punktgenau einzuhalten. Aber sie sind sehr wohl, teils durch die Ländergesetze und teils durch den allgemeinen Auftrag zur bürgerfreundlichen Kommunikation oder auch nur durch ihr eigenes Marketing-Interesse dazu angehalten, ihre Informationen so vielen potenziellen Interessenten wie möglich zugänglich zu machen.

Nachdem die Barrieren im Allgemeinen in der ausführlichen Analyse behandelt worden sind, reicht es aus, hier zunächst die übelsten Zugangsblockaden noch einmal aufzulisten.

6.1   Zugangsblockaden und Zugangserschwernisse, die leicht zu beheben sind

6.1.1   Die Startseite

Gleich auf der Eingangsseite finden wir bei Bad Seendorf ganz besonders schlimme Zugangsblockaden:

Problem 1: Es ist keine Dokumentensprache angegeben – Screenreader können unter Umständen alles englisch aussprechen.

Maßnahme:

Dieses Problem lässt sich sehr einfach lösen, indem man die Dokumentensprache in den Kopf der Datei einfügt.

```
<html lang="de">
```

Problem 2: Möchte man die Seite mit der Tastatur bedienen, ist der aktive Link nicht erkennbar.

ABBILDUNG 6.1

Der Fokus ist nur an einer browserinternen dünnen Linie erkennbar.

Maßnahme:

Dieses Problem lässt sich mit Hilfe der Stylesheets sehr einfach lösen.

```
a:focus, a:active{
        color:#ffffff;
        font-weight:bold;
        background: #000000;
}
```

Beim Anwählen mit der ⇥-Taste wird dem gerade aktiven Links eine schwarze Hintergrund- und eine weiße Schriftfarbe zugewiesen.

Problem 3: Die Links zu den Unterseiten funktionieren nicht, wenn die Bilder ausgeschaltet sind.

Maßnahme:

Vergibt man für die drei Grafiken „Touristik", „Freizeit" und „Bürgerservice" sinnvolle alt-Texte, löst sich dieses Problem wie von selbst.

Wir testen anschließend mit der Accessibility Toolbar im Mozilla und stellen erstaunt fest, dass der alternative Text unsichtbar bleibt. Dies liegt daran, dass unsere Links mit der Vordergrundfarbe Weiß formatiert sind, der Tabelle selbst ist jedoch keine Hintergrundfarbe zugewiesen, so dass ihr automatisch die Farbe Weiß zugeordnet wird.

Vergeben wir für die Tabelle eine eindeutige Hintergrundfarbe, in unserem Falle ein helles Blau, löst sich auch dieses Problem wie von selbst.

Problem 4: Bei ausgeschaltetem JavaScript sind die Links in den Popup-Fenstern nicht erreichbar.

JavaScript sollte immer wohl durchdacht eingesetzt werden.

Maßnahme:

Es ist ein Leichtes, die JavaScript-Funktionen so umzuschreiben, dass die Links auch bei ausgeschaltetem JavaScript zugänglich bleiben.

```
<a href="ziel.html" onclick="window.open('ziel.html', 'popup',
'scrollbars, resizable, width=550, height=300'); return
false">Linktext</a>
```

Der Code: `return  false` bewirkt bei aktivem JavaScript, dass sich die Ziel-URL nicht zusätzlich im gleichen Fenster öffnet. Ist JavaScript deaktiviert, erscheint die gewünschte Ziel-URL im gerade aktiven Fenster.

Möchten Sie, dass sich die Ziel-URL auch bei deaktiviertem JavaScript in einem neuen Fenster öffnet, reicht es, ein `target="_blank"` einzufügen.

```
<a href="ziel.html"  onclick="window.open('ziel.html', 'popup',
'scrollbars, resizable, width=550, height=300'); return false"
target="_blank">Linktext</a>
```

Diese Lösung ist aber immer noch nicht geräteneutral – sie funktioniert nur mit der Maus. Damit sie auch mit der Tastatur bedienbar bleibt, sollte man auch auf das Event `onkeypress` reagieren:

```
<a href="ziel.html" onclick="window.open('ziel.html', 'popup',
'scrollbars, resizable, width=550, height=300'); return false"
onkeypress="window.open('ziel.html', 'popup', 'scrollbars, resizable,
width=550, height=300'); return false ">Linktext</a>
```

Aber Vorsicht ist geboten. Das Popup öffnet sich, nachdem man den Link mit der Tastatur bedient hat. Aber man kann das Fenster anschließend nicht mehr per Tastatur schließen. Dieses Problem kann man auf die unterschiedlichsten Weisen lösen. Befinden sich innerhalb des Dokuments im Popup keine weiteren Links, die mit der Tastatur anzusteuern sind, kann man das `onkeypress`-Event auf das gesamte Dokument anwenden, indem man innerhalb des `body`s dieses Event abfängt.

Der Code im Popup-Dokument sieht so aus:

```
<body onkeypress="self.close()">
```

Dies führt allerdings dazu, dass man wohlmöglich ungewollt das Fenster schließt, weil man unbeabsichtigt die Tastatur bedient hat.

Weitaus sinnvoller scheint deshalb das Einfügen eines Links, der das Schließen des Fensters ermöglicht.

```
<a href="javascript" onclick="self.close(); return false"
onkeypress="self.close(); return false">Fenster schliessen</a>
```

Hat der Tastaturbenutzer allerdings JavaScript deaktiviert, stehen wir erneut vor einem Problem.

Er kann das Fenster nicht mehr schließen, deshalb ist es sinnvoll, innerhalb des Links einen Verweis auf das Ursprungsdokument zu integrieren.

```
<a href="index.htm" onclick="self.close(); return false"
onkeypress="self.close(); return false">Fenster schliessen</a>
```

Dies funktioniert auch, aber leider findet der Benutzer anschließend zwei geöffnete Fenster vor, da der Link nun im Popup aufgerufen worden ist. Die einzige Möglichkeit, die dem Tastaturbenutzer letztendlich bleibt, um das geöffnete Fenster ohne weitere Probleme zu schließen, ist, die Tastenkombination ⌷Alt⌷ + ⌷F4⌷ zu benutzen. Es ist allerdings fraglich, ob diese Tastenkombination für behinderte Menschen, in unserem Fall für motorisch behinderte Menschen, die nicht beide Hände nutzen können, praktikabel ist.

Fazit: Es scheint sinnvoll zu sein, auf Popup-Fenster generell zu verzichten.

Popup-Fenster lassen sich mit der Tastenkombination ⌷Alt⌷ + ⌷F4⌷ schließen.

Problem 5: Bei einer Auflösung von 800 x 600 Pixeln verschwindet die Flagge, die uns auf die englische Version der Seite führen sollte.

ABBILDUNG 6.2

Bei einer Auflösung von 800 x 600 Pixeln verschwindet die Flagge oben rechts.

Bei einer Bildschirmbreite von 800 Pixeln erscheint im Browserfenster ein horizontaler Scrollbalken. Die Designer haben die Site exakt für eine Breite von 800 angelegt und dabei vergessen, einige Pixel für die vertikale Scrollbar und den Rahmen des Browserfensters abzuziehen. Tatsächlich stehen uns also nur ungefähr 760 Pixel zur Verfügung, die restlichen 40 werden abgeschnitten.

Maßnahme:

Die Layouttabelle dieser Seite ist auf eine Breite von 760 Pixeln anzupassen. Oder wir setzen das Fähnchen an die erste Stelle der Linkliste – dann wird allerdings der Link auf das „Impressum" teilweise abgeschnitten, was möglicherweise den abmahngierigen Rechtsanwalt der ohnehin schon neidischen Nachbargemeinde auf den Plan ruft. Also nehmen wir eine der reichlich vorhandenen Tabellenzellen, um die ganze Geschichte ein wenig vom Rand abzurücken, und schon sind wir auf der sicheren Seite.

Die Blockaden auf der Eingangsseite sind damit beseitigt. Einige zum Teil recht lästige Barrieren sind immer noch da, aber an die gehen wir erst dann, wenn wir die Blockaden auf den hinteren Seiten aufgelöst haben. Doch zunächst sehen wir uns die Blockaden an, die allen Seiten gemeinsam sind.

6.1.2 Die Unterseiten

Als Zugangsblockaden auf allen hinteren Seiten müssen gelten:

- Die als Grafik ausgeführten Texte der Rathausanschrift und des Links auf die Hilfeseite
- Die lange Linkliste in der linken Spalte
- Das nur mit JavaScript benutzbare Hauptmenü

Dazu kommen Blockaden auf einzelnen Seiten:

- Auf „Aktuell" sind die Links der Werbebanner für Clients ohne Bilder und einzelne Screenreader nicht zugänglich.
- Auf „Wahlordnung" sind sowohl Anwender von Screenreadern als auch Menschen mit Leseproblemen faktisch vom Zugang zum Inhalt ausgeschlossen.
- Die „Wahlstatistik" enthält eine problematische Tabelle sowie Barrieren für Menschen mit eingeschränkter Fähigkeit zum Farbensehen.
- Das „Kontaktformular" ist mit dem Screenreader schwer bis gar nicht ausfüllbar.

Problem 6: Die als Grafik ausgeführten Texte der Rathausanschrift und des Links auf die Hilfeseite

Maßnahmen:

Die als Grafik ausgeführten Texte werden einfach durch „richtigen" Text ersetzt, wobei wir nach wie vor die alten font-Tags stehen lassen.

```
<font color="#FFFFFF" size="2" face="'Times New Roman', Times, serif">
  Rathaus Bad Seendorf<br>
  Kirchplatz 35<br>
  Telefon:02145-8790<br>
```

```
  Email:info@bad-seendorf.de
</font>
```

Wir verwenden dafür einfach die ohnehin vorhandenen Tabellenzellen und verschwenden keinen Gedanken darauf, hier `<div>`-Bereiche zu platzieren, deren Inhalt dann auch noch per Stylesheet ordentlich in Form gebracht werden müsste. Die Mühe würde sich bei einer Seite, deren Tabellenlayout ansonsten erhalten bleibt, kaum lohnen. Bei unserer Reparatur widerstehen wir standhaft der Versuchung, den Hinweistext in der rechten Spalte wieder so unlesbar klein zu machen wie im Original. Die Seite bleibt wegen der kleinen Schriftgrößen allerdings ohnehin problematisch.

Problem 7: Die lange Linkliste

Maßnahme:

Mit diesem langgestreckten Ärgernis machen wir ebenfalls kurzen Prozess:

```
<font color="#FFFFFF" size="2" face="Arial, Helvetica, sans-serif">
Liste mit Links zu Seiten mit wichtigen Themen.
<span class="unsichtbar"> Direkt <a href="#inhalt">zum Inhalt springen
</a>.</span>
</font>
```

Wir lassen die Liste an Ort und Stelle, fügen aber interne Sprungmarken ein, damit hörende Besucher diese einfach überspringen können. Damit die hörenden Besucher wissen, was sie da überspringen können, ist eine erklärende Überschrift neu eingefügt worden. Sie bleibt sichtbar, da diese Hilfe auch sehenden Besuchern sicher willkommen ist.

Problem 8: Unzugängliche Werbebanner

Dass die Werbebanner auf der Seite „Aktuell" unsichtbar und unzugänglich sind, wird vielleicht von den meisten Besuchern, die sich keine Bilder anzeigen lassen, nicht als Mangel empfunden – eher im Gegenteil. Die Firmen, die dafür teures Geld bezahlt haben, werden das jedoch anders sehen. Außerdem wird diese Technik ja nicht nur für Werbebanner eingesetzt, sondern auch für Minibanner, die auf wichtige Unterbereiche eines Webauftritts oder auf Sonderaktionen und spezielle Ereignisse in seinem Umfeld verweisen.

Maßnahmen:

Die Reparatur ist denkbar einfach und folgt dem gleichen Muster wie bei den Bild-Links auf der Eingangsseite: Setzen Sie `alt`-Texte zu den Bannern, und schon erfahren alle Besucher, dass es diese Werbebanner gibt, und können selbst entscheiden, ob sie den Links folgen wollen oder nicht.

Problem 9: Das Balkendiagramm in der Wahlstatistik ist nicht für Farbfehlsichtige zugänglich.

Wir geben es ja zu: Es war nicht ganz einfach, die Farben so auszuwählen, dass sie unter bestimmten Bedingungen nicht voneinander zu unterscheiden sind. Andererseits kommt es aber im wirklichen Leben immer wieder vor, dass schwer unterscheidbare Farben aufeinander treffen. In allen Fällen, in denen der Unterschied zwischen roten und grünen Farbtönen eine Rolle spielt, reicht es also nicht aus, „problembewusst" zu sein und zweimal hinzuschauen – zumindest nicht für Männer, von denen jeder Zehnte auf die eine oder andere Weise ein Problem mit der Rot-Grün-Unterscheidung hat.

Maßnahmen:

ABBILDUNG 6.3

Unsere schraffierte Statistik ist nicht gerade die Schönste, erfüllt aber ihren Zweck.

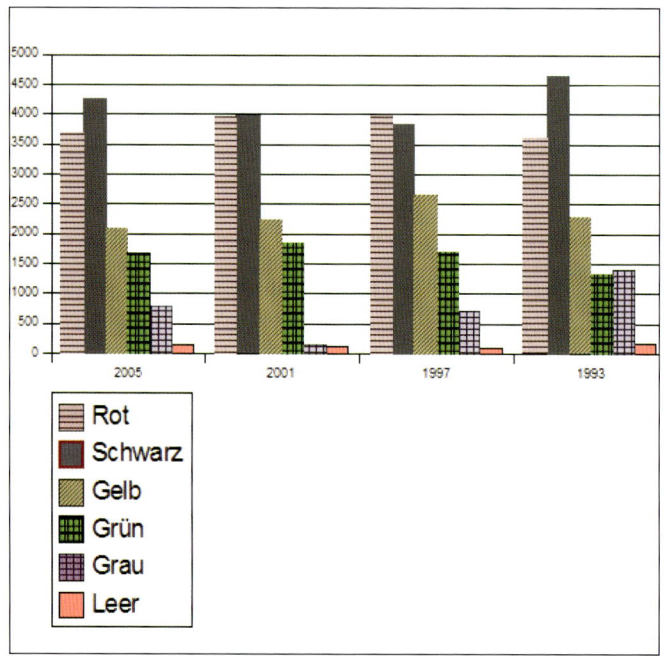

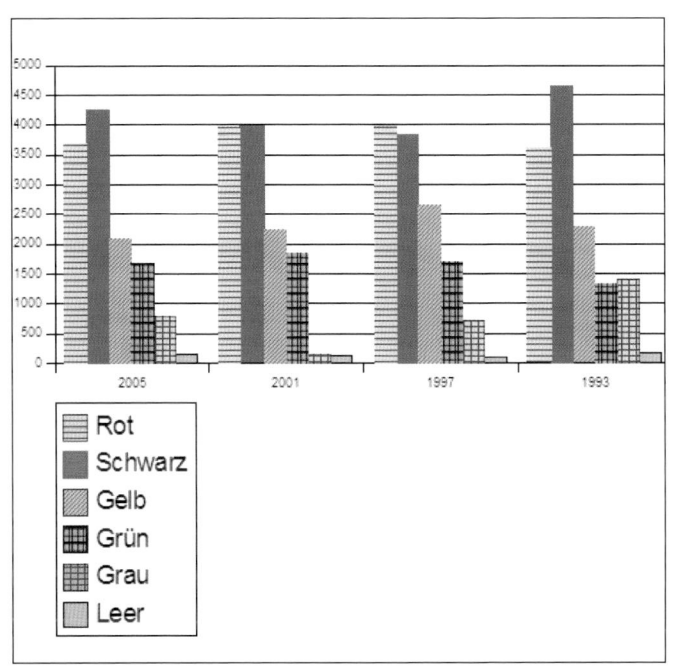

ABBILDUNG 6.4

... und in Graustufen konvertiert

Das beste Mittel zur Unterscheidung sind Schraffuren. Wir haben also zunächst einmal die Grafik entsprechend umgezeichnet. Vielfach werden Diagramme auch automatisch generiert – allerdings können bei weitem noch nicht alle diese Generatoren mit Schraffuren umgehen. Hier ist das Problembewusstsein also nicht nur bei den Anwendern, sondern auch bei den Herstellern zu schärfen.

Mit dem Umzeichnen der Grafik nach den Bedürfnissen von Menschen mit Farbenschwäche ist es aber noch nicht getan: Für Menschen, die aus welchem Grund auch immer keine Bilder sehen, sind auch die deutlichsten Farbkontraste und Schraffuren vergebens. In dieser Situation reicht es nicht aus, sich darauf zurückzuziehen, dass die mit der Grafik verdeutlichten Daten in der Tabelle ja bereits in zugänglicher Form angeboten werden. Der Informationsgehalt der Grafik geht doch insoweit über den der Zahlen hinaus, als die Grafik die Verhältnisse der Zahlenwerte untereinander und im zeitlichen Ablauf auf eine Weise verdeutlicht, wie das die Zahlen allein nicht können. Was die Grafik sagt, ist kurzgefasst nämlich:

In Bad Seendorf gibt es traditionell eine „schwarze" Mehrheit. Lediglich 1997 gelang es den „Roten", ihrerseits die Mehrheit zu erringen, sie haben sie aber bereits bei der nächsten Wahl wieder verloren – wenn auch nur knapp. Die kleineren Parteien erreichen nie auch nur die Hälfte der Stimmen für eine der großen – mit Ausnahme eben des Jahres 97, als die „Gelben" anscheinend vom Stimmungstief für die Schwarzen profitierten und ihr bisher stärkstes Ergebnis erreichten – seitdem gehen sie wieder zurück.

So oder so ähnlich lässt sich der große Trend beschreiben, und so oder so ähnlich müsste man es auch in einen `alt`-Text oder besser in eine `longdesc` schreiben.

```
<img src="../pics/statistik.gif" width="455" height="440" alt=" Wahl-
ergebnisse der Kommunalratswahlen in Bad Seendorf in den Jahren 1981
- 2005" longdesc="erklaerung_statistik.htm" >
```

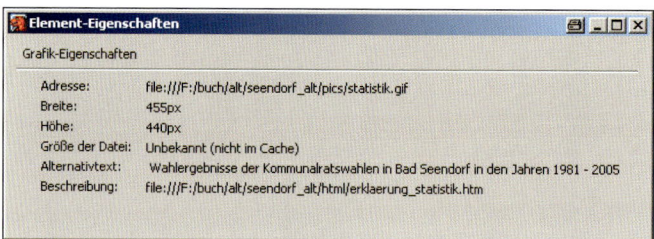

Das `longdesc`-Attribut dient dazu, längere Bildbeschreibungen und Erklärungen in einer separaten Datei abzulegen. Im Mozilla findet man anschließend im Kontextmenü BILDEIGENSCHAFTEN einen Verweis auf die entsprechende Datei. Der Internet Explorer erkennt das `longdesc`-Attribut nur insoweit, als dass er seinen Inhalt an Screenreader weitergibt, die auf ihn aufsetzen.

Damit sind die Probleme aber noch nicht gelöst. Die Kommentierung der Grafik ist nämlich nicht nur für Menschen, die die Grafik nicht sehen können, unentbehrlich, sie ist auch für Menschen hilfreich, die ungeübt im Entschlüsseln von Grafiken oder Tabellen sind. Für sie ist aber ein Erklärungstext, der nur bei Clients ohne Bildwiedergabe angezeigt wird, praktisch unerreichbar. Die Lösung dieses Problems heben wir uns allerdings für den barriereoptimierten Relaunch auf – hier geht es zunächst ja nur um den Abbau der schlimmsten Barrieren.

Problem 10: Unzugängliche Datentabelle auf der Seite „Wahlordnung"

Es gibt Screenreader, die Tabellen selbsttätig analysieren, die erste Zeile und die erste Spalte als Überschriftenspender betrachten und diese Überschriften dann auch vorlesen, wenn der Anwender sich mit den entsprechenden Befehlen von einer Zelle zur anderen bewegt. Andere tun das nur, wenn die Überschriften und die Beziehungen zwischen den Zellen tatsächlich mit den dafür vorgesehenen Elementen von HTML ausgezeichnet sind. Wieder andere scheinen sich in jedem Fall mit einer schlichten Linearisierung zu begnügen. Deren unter Umständen abenteuerliche Wiedergabe liegt dann freilich nicht mehr in der Verantwortung der Seitenbauer.

Maßnahme:

Für die Reparatur schöpfen wir hier nicht alle Möglichkeiten zur Kennzeichnung der Beziehungen zwischen Überschriften und Datenfeldern aus. Wir begnügen uns zunächst mit dem Mindestprogramm, das nur die Möglichkeiten verwendet, die von zumindest einigen marktgängigen Screenreadern auch tatsächlich ausgeschöpft werden. Danach sieht die Tabelle folgendermaßen aus:

```html
<table summary="Wahlergebnisse der Kommunalratswahlen in den Jahren 1981
- 2005">
<caption>Wahlergebnisse der Kommunalratswahlen in den Jahren 1981 -
2005</caption>
 <thead>
    <tr>
    <th id="Jahr"   abbr="Jahr">Jahreszahl</th>
    <th id="Gesamt" abbr="Gesamt">Gesamtergebnisse</th>
    <th id="Rot" abbr="Rot">Gesamtergebnis Rot</th>
    <th id="Schwarz" abbr="Schwarz">Gesamtergebnis Schwarz</th>
    <th id="Gelb" abbr="Gelb">Gesamtergebnis Gelb</th>
    <th id="Grün" abbr="Grün">Gesamtergebnis Grün</th>
    <th id="Grau" abbr="Grau">Gesamtergebnis Grau</th>
    <th id="Leer" abbr="Leer">Gesamtergebnis Leer</th>
  </tr>
</thead>
 <tbody>
  <tr>
    <td id="J05">2005 </td>
    <td headers="Gesamt J05">12563 </td>
    <td headers="Rot J05">3682 </td>
    <td headers="Schwarz J05">4218 </td>
    <td headers="Gelb J05">2983 </td>
    <td headers="Grün J05">1639 </td>
    <td headers="Grau J05">786 </td>
    <td headers="Leer J05">156 </td>
  </tr>
  <tr>
    <td id="J01">2001 </td>
    <td headers="Gesamt J01">12300 </td>
    <td headers="Rot J01">3968 </td>
    <td headers="Schwarz J01">4001 </td>
    <td headers="Gelb J01">2243 </td>
    <td headers="Grün J01">1823 </td>
    <td headers="Grau J01">149 </td>
    <td headers="Leer J01">116 </td>
  </tr>
  <tr>
    <td id="J97">1997 </td>
    <td headers="Gesamt J97">12965 </td>
    <td headers="Rot J97">3985 </td>
    <td headers="Schwarz J97">3832 </td>
    <td headers="Gelb J97">2646 </td>
    <td headers="Grün J97">1702 </td>
    <td headers="Grau J97">710 </td>
    <td headers="Leer J97">90 </td>
  </tr>
  <tr>
    <td id="J93">1993 </td>
    <td headers="Gesamt J93">13395 </td>
```

```
      <td headers="Rot J93">3583 </td>
      <td headers="Schwarz J93">4639 </td>
      <td headers="Gelb J93">2289 </td>
      <td headers="Grün J93">1320 </td>
      <td headers="Grau J93">1404 </td>
      <td headers="Leer J93">160 </td>
    </tr>
    <tr>
      <td id="J89">1989 </td>
      <td headers="Gesamt J89">13290 </td>
      <td headers="Rot J89">3534 </td>
      <td headers="Schwarz J89">4492 </td>
      <td headers="Gelb J89">2219 </td>
      <td headers="Grün J89">1473 </td>
      <td headers="Grau J89">1414 </td>
      <td headers="Leer J89">158 </td>
    </tr>
    <tr>
      <td id="J85">1985 </td>
      <td headers="Gesamt J85">12854 </td>
      <td headers="Rot J85">3371 </td>
      <td headers="Schwarz J85">4301 </td>
      <td headers="Gelb J85">1932 </td>
      <td headers="Grün J85">1325 </td>
      <td headers="Grau J85">1822 </td>
      <td headers="Leer J85">103 </td>
    </tr>
    <tr>
      <td id="J81">1981 </td>
      <td headers="Gesamt J81">12237 </td>
      <td headers="Rot J81">3250 </td>
      <td headers="Schwarz J81">4195 </td>
      <td headers="Gelb J81">1634 </td>
      <td headers="Grün J81">1234 </td>
      <td headers="Grau J81">1805 </td>
      <td headers="Leer J81">119 </td>
    </tr>
  </tbody>
</table>
```

Um auch die Screenreader zu unterstützen, die darauf angewiesen sind, haben wir unsere Tabelle in zweierlei Hinsicht optimiert: Einmal haben wir dafür gesorgt, dass die logischen Überschriften auch tatsächlich in der ersten Zeile bzw. Spalte stehen – leider werden diese Zeilen bzw. Spalten gern als Abstandshalter missbraucht, so dass die analysierenden Screenreader dort nicht das finden, was sie suchen. Zum zweiten haben wir in den sauren Apfel gebissen und auch die erweiterten Auszeichnungsmöglichkeiten genutzt, die HTML für tabellarische Daten bietet. Dazu gehört im konkreten Fall auch die Angabe einer kurzen summary „Tabelle Wahlergebnisse". Diese summary wird vorgelesen, wenn Screenreader entweder die ganze Seite ausgeben oder wenn der Anwender mit den dafür vorgesehenen Tastaturbefehlen von Tabelle zu Tabelle springt. Damit ist es insbesondere bei einem Tabellenlayout mit vielen Tabellen, die keine tabellarischen Daten enthalten, eine große Hilfe, um die Datentabellen zu finden.

Wenn die Tabelle allerdings – wie in unserem Fall – bereits eine eigene Überschrift hat, besteht für Screenreader-Anwender die Gefahr einer Verdoppelung. Wie man mit der damit verbundenen leichten Belästigung umgeht, greifen wir bei der Gestaltung des optimierten Relaunchs noch einmal auf – bis dahin müssen die Screenreader-User damit leben, dass sie diese Überschrift unter bestimmten Umständen doppelt bekommen.

Problem 11: Das Kontaktformular

Das „Kontaktformular" leidet, wie wir bereits festgestellt haben, darunter, dass erstens die Linearisierung ein schwer verständliches Ergebnis liefert und zweitens die Kennzeichnung der Pflichtfelder erst dann hörbar wird, wenn man das jeweilige Feld gerade verlassen hat. Das hört sich etwa so an:

*Die mit einem * gekennzeichneten Felder sind Pflichtangaben Anrede Aufklappliste Bitte wählen] Name Vorname Eingabefeld] * Eingabefeld] * Strasse Eingabefeld] * Postleitzahl Ort Eingabefeld] * Eingabefeld] * Telefon Telefax Eingabefeld] Eingabefeld] E-Mail Eingabefeld] Ihre Anfrage Eingabefeld] Schaltfläche Abschicken] Schaltfläche Eingaben löschen]*

Um da zu wissen, welcher Stern und welcher Bezeichner zu welchem Feld gehören, muss man schon ein gutes Gedächtnis haben.

Maßnahme:

```
<form method="post" action="absenden.php" alt="Kontaktformular">
  <fieldset>
    <label for="Auswahl">Anrede</label>
    <select name="anrede" id="Auswahl">
      <option selected>Bitte wählen</option>
      <option>Frau</option>
      <option>Herr</option>
    </select>
    <label for="Vorname">Vorname: </label><span>*</span>
    <input id="Vorname" type="text" size="20" name="Vorname"
    value="Vorname" onblur="if(this.value=='')this.value='Vorname';"
    onfocus="if(this.value=='Vorname')this.value='';" />
    <label for="Nachname">Nachname: </label><span>*</span>
    <input id="Nachname" type="text" size="20" name="Name"
    value="Nachname" onblur="if(this.value=='')this.value='Nachname';"
    onfocus="if(this.value=='Nachname')this.value='';" />
  </fieldset>
  <fieldset>
    <label for="Strasse">Strasse/Nr.: </label><span>*</span>
    <input id="Strasse" type="text" size="20" name="Strasse"
    title="Strasse" value="Strasse/Nr" onblur="if(this.value=='')this.
    value='Strasse/Nr';" onfocus="if(this.value=='Strasse/Nr')this.
```

```
        value='';" />
        <label for="Ort">PLZ/Ort: </label><span>*</span>
        <input id="Ort" type="text" size="20" name="Ort" title="Ort und und
        PLZ" value="PLZ/Ort" onblur="if(this.value=='')this.value='PLZ/
        Ort';" onfocus="if(this.value=='PLZ/Ort')this.value='';" />
        <label for="Telefon">Telefon: </label><span>*</span>
        <input id="Telefon" type="text" size="20" name="Telefon" title="Ihre
        Telefonnummer" value="Telefon" onblur="if(this.value=='')this.
        value='Telefon';" onfocus="if(this.value=='Telefon')this.value='';" />
      </fieldset>
      <fieldset>
        <label for="Mail">E-Mail: </label>
        <input id="Mail" type="text" size="20" name="Mail" title="Ihre
        Email" value="Mail" onblur="if(this.value=='')this.value='Mail';"
        onfocus="if(this.value=='Mail')this.value='';" />
        <label for="Nachricht">Ihre Nachricht: </label>
        <textarea cols="40" rows="6" name="Nachricht" id="Nachricht"
        title="Hier bitte Ihre Nachricht eingeben" onblur="if(this.
        value=='')this.value='Nachricht';" onfocus="if(this.
        value=='Nachricht')this.value='';">
        </textarea>
      </fieldset>
      <p>
      <input type="submit" class="button" value="Formular senden"
      alt="Formular senden" />
      </p>
    </form>
```

Um die Zugänglichkeit des Kontaktformulars provisorisch zu verbessern, haben wir uns dafür entschieden, das ohnehin etwas zweifelhafte Layout der Vorlage aufzugeben und das Formular schlicht linear aufzubauen. Die Sternchen kommen zwischen den Bezeichner und das Feld, zu dem sie gehören. In anderen Konstellationen sind vielleicht auch andere Anordnungen sinnvoll. Bezeichner (auf Englisch *label*) und Eingabefelder haben wir durch Verwendung des entsprechenden HTML-Elements label fest aneinander gebunden, da sollte jetzt zusammen mit dem linearen Aufbau nichts mehr schief gehen – auch bei älteren Screenreadern nicht. Mit fieldset können wir logische Einheiten innerhalb eines Formulars zusammenfassen. Man hat als Gestalter damit die Möglichkeit, diese auf bestimmte Weise zu stylen. Screenreader-Benutzer können zusätzlich von fieldset zu fieldset springen und erreichen somit einen schnelleren Überblick über die möglichen Inhalte des Formulars.

BITV 10.4 fordert mit Priorität II: „Leere Kontrollelemente in Eingabefeldern und Textbereichen sind mit Platzhalterzeichen zu versehen."

Diese Forderung nach einer so genannten „Vorbelegung" ist beim aktuellen Stand der Technik nicht mehr zeitgemäß – auch nicht mit Blick auf ältere und nicht der neuesten Technik entsprechende Clients.

Kritisch betrachten: Die BITV 10.4 fordert mit Priorität II: „Leere Kontrollelemente in Eingabefeldern und Textbereichen sind mit Platzhalterzeichen zu versehen."

Die mit der Vorbelegung meist einhergehende Doppelung beim Vorlesen von Feldbezeichnungen wirkt eher lästig, und andere Lösungen irritieren ebenfalls. In den aktuellen Entwürfen zur WCAG2 ist diese Forderung daher auch nicht mehr vorgesehen.

Wenn man sich, um auf jeden Fall den Buchstaben der BITV zu genügen, dennoch für eine Vorbelegung der Textfelder entschließt, sollte man auf die Hilfe von JavaScript zurückgreifen. Erhält das ausgewählte Textfeld den Fokus, kann man in es hineinschreiben. Die Vorbelegung verschwindet jedoch nicht, so dass beim Versenden des Formulars sowohl der eingegebene Text als auch die Vorbelegung an das zur Weiterverarbeitung gedachte Script übergeben wird. Dies ist natürlich wenig sinnvoll.

```
<input id="Mail" type="text" size="20" name="Mail" title="Ihre Email"
value="Mail" onblur="if(this.value=='')this.value='Mail';"
onfocus="if(this.value=='Mail')this.value='';" />
```

Der eingefügte JavaScript-Code überprüft, ob das Textfeld beim Erreichen des Fokus den vorbelegten Text beinhaltet, und löscht diesen gegebenenfalls. Steht etwas anderes in dem Textfeld, kann davon ausgegangen werden, dass es sich um eine Benutzereingabe handelt.

6.2 Zugangserschwernisse, deren Beseitigung höheren Aufwand erfordert

6.2.1 Die Startseite

Problem 12: Das Dokument ist nicht linearisierbar.

Durch den Aufbau der Seite mit Layouttabellen ist das Dokument nicht in allen Teilen korrekt linearisierbar.

Maßnahme:

Um dieses Problem zu beheben, wäre ein größerer Umbau der Seite notwendig. Dies ist in diesem Entwicklungsstadium nicht realisierbar und nur durch eine generelle Neukonzeption zu beheben.

6.2.2   Die Unterseiten

Problem 13: Das Ausklappmenü

ABBILDUNG 6.6

*Darstellung des Ausklapp-
menüs bei deaktiviertem
JavaScript und ausge-
schalteten Styles*

Das ist ein harter Brocken. Es ist uns kein bereits auf bloße Mausberührung reagie-
rendes Menü bekannt, das unter allen realistischen Clientbedingungen funktioniert,
und wir haben auch nicht unbedingt den Ehrgeiz, ein solches einzusetzen.

Wir halten die Dinger nämlich nicht für wirklich anwenderfreundlich. Oft verdeckt
der Einsatz eines Ausklappmenüs nur die Unfähigkeit oder den Unwillen zur Entwicklung einer wirklich eingängigen Informationsarchitektur, die auch ohne dieses Mittel
auskommt.

Das hier eingesetzte Menü hat immerhin den Vorteil, auf einem Umweg denn doch
noch ohne JavaScript und geräteneutral verwendbar zu sein – und zwar dann, wenn
man die Stylesheets im Browser deaktiviert. Jetzt kommt die verschachtelte Liste zum
Vorschein, die ganz ohne JavaScript alle Menüpunkte sicht- und erreichbar macht und
sie problemlos erreichen lässt.

Allerdings gilt die Aussage „problemlos" nur innerhalb eines sauberen CSS-Designs
– im Internet Explorer führt die hier verwandte Tabellenstruktur dazu, dass der Tabulator die Menüpunkte nicht erreicht. Versuchen Sie es, indem Sie im Internet Explorer
mit der Accessibility Toolbar die Styles deaktivieren. Im Firefox hat die Developer
Toolbar die gleiche Funktion.

Maßnahme:

Auch um dieses Problem zu beheben, wäre ein größerer Umbau der Seite notwendig. Dies ist in diesem Entwicklungsstadium nicht realisierbar und nur durch eine generelle Neukonzeption zu beheben

Problem 14: Die Inhalte der Wahlordnung sind unzugänglich.

Als faktisch unzugänglich erscheinen die Inhalte der Wahlordnung ja nicht nur wegen formaler Mängel der Web-Umsetzung, insbesondere wegen der fehlenden Strukturierung. Auch die Länge des Textes und seine juristische Sprache machen ihn für viele Menschen schwer verständlich oder sogar komplett unverständlich. Ein erster Verbesserungsansatz – und mehr als einen ersten Ansatz können wir für dieses Reparaturkapitel kaum empfehlen – könnte darin bestehen, die Präambel vollständig neu zu formulieren, so dass sie für weitaus mehr Menschen verständlich ist und vielfach das Lesen des ganzen Textes ersparen kann. Außerdem wäre es notwendig und möglich, den Text korrekt zu strukturieren und damit zumindest in seiner gegenwärtigen Fassung für Benutzer von Screenreadern – darunter gibt es ja auch Juristen – besser handhabbar zu machen.

Hier haben wir es erstmals mit einem Gegenstand zu tun, der normalerweise nicht in der Verantwortung eines Internetdienstleisters liegen kann: Die verständliche Formulierung von Inhalten erfordert eine besondere Qualifikation, für die man Spezialisten einsetzen sollte, die ihrerseits wieder eng mit den jeweiligen Fachleuten zusammenarbeiten.

Maßnahme:

Wir begnügen uns damit, hier einen Vorschlag für die Neuformulierung der Präambel zu machen:

Ältere Menschen wollen heute mitbestimmen, wenn über ihre Angelegenheiten beraten wird. Dafür hat Bad Seendorf einen „Seniorenbeirat" geschaffen. Die nächsten Wahlen sind im kommenden Herbst.

Im Seniorenbeirat können Menschen ab 60 Jahren mitreden, wenn es um Angebote und Leistungen der Stadt für sie geht. Aus jedem Stadtbezirk wird ein älterer Mitbürger oder eine ältere Mitbürgerin in den Beirat gewählt. Für jeden gibt es auch einen Stellvertreter, aber nur einer kann abstimmen. Partei und Religion spielen in dem Rat keine Rolle. Alle sollen ihre Erfahrungen und Kenntnisse einbringen können. Wenn Sie mitmachen wollen, rufen Sie Frau Krawutnik an oder schreiben Sie uns: Adresse.

Dieser Text erfüllt zwar noch nicht alle Anforderungen, die gelegentlich an „einfache Sprache" gestellt werden, aber er verhilft doch vielen Besuchern, die mit dem bestehenden Inhalt überhaupt nichts anfangen könnten, zu einer ungefähren Vorstellung davon, worum es geht und ob sie sich angesprochen fühlen wollen.

6.3 Ein Fazit

Einerseits wurde erreicht, dass die Seiten jetzt von Cynthia Says als weitgehend barrierefrei akzeptiert werden – soweit es die automatisch überprüfbaren Kriterien betrifft. Eine Berechtigung, jetzt ein „Barrierefrei"-Schildchen auf der Seite anzubringen, kann daraus aber noch lange nicht abgeleitet werden. Weitgehende Barrierefreiheit und Anwenderfreundlichkeit sähen anders aus, aber die größten Barrieren, die unübersteigbare Zugangshindernisse bedeuten, dürften beseitigt sein. Eine darüber hinausgehende Verbesserung ist im Rahmen des bestehenden Tabellendesigns wohl nicht sinnvoll anzugehen.

Tatsächlich muss man schon für die hier vorgenommene Verbesserung ernsthaft die Frage nach dem Verhältnis von Aufwand und Nutzen stellen. Auf unserem Bad Seendorf-Dummy mit gerade einem Dutzend handgeschmiedeten Seiten, deren Schwachstellen man genau kennt, war die „Optimierung" in vertretbarer Zeit zu leisten. Bei einem realen Auftritt mit einer dreistelligen oder größeren Zahl von Seiten sähe das schon ganz anders aus. Dort würde man sehr wahrscheinlich auch mit einem CMS konfrontiert – und daher mit dem Umstand, dass dort diverse Fehlerquellen seit der Einrichtung oder sogar schon vom Hersteller „fest verdrahtet" sind. Wir haben an einigen Stellen darauf hingewiesen. Im realen Leben würde man also meistens wesentlich früher an eine Schwelle kommen, wo mit punktuellen Reparaturen nichts mehr auszurichten ist. Dann hilft nur noch der komplette Neubau. Und genau dem wollen wir uns jetzt zuwenden.

7

KONZEPT FÜR DEN BARRIEREARMEN RELAUNCH

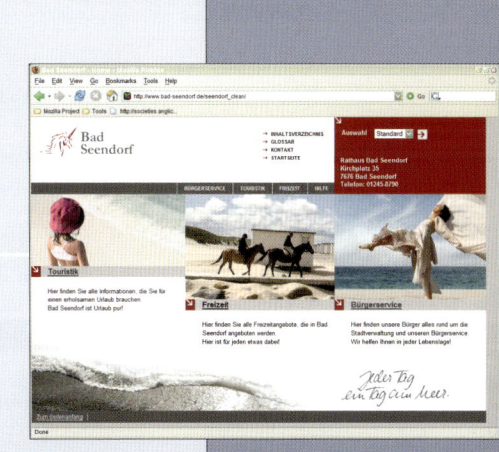

Der in Sachen Zugänglichkeit reichlich missglückte erste Webauftritt und die Erfahrungen mit der Reparatur der schlimmsten Mängel haben dem Öffentlichkeitsreferenten von Bad Seendorf – und nicht nur ihm – gezeigt, dass Zugänglichkeit sich nicht von selbst verwirklicht.

Die technischen Mittel für die Realisierung barrierearmer Webauftritte stehen zwar bereit, aber sie passen nicht immer reibungslos zueinander und auch nicht zu allen anderen Zielen eines Auftraggebers. Und möglicherweise passen sie auch nicht zu den in einer bestimmten Agentur vorzugsweise eingesetzten Arbeitsverfahren. Vor diesem Hintergrund tut jeder Dienstleister gut daran, keine vollmundigen Versprechungen, sondern realistische Einschätzungen abzugeben.

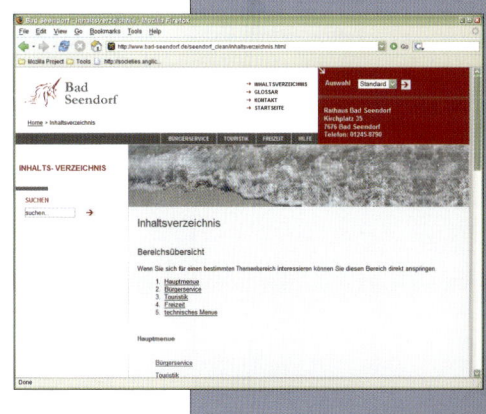

Realistisch ist: Hohe Zugänglichkeit ist machbar, jedoch nicht immer einfach und nur selten mit Standardkonzepten zu erreichen. Prozessbezogen werden immer wieder andere, auch neue Probleme auftauchen. In der Regel sind sie jedoch lösbar – allerdings nicht dadurch, dass man sie negiert oder verharmlost.

Der Öffentlichkeitsverantwortliche hat daraus die Folgerung gezogen, sich bei der nächsten Auftragsvergabe nicht nur auf das bloße grafische Erscheinungsbild des Webauftritts zu konzentrieren und sich keinesfalls damit zufrieden zu geben, wenn ihm der Dienstleister ein paar attraktive (aber leider nun mal statische) Hüllen präsentiert, die das zukünftige Aussehen der Website in den schönsten Farben demonstrieren – und sonst nichts.

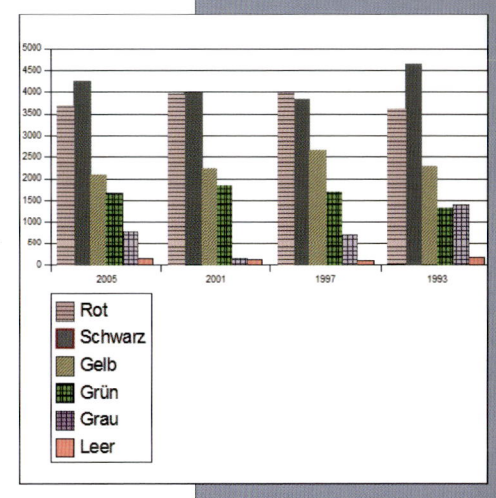

Stattdessen beschäftigt er sich mit der Erstellung eines Pflichtenhefts und vereinbart:

1. Die Erarbeitung eines begründeten Vorschlags, welchen technischen Vorgaben der Relaunch genügen soll

2. Die Ausarbeitung eines Konzeptes für die Gebrauchstauglichkeit und die Zugänglichkeit, aus dem hervorgehen soll, auf welche Weise die verschiedenen Usergruppen beim Erreichen der Inhalte unterstützt werden sollen oder können und in wieweit in bestimmten Bereichen Kompromisse gemacht werden können

3. Ein Konzept für die technische Implementierung, auf dessen Grundlage tragfähige Entscheidungen über die Beschaffung von Server-Kapazitäten und den Einsatz bzw. die Auswahl eines Content Management-Systems zu treffen sind

4. Eine Zusammenstellung über Schulungs- und Qualitätssicherungsmaßnahmen, die in Bad Seendorf intern zu treffen sind, um das Erreichen der in den Punkten 1 und 2 avisierten Ziele nachhaltig zu sichern

Er selbst wird als Erstes

◆ ein vorbereitendes Ziel- und Inhaltskonzept bereitstellen, aus dem hervorgeht, welche Ziele Bad Seendorf als Auftraggeber mit dem Projekt verbindet und welche Arten von Dokumenten oder anderen Inhalten dafür zur Verfügung gestellt werden sollen oder können.

◆ Er wird weiterhin die gemeinsame Erarbeitung eines Ablaufplanes vorschlagen, zu dem als wichtiger Punkt ein Treffen gehört (bei großen Auftritten kann es auch ein Workshop sein), bei dem auf der Grundlage von Punkt 1 bis 4 Entscheidungen über die weitere Konkretisierung getroffen werden. Dabei – und erst in diesem Stadium – wird es auch darum gehen, einige Ideen in Hinblick auf die grafische Gestaltung und die Auftragsvergabe für entsprechende Entwürfe zu entwickeln. Oftmals wird hier noch umgekehrt vorgegangen: Eine grafische Idee („Ich habe hier im Web eine tolle Seite gesehen – so will ich das für uns auch haben.") steht am Anfang und lenkt den ganzen Erstellungsprozess in eine Richtung, die sich gar nicht oder nur mit großem Aufwand mit der inhaltlichen Zielsetzung und anderen Vorgaben (z.B. BITV) vereinbaren lässt.

Da es in unserem Buch nicht um Entwurf und Entwicklung von Websites allgemein geht, sondern ganz konkret um Accessibility, können wir das hier skizzierte Programm nicht in allen Punkten ausfüllen, sondern beschränken uns auf die Elemente, die von erstrangiger Bedeutung für die Zugänglichkeit sind.

7.1   Inhaltskonzept

Das Inhaltskonzept bestätigte die bereits vorhandene Aufteilung des Webauftritts in drei Hauptbereiche:

◆ *Touristik* ist der im Wesentlichen kommerziell orientierte Bereich, in dem es darum geht, Kunden aus aller Welt für einen Besuch in Bad Seendorf zu interessieren. Ob dieser Teil überhaupt von der Kommune verantwortet werden muss oder eventuell von einem privaten Betreiber oder dem Fremdenverkehrsverein betreut wird, kann hier ebenso offen bleiben wie die Frage, inwieweit hier Zugänglichkeit nach BITV zu fordern wäre.

◆ *Bürgerservice* ist demgegenüber ganz klar Stimme und Gesicht der Gemeinde, vor allem der Gemeindeverwaltung: Online-Rathaus, Stadtinformation, Gemeindeblatt, alles in einem. Dieses „Alles in einem" hat insoweit etwas problematische Auswirkungen, als hier mit Dokumenten und sogar Anwendungen der verschiedensten Herkunft und sehr unterschiedlicher Formate zu rechnen ist.

◆ *Freizeit* steht ein wenig zwischen beiden – was abends in Kinos oder Diskotheken los ist, wollen alle im Internet erfahren können, die Einheimischen (von deren Steuergeldern der Webauftritt schließlich bezahlt wird) ebenso wie bereits angereiste oder noch vor einer Urlaubsentscheidung stehende Auswärtige.

Selbst wenn die Bundes- oder Landesgesetze die Kommunen nicht zur Erstellung barrierefreier Internetauftritte verpflichten, liegt es auf der Hand, dass Bad Seendorf sich auf gefährliches Terrain begibt, wenn nicht zumindest der Teil „Bürgerservice" tatsächlich für alle Einwohner zugänglich ist, die sich über das Internet informieren wollen. Wer möchte es schon auf eine Klage eines Behindertenverbandes ankommen lassen? Unglücklicherweise fallen jedoch gerade auch in diesem Bereich die unterschiedlichsten Dokumententypen und Formulare an. Außerdem stellt sich hier besonders scharf die Frage nach dem CMS: Bad Seendorf kann sich keine eigene Webredaktion leisten – teils macht das der Öffentlichkeitsverantwortliche zusätzlich zu seinen sonstigen Aufgaben, teils sollen Sachbearbeiter aus verschiedenen Ämtern selbst bestimmte Inhalte „ins System stellen", wo sie dann von ihrem Chef freigeschaltet werden können.

Hier treten also mehrere Probleme auf, die frühzeitig in die Konzeptentwicklung einzubeziehen sind. Sie sind im Rahmen eines Dummy-Auftritts wie dem von Bad Seenburg nicht umfassend darzustellen, aber wir wollen an dieser Stelle wenigstens einige dieser Fragen ganz deutlich ansprechen:

◆ Wer soll die Inhalte einpflegen?

◆ Welche Dokumente liegen bei uns in welchen Formaten bereit (oder werden bei uns normalerweise in bestimmten Formaten erzeugt)?

◆ Inwieweit soll es zu einer Interaktion zwischen Nutzer und Anbieter kommen? (Newsletter, Kontaktformulare, Shop etc.)

Diese und noch eine Reihe ähnlicher Fragen sind zu klären, um auch nur die technischen Anforderungen an ein Content Management-System definieren zu können.

7.2   Technische Vorgaben

Bei den technischen Vorgaben können wir es uns, gestützt auf die BITV, relativ einfach machen: Mit dem Dienstleister für die Website ist ggf. vertraglich zu vereinbaren, dass er

◆ nur Entwürfe oder Templates liefert, die standardkonformen Code nach den Vorgaben des W3C erzeugen,

◆ nur Formate einsetzt, die auf offen gelegten Techniken und Schnittstellen beruhen, und

◆ die automatisch prüfbaren ebenso wie die nicht maschinell prüfbaren Vorgaben von BITV Priorität I oder BITV Priorität I + II erfüllt.

In allen drei Fällen können Ausnahmen sinnvoll sein – sie sind aber nachvollziehbar zu begründen. Besonders gilt das im Fall der BITV, die einerseits bei Webseiten in der Verantwortung des Bundes oder in einigen Ländern einen sehr hohen Grad an Verbindlichkeit aufweist, andererseits nicht zuletzt wegen ihres Alters aber nicht in allen Fällen zielführend anwendbar ist. Das gilt insbesondere für einige der verschiedenen Vorschriften, die in der WCAG1 mit der Einschränkung „until user agents" versehen worden sind. Diese Einschränkung ist in der deutschen Fassung aus gesetzestechnischen Gründen weggefallen, so dass dort gelegentlich Umständlichkeiten gefordert werden, die wegen der inzwischen erfolgten Weiterentwicklung der „user agents" sinnlos oder sogar kontraproduktiv erscheinen.

Hier zwei Beispiele:

> *BITV 10.1 Das Erscheinenlassen von Pop-Ups oder anderen Fenstern ist zu vermeiden. Die Nutzerin/der Nutzer ist über Wechsel der aktuellen Ansicht zu informieren.*

Mit dem Erscheinen des Windows XP Service-Pack 2 können Benutzer von Webseiten Popup-Fenster blockieren und somit selbst entscheiden, ob sie diese zugelassen wollen oder nicht. Gerade für kleine Hilfetexte können diese Fenster durchaus hilfreich sein. Möchte man Tipps für die Nutzung der Seite direkt sichtbar machen, ohne dass die aktuelle Seite verlassen werden muss, sind Popup-Fenster im Moment die einzige praktikable Lösung.

> *BITV 10.4 Leere Kontrollelemente in Eingabefeldern und Textbereichen sind mit Platzhalterzeichen zu versehen.*

Diese Anforderung stammt sicherlich noch aus der Zeit, in der einige Browser das `label`-Element noch nicht unterstützt haben. Möchte man heute diese Anforderung bei korrekter Verwendung von Labels dennoch erfüllen, kommt es häufig zu unnötig redundanten Informationen. In den aktuellen Entwürfen zur WCAG2 ist diese Forderung daher auch nicht mehr vorgesehen.

7.3   Accessibility-Konzept

Das Accessibility-Konzept für Bad Seendorf beruht auf zwei grundsätzlichen Überlegungen:

◆ Die Beachtung der Webstandards – von den Sprachbeschreibungen für (X)HTML und CSS bis zur WCAG1 und BITV – sind eine unentbehrliche Grundlage der Zugänglichkeit. Das versteht sich nach unseren bisherigen Ausführungen weitgehend von selbst und muss hier nicht weiter ausgeführt werden.

◆ Diese Grundlage bedarf jedoch der Ergänzung durch ständige Kontrolle der praktischen Zugänglichkeit und Nutzbarkeit der Seiten zumindest für die Usergruppen mit bekannten Bedürfnissen – und dazu soll hier noch einiges konkretisiert werden.

7.3.1   Screenreader

Für blinde Menschen und Anwender linearisierender Wiedergabegeräte (z.B. Screenreader, Braillezeilen) ist es besonders wichtig, dass Navigationsmechanismen und Inhalte auch ohne Optik gut erkennbar gruppiert und strukturiert sind. Für sie sind Sprungmarken hilfreich, um weiter „hinten" im linearisierten Text liegende Bereiche direkt ansteuern zu können. Damit ist eine wesentliche Anforderung an die semantische Struktur des Markup vorgegeben: Das Markup soll nicht nur strukturiert sein, sondern die inhaltliche Struktur auch explizit darstellen und navigierbar machen.

7.3.2   Sehbehinderte

Für Sehbehinderte jeder Art ist es wichtig, dass Schriften vom Anwender leicht in der Größe verstellt werden können. Ebenso wichtig ist es, dass Farb- und Helligkeitsunterschiede so gestaltet werden, dass sie für eine möglichst große Benutzergruppe sichtbar sind. Die Seiten sollen daher so angelegt werden, dass sie in Gecko-Browsern über mindestens drei Vergrößerungs- und Verkleinerungsstufen „funktionieren" (150%) – damit sind auch die zwei Vergrößerungs- und Verkleinerungsstufen des IE abgedeckt. Menschen mit Gesichtsfeldeinschränkungen sehen unter Umständen sehr scharf, können aber den Bildschirm nur ausschnittsweise betrachten. Durch die Verkleinerung haben sie die Möglichkeit, wesentlich mehr Informationen in den für sie sichtbaren „Ausschnitt" zu verlagern.

Auf vielen Seiten findet man innerhalb des Quelltextes die Möglichkeit, die Schrift mittels JavaScript direkt zu vergrößern, ohne die browserinterne Funktion nutzen zu müssen. Diese Art der Schriftvergrößerung halten wir für sehbehinderte Menschen für überflüssig, da diese in der Regel gewohnt sind, mit ihrem Browser umzugehen, und die Voreinstellungen entsprechend ihren Bedürfnissen anpassen. Es gibt jedoch auch Menschen, die generell eine größere Schrift bevorzugen, aber per Definition nicht sehbehindert sind. Für diesen Personenkreis kann die Schriftvergrößerung mit JavaScript durchaus hilfreich sein, da sie sich in der Regel weniger gut mit den Einstellungen ihres Browsers auskennen.

Für Menschen mit stark eingeschränktem Sehvermögen ist eine Vergrößerung des Schriftgrades um drei Stufen oft nicht ausreichend – erfahrungsgemäß zögern jedoch viele Sehbehinderte aus nachvollziehbaren Gründen den Übergang zu nichtvisuellen Medien so lange wie nur irgend möglich hinaus. Stattdessen versuchen sie, die Schriften immer weiter zu vergrößern, bis einzelne Wörter oder Buchstabengruppen nahezu „bildschirmfüllend" dargestellt werden.

Ebenso ist es nicht möglich, Farb- und Helligkeitswerte so zu bestimmen, dass sie für alle verträglich sind. Wir haben deshalb ein leicht erreichbares „Accessibility-Stylesheet" vorgesehen, das bei stark vereinfachter grafischer Gestaltung eine praktisch unbegrenzte Skalierung und Farbkontrolle ermöglicht. Dieses Accessibility-Stylesheet erleichtert auch den Anwendern den Zugang, die die kombinierte Invertierungs- und Vergrößerungsfunktion von Windows benutzen.

In *Kapitel 2* haben wir schon auf die Möglichkeit der Bildschirminvertierung unter Windows hingewiesen. Tatsächlich gehen die Möglichkeiten dieses Modus weit über eine „Invertierung" hinaus: Der Anwender kann beliebige Farben für Schriften, Links und Hintergründe einstellen und hat außerdem die Wahl zwischen mehreren teilweise sehr starken Vergrößerungsfaktoren. Je nach Gestaltung der Seiten kann es dadurch zu unschönen und störenden Überlagerungen der Inhalte kommen. Ein alternatives Stylesheet kann in einem solchen Fall sehr hilfreich sein.

7.3.3 Motorische Behinderungen

Einige Bedürfnisse von Menschen mit motorischen Behinderungen, die z.B. keine Maus oder keine Standardtastatur verwenden können, sind bereits durch die Maßnahmen zur semantischen Strukturierung abgedeckt: So erleichtern Sprungmarken das „Durchtabben" ganz erheblich. Für Tastaturanwender ist es außerdem besonders wichtig, dass der aktuelle Fokus deutlich sichtbar gemacht wird. Für Menschen, die zwar eine Maus benutzen, aber diese nicht präzise führen können – das betrifft viele Ältere – sollen Links und Buttons nicht zu kleinteilig und deutlich voneinander abgegrenzt gestaltet werden.

7.3.4 Menschen mit Leseproblemen

Hier fassen wir einige Gruppen zusammen, die nur „Leseprobleme" gemeinsam haben, sich in anderer Hinsicht aber wieder deutlich unterscheiden. Für alle Menschen mit Leseproblemen wollen wir den Zugang zu Informationen über Bad Seendorf wesentlich erleichtern, indem wir die folgenden Maßnahmen umsetzen:

◆ Bei der Formulierung von Texten sollen bestimmte Regeln eingehalten werden, die sich auf den Generalnenner „So einfach wie dem Gegenstand angemessen" (BITV 14.1) bringen lassen.

◆ Beim Aufbau der Informationsarchitektur wird ein Mehrstufen-Konzept verfolgt, das es dem Nutzer zunächst erleichtert herauszufinden, worüber informiert wird und wie er zu diesen Informationen kommt. Hierzu sollen neben einer möglichst übersichtlichen Navigation eine Suchfunktion und eine Sitemap angeboten werden.

◆ Weiterhin sollen zu allen Gegenständen zunächst möglichst kurze Informationstexte angeboten werden, die weitgehend der oben genannten Regel „So einfach wie möglich" entsprechen.

◆ Wo das sinnvoll erscheint, können dann auf einer weiteren Stufe auch ins Einzelne gehende Informationen geboten werden, die sich an besonders Interessierte oder an Fachleute richten, von denen dann auch die Fähigkeit und Bereitschaft zum Lesen umfangreicherer Texte mit fachlicher Terminologie zu erwarten ist.

7.3.5 Gehörlose

Für Gehörlose und Schwersthörbehinderte, die daher auch Leseprobleme haben, soll über die bereits genannten Maßnahmen hinaus ein Begrüßungsvideo angeboten werden, das ihnen einige für diese Gruppe besonders wichtige Zusatzinformationen mitteilt. In *Kapitel 10.2, Multimediale Inhalte*, gehen wir auf die Problematik näher ein.

7.3.6 Hilfeseite

Ein wichtiger Bestandteil des Relaunchs soll eine Hilfeseite sein, aus der hervorgeht, welche Unterstützungsmaßnahmen für Anwender assistiver Technologie oder für Menschen mit bestimmten Handicaps getroffen worden sind. Eine solche Seite ist nur dann wirklich sinnvoll, wenn sie auch tatsächlich gefunden wird. In der Praxis kommt es immer wieder vor, dass bestimmte hilfreiche Features nicht gefunden werden, weil die Besucher gar nicht damit rechnen, dass solche Hilfen zur Verfügung stehen.

7.3.7 Abschluss

Abschließend wollen wir einige Punkte benennen, die im Accessibility-Konzept von Bad Seendorf keinen Platz gefunden haben – nicht, weil wir sie für prinzipiell unbrauchbar halten, sondern weil sie für den Webauftritt eines kleineren Ortes nicht unbedingt notwendig erscheinen und ihr wirkungsvoller Einsatz den Internet-Etat überfordert hätte. Beispiele wären etwa:

◆ eine Farbcodierung, die einzelne Bereiche der Site deutlich gegeneinander abgrenzt

◆ Piktogramme, die Menschen mit Leseschwierigkeiten oder unzureichenden Sprachkenntnissen die Wiedererkennung von Navigationspunkten erleichtern können

◆ erläuternde Animationen, die schwierige Sachverhalte leichter verständlich machen können

7.4 Implementierung

Der Knackpunkt im Zusammenhang mit der technischen Implementierung ist zweifellos die Doppelfrage: Soll überhaupt ein Content Management-System eingesetzt werden – und wenn ja, welches? Angesichts der unübersehbaren Produktvielfalt in diesem Bereich können wir zu diesem Thema zunächst nur einige sehr allgemeine Aussagen treffen, bevor es dann sehr speziell wird.

BITV 11.3
Soweit auch nach bestem Bemühen die Erstellung eines barrierefreien Internetangebots nicht möglich ist, ist ein alternatives, barrierefreies Angebot zur Verfügung zu stellen, dass quivalente Funktionalitäten und Informationen gleicher Aktualität enthält, soweit es die technischen Möglichkeiten zulassen. Bei Verwendung nicht barrierefreier Technologien sind diese zu ersetzen, sobald aufgrund der technologischen Entwicklung äquivalente, zugängliche Lösungen verfügbar und einsetzbar sind.

Die Anforderungen an den Umfang und an die Aktualität von Webauftritten sind in den letzten Jahren so angestiegen, dass sie in immer mehr Fällen nur noch mit Hilfe eines CMS zu erfüllen sind. Leider haben die Hersteller vieler CMS noch nicht ausreichend wahrgenommen, dass auch die Anforderungen an Standardkonformität und Barrierefreiheit erheblich zugenommen haben. Die meisten CMS, darunter auch viele, die „Barrierefreiheit" für sich beanspruchen, lassen in dieser Hinsicht sehr zu wünschen übrig. Die Hersteller behelfen sich dann vielfach mit dem Angebot einer automatisch generierten und angeblich barrierefreien Textversion – das ist jedoch nach BITV 11.3 nur im Notfall zulässig und hat auch sonst mehrere Nachteile.

Die Serverausstattung wird auf Dauer belastet, und die komplexen Tabellenlayouts treiben den Traffic und damit die Kosten weiter in die Höhe.

Andererseits konnten wir bei der Mitarbeit an Projekten, die auf ein tabellenbasiertes CMS zurückgreifen, auch eine erfreuliche Feststellung machen: Vielfach ist es auch bei solchen Systemen möglich, den Tabellenanteil stark oder sogar ganz zu reduzieren und die berüchtigten Linearisierungsfehler vollständig zu vermeiden. Voraussetzung dafür ist jedoch, dass man – entweder durch bereitwillige Unterstützung des Herstellers oder durch entsprechend qualifizierte Mitarbeiter im eigenen Haus – genug hoch spezialisiertes Know-how mobilisieren kann, um tief ins Innere des Systems einzugreifen und Module und Templates mehr oder weniger vollständig umzubauen. Wer zur Barrierefreiheit angehalten ist und jetzt erstmals oder neu ein CMS beschaffen muss, tut also gut daran, sich hier nicht nur auf Herstellerinformationen zu verlassen, sondern durch eigenen Augenschein zu evaluieren, wie es um die Barrierefreiheit und Standardkonformität der mit einem konkreten System generierten Webauftritte steht.

Im Rahmen unseres Beispielprojekts haben wir auf das Open Source Content Management System *Joomla!* zurückgegriffen. Die Entscheidung dafür war ziemlich einfach: Joomla! ist das System, zu dessen BITV-entsprechender Zähmung wir wirklich genug Kenntnisse haben.

7.5   Interne Maßnahmen

Neben der Abklärung der technischen Voraussetzungen wurde eine Reihe von internen Maßnahmen ins Auge gefasst, um die Barrierefreiheit des Seendorfer Webauftritts über den Tag des Relaunches hinaus sicherzustellen. Dazu zählen unter anderem:

◆ Im Rahmen einer Mitarbeiterversammlung wird neben anderen Themen die Bedeutung der Maßnahmen zur Barriereverminderung erläutert, Problembewusstsein geschaffen und an den guten Willen der Mitarbeiter appelliert. Das ist keine ganz einfache Aufgabe, da viele Beschäftigte wegen der in den letzten Jahren deutlich gesteigerten Anforderungen nur schwer zu weiteren zusätzlichen Qualifikationsmaßnahmen und anderen Anstrengungen zu motivieren sind.

◆ Eine halbtägige Schulung im „webgerechten Schreiben" für die Zulieferer der Webredaktion.

◆ Die Entwicklung neuer, sauber strukturierter Vorlagen für die Textverarbeitung in allen Bereichen der Stadtverwaltung.

◆ Alle Textproduzenten der Stadtverwaltung erhalten die Möglichkeit, an einer Schulung im Erzeugen strukturierter Dokumente teilzunehmen.

◆ Ein Mitarbeiter der Öffentlichkeitsarbeit nimmt an einem Kurs zur Erstellung von „tagged PDF" teil.

◆ Die bestehenden Arbeitsprozesse und die Qualitätssicherung werden daraufhin untersucht, inwieweit

a) die bestehende Qualitätssicherung mit eingesetzt werden kann, um die Barrierefreiheit von Dokumenten zu unterstützen, und ob

b) andererseits durch den verstärkten Einsatz von strukturierten Dokumenten Workflows optimiert und die Zusammenarbeit zwischen verschiedenen Abteilungen verbessert werden kann.

Damit sieht sich Bad Seendorf jetzt gut gerüstet, um alle erforderlichen Maßnahmen einzuleiten, damit der Relaunch seines Webauftritts zu einem Erfolg wird.

8

DAS GRUNDGERÜST – DIE BASIS JEDER SEITE

Jede Seite besteht immer aus zwei wichtigen Bestandteilen: dem äußeren Rahmen und dem eigentlichen Inhalt. Im ersten Schritt möchten wir Ihnen wichtige Informationen in Bezug auf den allgemeinen Aufbau des Grundgerüsts vermitteln. Später gehen wir dann auf die eigentlichen Inhalte unseres fiktiven Projekts Bad Seendorf ein.

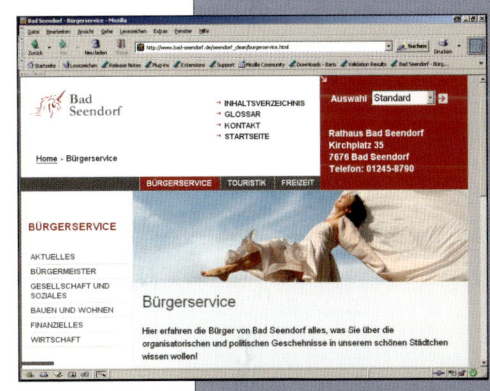

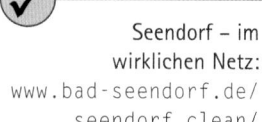

Seendorf – im
wirklichen Netz:
www.bad-seendorf.de/
seendorf_clean/

Vieles von dem, was wir im Folgenden behandeln, wird allgemein zur Usability oder zu den allgemeinsten Grundsätzen guten Webdesigns gerechnet. Wir legen auf diese Dinge im Zusammenhang mit Accessibility dennoch ganz bewusst großen Wert, und zwar aus folgenden Gründen:

◆ Bewusst gestaltete Usability ist für die Anwender von assistiven Technologien noch weitaus wichtiger als für Normaluser mit Normaltechnik. Usability-Mängel, die für Sehende und nicht von motorischen Störungen betroffene Besucher eine leicht überwindbare Belästigung darstellen, können für die Anwender von assistiven Technologien unter Umständen unüberwindliche Barrieren bedeuten.

◆ Die herkömmliche Usability legt den Schwerpunkt ihrer Aufmerksamkeit fast ausschließlich auf die visuelle Gestaltung von Webseiten – vielfach ist „Eyetracking", also die Verfolgung der Augen- und Blickbewegungen, mit denen ein Besucher über den Bildschirm geht, geradezu das Schlüsselelement von Usability-Tests und Usability-Konzepten. Dagegen wäre nichts einzuwenden, würde man dabei auch an die Anwender von nichtvisuellen Endgeräten denken. Geräteneutrales Design erfordert daher die Verwendung eines erweiterten Begriffs von Usability.

Einen prinzipiellen Widerspruch zwischen der „visuellen" und einer „allgemeinen" Usability sehen wir übrigens nicht. Die prinzipielle Trennung von Inhaltserfassung im Markup und seiner Präsentation in gegebenenfalls unterschiedlichen Designs gibt viele Möglichkeiten, unterschiedlichen Bedürfnissen gerecht zu werden. Prinzipiell lässt sich sagen, dass alle Seiten, die den Kriterien der Barrierefreiheit genügen, grundsätzlich auch die Konzepte der Usability berücksichtigen, während Seiten mit guter Usability noch lange nicht barrierefrei sein müssen.

Accessibility setzt Usability im Sinne der Benutzbarkeit voraus. Der nicht selten eingeforderte Umkehrschluss, Usability solle Accessibility voraussetzen, funktioniert nicht. Die beiden Felder unterscheiden sich insbesondere in ihrer Komplexität voneinander: Damit Usability fassbar wird, konzentriert man sich auf kleinste, möglichst präzise „Zielgruppen" (Nutzungskontext, Personas) und greift dabei auf bestimmte Instrumente und Methoden zurück. Accessibility blickt derzeit weniger auf Zielgruppen als auf eine möglichst große Allgemeinheit, die eine Website effektiv bedienen können soll. Usability wiederum fasst neben der Effektivität die Effizienz ins Auge – oftmals auch zu Lasten oder gar auf Kosten der Accessibility.

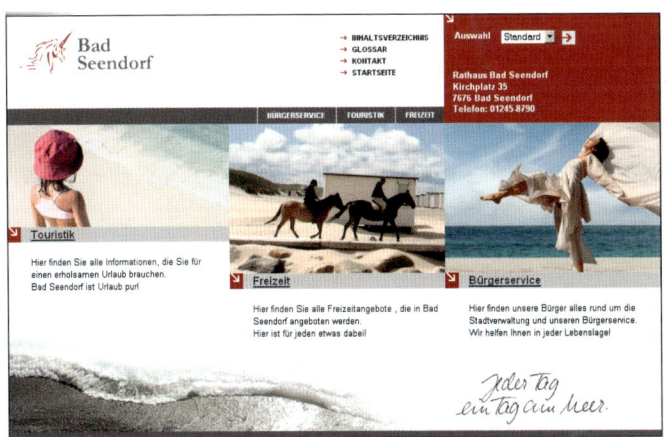

ABBILDUNG 8.1

Startseite Bad Seendorf

8.1 Ordnung und Einteilung der Inhalte

Anbieter von Inhalten neigen häufig dazu, ihre Inhalte in der Form zu strukturieren, wie sie ihnen selbst logisch erscheinen. Oft findet man eine Strukturierung, die z.B. die Abteilungsstrukturen eines Unternehmens oder die Referatsaufteilung einer Behörde widerspiegelt. Sie handeln anbieterorientiert und vergessen dabei den Benutzer.

Das ist zwar verständlich – für Außenstehende sehen die Dinge aber oft völlig anders aus. Sehen wir uns das konkret am Beispiel von Bad Seendorf an:

◆ Für die Stadtverwaltung ist es selbstverständlich, dass das Bootsmuseum im Fischereihafen, das von der Stadt finanziert wird, zur Stadtverwaltung gehört und dort auch im Internet auftauchen soll.

◆ Für auswärtige Besucher spielt das keine Rolle: Sie erwarten, dass ihnen alle Sehenswürdigkeiten auch unter „Sehenswürdigkeiten" oder einer ähnlichen Kategorie im Bereich „Tourismus" präsentiert werden – welcher Art diese Sehenswürdigkeiten sind und wer sie verwaltet oder finanziert, ist den Besuchern dabei völlig gleichgültig.

Dieses Problem der anbieter- und nicht besucherorientierten Anordnung von Inhalten taucht auf allen Ebenen auf – von der Ebene der Hauptkategorien für die Navigation (wie beim Bootsmuseum) bis hinunter zur Art der Beschreibung von Gegenständen innerhalb einer Webseite. Dort darf das Wichtigste eben nicht nach sorgfältiger Herleitung erst am Ende eines längeren Textes gebracht werden, sondern muss gleich am Anfang deutlich zeigen, warum etwas wichtig oder interessant ist. Niemand scrollt auf Verdacht durch die Seiten, und für Anwender von assistiven Technologien ist es eine üble Barriere, erst sieben Absätze anhören zu sollen, bevor der achte endlich zur Sache kommt.

Auf Seiten von Gemeinden, Verwaltungen und anderen staatlichen Informations-anbietern hat es sich vielfach eingebürgert, wesentliche Inhalte in Form der Origi-naldokumente „ins Netz" zu stellen, in der sie ohnehin in der Verwaltung vorliegen. Also findet man das Protokoll der letzten Gemeinderatssitzung als Word-Doc, das Programm der Volkshochschule als kilometerlanges PDF und die Friedhofsordnung als GIF mit exakt dem Plakat, wie es am Friedhofstor hängt. Das ist zum einen deshalb unzulässig, weil

- ◆ Doc ein proprietäres Format ist, das nicht jeder darstellen kann,

- ◆ GIF textliche Inhalte als Grafik präsentiert und von Besuchern, die keine Bilder sehen, nicht wahrgenommen werden kann,

- ◆ PDF in vielen Fällen mit assistiver Technologie nicht navigierbar und hand-habbar ist, weil die wenigsten „gerade bereitliegenden" PDFs als „tagged PDF" gestaltet sind, so dass sie zumindest elementare Anforderungen der Barrierefrei-heit erfüllen.

Für den Einsatz von „Originaldokumenten" oder „Belegen" kann man sich in der Pra-xis meistens an einem Drei-Ebenen-Modell orientieren:

- ◆ Auf der ersten Ebene – das kann eine Navigation oder eine Übersichtsseite sein, nicht unbedingt die erste Navigationsebene – erfährt der Besucher, dass es zu einem bestimmten Gegenstand überhaupt eine Information gibt. Zum Beispiel: In Seendorf muss man Hundesteuer zahlen.

- ◆ Auf der zweiten Ebene (normalerweise auf einer von der ersten Ebene aus ver-linkten Seite) erfährt man alles Wissenswerte über diesen Gegenstand: Die Töle kostet im Jahr 78,50 Euro und muss innerhalb eines Monats nach Erwerb oder Zulauf beim Bürgeramt (Telefon 123456) angemeldet werden (Bitte Personal-ausweis oder Reisepass mitbringen). Rechnung mit Angabe der Zahlstelle kommt nach der Anmeldung.

- ◆ Auf der dritten Ebene kann man dann ein „Originaldokument" bereitstellen, und wenn auf der zweiten Ebene wirklich alles Wissenswerte zur Hundesteuer in Bad Seendorf gesagt ist (z.B. dass sich der Tarif bei Haltung von zwei Kampfhun-den auf 1429,00 Euro erhöht), ist es unserer Einschätzung nach zwar nicht ideal, aber doch akzeptabel, dass dieses Originaldokument auch als Word-Doc oder PDF angeboten wird. Dann sollte man aber auf jeden Fall beim entsprechenden Link darauf hinweisen, welches gegebenenfalls unzugängliche Format dieses Dokument hat.

8.1.1 Schwerpunkte

◆ Für die Darstellung der Informationen kommt es nicht darauf an, wie eine Einrichtung oder ein Unternehmen sich selbst sieht (anbieterorientiert), sondern darauf, wie die Besucher (vermutlich) an sie herangehen.

◆ Inhalte sollten besucherfreundlich (besucherorientiert) strukturiert sein – und keine Vorkenntnisse voraussetzen.

◆ Beim Angebot von „Originaldokumenten" soll das beschriebene „Drei-Ebenen-Modell" beachtet werden.

8.1.2 Testmöglichkeiten

Es ist angebracht, bereits in der Konzeptionsphase einer Website umfangreiche Tests mit außenstehenden potenziellen Anwendern, insbesondere mit Behinderten der verschiedensten Kategorien, durchzuführen, um zu überprüfen, ob die dem Aufbau zugrunde gelegten Annahmen über das Nutzerverhalten bestätigt werden. Praktisch ist dieser Aufwand nur in seltenen Fällen realisierbar. Umso wichtiger ist es, Mechanismen vorzusehen, um Meinungen, Anregungen oder Beschwerden von behinderten und nicht-behinderten Usern einzuholen.

Das kann zum einen über das Angebot einer Rückmeldungsmöglichkeit auf der Website selbst geschehen. Ein ausführlicheres Bild erhält man, wenn eine Verwaltung ihre Mitarbeiter mit Öffentlichkeitskontakten anweist, Besucher gegebenenfalls direkt darauf anzusprechen, ob sie das Internet genutzt haben und auf welche Probleme sie dabei gestoßen sind. Ein Merkblatt mit einigen wenigen zielgerichteten Fragen kann dabei sehr hilfreich sein.

Dieses Vorgehen ist allerdings nur da zu rechtfertigen, wo das Internet nicht den einzigen Zugang zu Behördeninformationen oder zum Anstoß von Verwaltungsvorgängen darstellt. Sollten Verwaltungen tatsächlich dazu übergehen, bestimmte Abläufe mit Hilfe von Kiosksystemen oder anderen öffentlich zugänglichen Terminals vollständig auf das Internet zu verlagern, gibt es keine Alternative zu umfassenden Tests mit allen denkbaren Usergruppen vor der Inbetriebnahme solcher Systeme.

8.2 Trennung von Inhalt und Darstellung

Die möglichst weitgehende Trennung des Inhalts von den verschiedenen Arten der Darstellung ist die Grundlage jedes Designs, das einerseits geräteunabhängig dargestellt und andererseits auch verschiedenen Anforderungen der User angepasst werden kann.

Die technische Grundlage dafür ist die Tatsache, dass die überwiegende Mehrheit der heute eingesetzten Browser einigermaßen zuverlässig mit Stylesheets umgehen kann.

BITV 3.3

Es sind Stylesheets zu verwenden, um die Text- und
Bildgestaltung sowie die
Präsentation von mittels
Markup-Sprachen geschaf-
fener Dokumente zu beein-
flussen.

BITV 6.1

Es muss sichergestellt
sein, dass mittels Markup-
Sprachen geschaffene
Dokumente verwendbar
sind, wenn die zugeord-
neten Stylesheets deakti-
viert sind.

Das war nicht immer so: Wer vor fünf oder erst recht vor zehn Jahren (die Veröffentlichung von CSS1 erfolgte im Dezember 1996) den Webseitenbau gelernt hat, musste
an der Unzuverlässigkeit der Wiedergabe der Styles bei verschiedenen Browsern ver-
zweifeln und hatte praktisch keine andere Möglichkeit, als Designtabellen einzusetzen.
Das ist heute nicht mehr so. Wer immer noch mit Layouttabellen arbeitet, verwendet
eine überholte und in den meisten Fällen nicht mehr zu rechtfertigende Technik und
sollte umlernen.

Der Einsatz von Stylesheets erlaubt es, den Inhalt einer Webseite ohne Rücksicht auf
die Darstellungsweise mit einer Markup-Sprache zu codieren. Die Darstellungsweise
wird in Stylesheets festgelegt. Dies kann in einem oder mehreren getrennten und
teilweise auch vom User wählbaren Stylesheets geschehen. Ohne Stylesheets ist auch
mit einem grafischen Browser der Inhalt sinngemäß aufzunehmen – mit Stylesheets
ist eine allen Anforderungen des audiovisuellen Zeitalters entsprechende Darstellung
möglich.

Auf vielen Webseiten werden bereits mehrere vom User wählbare Styles angeboten,
die sich z.B. im Farbschema unterscheiden und damit Menschen, die bestimmte
Farbkombinationen schlecht wahrnehmen können, eine Wahlmöglichkeit eröffnen.
Damit lassen sich zumindest einige Probleme für Menschen mit Sehbehinderungen
abfangen. Ein anderer sinnvoller Einsatz von Style-Alternativen besteht darin, ein
Accessibility-Stylesheet anzubieten, das nicht nur ein möglichst neutrales Farbschema
einsetzt, sondern auch auf Positionierungen weitgehend oder ganz verzichtet und
damit Menschen mit starker Fehlsichtigkeit eine nahezu unbegrenzte Vergrößerung
des Schriftbildes erlaubt.

Bei entsprechendem technischen Einsatz (Verwendung der ursprünglich zur
Steuerung der akustischen Ausgabe vorgeschlagenen, praktisch jedoch nicht
implementierten „aural"-Styles und hochentwickelten Hörbrowser) wäre mit Stylesheets auch eine akustische Wiedergabe des Inhalts möglich, bei der z.B. verschiedene
Stimmen, die aus verschiedenen Richtungen erklingen, nahezu Hörspielqualität erreichen. Die Entwickler akustischer Clients haben diese Möglichkeiten bisher allerdings
nicht aufgegriffen. Ebenso wäre auch eine Weiterverarbeitung des Informations-
stromes mit einer Software denkbar, die einen Avatar für Gebärdensprache auf den
Bildschirm bringt. Entsprechende Versuche haben allerdings wegen der bekannten
Probleme der elektronischen Sprachverarbeitung bisher keine sehr ermutigenden
Ergebnisse erbracht.

Als letzte Anregung für den Einsatz von Stylesheets sei hier auf die Möglichkeit verwiesen, dass Verbände von Menschen mit Sehbehinderungen ihre Mitglieder beim Einsatz
von mehr oder weniger individuell ausgelegten „User-Stylesheets" unterstützen können. Solche Stylesheets lassen sich mit geringem Aufwand für alle Browser einbinden
und geben mit einem Schlag allen standardkonform gebauten Seiten (und leider nur
diesen) die Farb- und Schrifteinstellungen, die den Anforderungen eines bestimmten
Users entsprechen.

8.2.1 Schwerpunkte

◆ Inhalt und Darstellung sind zu trennen.

◆ Stylesheets erlauben unterschiedliche Darstellungsweisen – nicht nur auf dem Bildschirm.

◆ Das reine Markup ist vielfältig weiterverarbeitbar.

8.2.2 Wie sieht es in Bad Seendorf aus?

Auf „Bad Seendorf (neu)" haben wir die Trennung von Content und Darstellung so konsequent wie möglich durchgeführt.

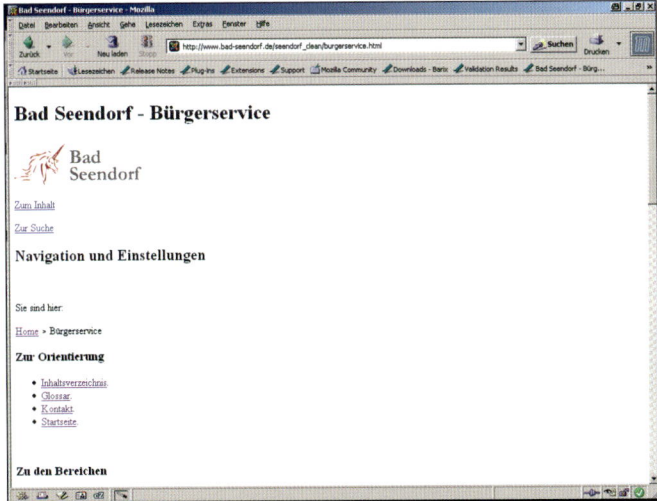

ABBILDUNG 8.2

Ausschnitt der Website von Bad Seendorf ohne Styles

Ohne Styles zeigt der Bildschirm den Inhalt in schmuckloser, aber durchaus verständlicher Form an. Ungefähr so wird er auch in einem Hörbrowser dargestellt. Damit ist sichergestellt, dass der Inhalt in nahezu allen HTTP-Clients verständlich wiedergegeben werden kann. Ausnahme sind einige Clients für Mobile-Devices, die entgegen den Vorgaben der Standards nicht nur Style-Angaben für „handheld" auswerten und alle anderen ignorieren, sondern unterschiedslos alle Stylesheets einlesen und damit auf ihrem Minibildschirm ein erhebliches Durcheinander anrichten können.

BITV 3.4
Es sind relative anstelle von absoluten Einheiten in den Attributwerten der verwendeten Markup-Sprache und den Stylesheet-Property-Werten zu verwenden.

Allerdings wissen die meisten Anwender nicht, dass oder wie sie die Styles ausschalten können – tatsächlich wäre es einigermaßen abwegig, bei den Besuchern der Seiten Vertrautheit mit dem Konzept der Trennung von Content und Präsentation vorauszusetzen. Wir haben deshalb an prominenter Stelle einen Styleswitcher eingebaut, mit dem die Besucher die Darstellung verändern können.

ABBILDUNG 8.3

Styleswitcher für Bad Seendorf

Auf diese Möglichkeit ist in der Hilfeseite so deutlich wie nur irgend möglich hinzuweisen. Außerdem wäre es sinnvoll, hier eine sprechendere Bezeichnung als „Auswahl" zu verwenden – „Darstellung" wäre schon einmal besser. Es ist wünschenswert, dass sich hier möglichst bald eine Konvention entwickelt, auf deren Grundlage die Besucher das Vorhandensein und die Funktion eines Styleswitchers besser erkennen können.

Der Styleswitcher von Bad-Seendorf bietet keine Spielerei nach Art des bekannten http://www.css-zengarden.com, sondern er ersetzt das grafisch gestaltete Design durch eine stark vereinfachte Darstellung. Durch den weitgehenden Verzicht auf Positionierungen erlaubt diese die nahezu unbeschränkte Vergrößerung der Schrift und erleichtert es auch Menschen mit sehr starken visuellen oder motorischen Behinderungen, Links zu erkennen und mit Maus oder Tastatur zu betätigen.

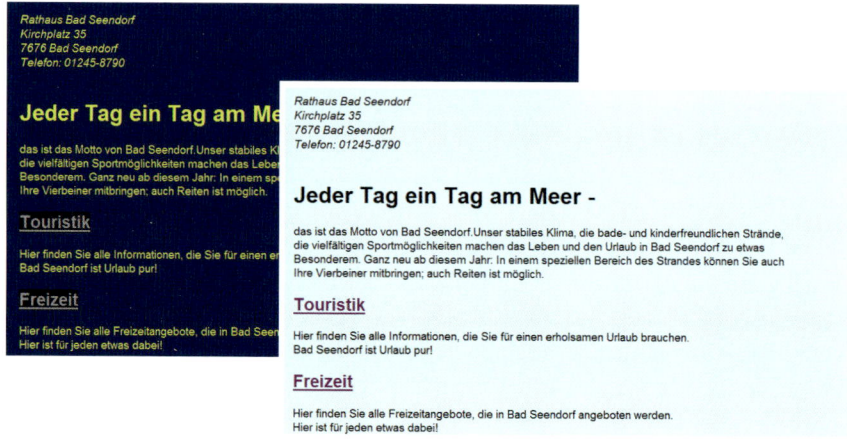

Wir bieten diese alternative Darstellung in zwei Farb-/Kontrastvarianten an, die den Sehgewohnheiten vieler, wenn auch nicht aller Sehbehinderter entgegenkommen: „Hochkontrast" liefert genau das, was der Name verspricht, und zwar in der von vielen Sehbehinderten bevorzugten Farbkombination „Gold auf Blau". „Türkis" (uns ist kein passender Begriff für „mit niedrigem Kontrast" eingefallen) hält die Kontraste eher flach und soll einer zu starken Beanspruchung ohnehin ständig höchst angestrengter Augen vorbeugen.

Ein solcher Styleswitcher bietet übrigens auch einen gangbaren Weg, JavaScript-Menü-konstruktionen wie die auf Seendorf_alt eingesetzten für Anwender assistiver Technik oder an Arbeitsplätzen ohne JavaScript zugänglich zu machen: Das Menü erscheint in jedem Fall als vollständig ausgeklappte verschachtelte Liste und kann dann auch mit der Tastatur navigiert werden.

Allerdings ist auch hier eine Einschränkung angebracht: Ausklappmenüs werden bevorzugt dort eingesetzt, um Komplexität zu verbergen, wo zahlreiche Menüpunkte in verschiedenen Ebenen angeboten werden sollen. Wenn diese Menüpunkte dann doch wieder alle gleichzeitig erscheinen, entsteht leicht ein unübersichtlicher Band-wurm von Links, der insbesondere im Screenreader kaum zu beherrschen ist. Es ist also in jedem Fall besser, Komplexität durch eine entsprechende Informationsarchi-tektur real zu reduzieren, als sie nur durch Aufklappmenüs vor den Augen sehender Besucher zu verbergen.

Alle denkbaren Bedürfnisse zu berücksichtigen wäre allerdings unmöglich, es müssten zu viele unterschiedliche Styles angeboten werden. In der Praxis ist außerdem davon auszugehen, dass Menschen mit sehr spezifischen Anforderungen wissen, wie sie die Darstellung auf ihrem persönlichen System ihren ganz besonderen Anforderungen entsprechend beeinflussen können. Für diejenigen, die es nicht wissen, haben wir einen entsprechenden Hinweis in die Hilfe aufgenommen – machen uns aber keine Illusionen darüber, dass solche Hilfen auch umfassend genutzt werden.

Wir haben darauf verzichtet, eine Schriftgrößenverstellung als Bestandteil der Seiten-funktionalität anzubieten. Wir halten es für wenig sinnvoll, wenn auf vielen Webauftrit-ten an jeweils unterschiedlicher Stelle und mit teilweise unterschiedlichen Symbolen eine Verstellmöglichkeit nachgebildet wird, die bereits im Funktionsumfang aller grafischen Browser enthalten ist. Die Schriftgrößenverstellung ist beim MS IE zwar auf einen rela-tiv kleinen Bereich beschränkt, das wird aber durch umfangreiche Möglichkeiten zur Größenveränderung auf der Ebene des Betriebssystems wieder kompensiert.

Wir halten es für sinnvoller, durch Hinweise auf Hilfeseiten und durch Aufklärungs-arbeit auf den verschiedensten Ebenen – z.B. auch seitens der Behindertenverbände – die Nutzung von allgemein verfügbaren Möglichkeiten zu unterstützen, als diese Funktionalität auf einzelnen Webseiten mit mehr oder weniger aufwendigen (und oft unzuverlässigen) Mitteln zu verdoppeln.

Es gibt aber auch Stimmen, die den Einsatz einer seiteninternen Vergrößerungsfunk-tion mit JavaScript fordern. Der Grund besteht darin, dass es Menschen gibt, die im eigentlichen Sinne nicht als „sehbehindert" gelten, sondern einfach größere Schriften besser lesen können. Diese Personengruppe kennt sich in der Regel nur begrenzt mit den internen Browserfunktionalitäten aus. Ihnen ist häufig überhaupt nicht bekannt, dass sie mittels der Browsereinstellungen die Größe der dargestellten Schrift verän-dern können. Die große Herausforderung in Bad Seendorf bestand darin, semantisch logische Strukturen auch gestalterisch nachzubilden sowie eine Skalierung der Inhalte zu ermöglichen.

Generell haben wir uns weder für ein absolut festes noch ein fluides Layout entschieden, sondern haben beide Konzepte miteinander verbunden. Damit lässt sich erreichen, dass der Inhalt auch bei sehr hohen Pixeldichten, wie sie neuerdings immer öfter auf den Bildschirmen von Laptops eingesetzt werden, noch lesbar bleibt. Die Seite lässt sich somit bis auf 640 px zusammenschieben und wird nicht breiter als 980 Pixel; dabei bleibt der Inhalt auch bei Verwendung von größerer Schrift auf kleinem Bildschirm zugänglich. Um das zu ermöglichen, benötigen die einzelnen Seitenbereiche gestalterisch ein wenig Luft, damit sich die Inhalte bei einer Vergrößerung der Schrift ausdehnen können. Für Anwender, die sehr große Schriften benötigen, bietet das Accessibility-Stylesheet alle Voraussetzungen.

ABBILDUNG 8.5

*Bad Seendorf –
Bürgerservice mit Mozillas
Schriftvergrößerung um
150% (1024 x 768)*

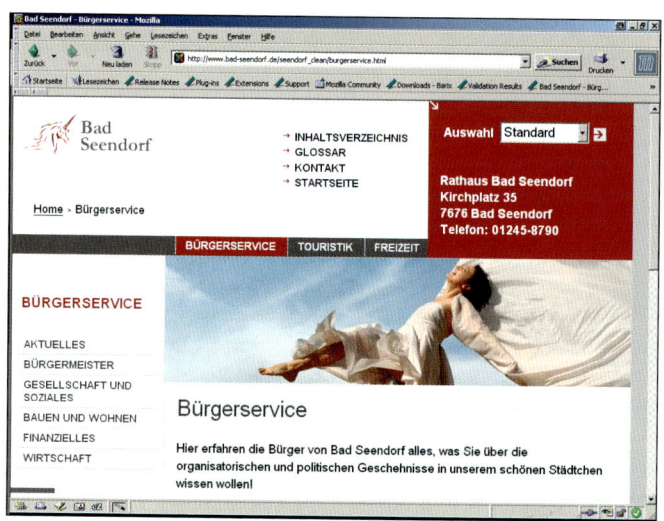

8.3 Das Markup und das Konzept der Linearisierung

8.3.1 Sauberes Markup

Auf der Grundlage der Trennung von Inhalt und Präsentation ist es möglich, das Markup so durchzustrukturieren, dass seine formale Struktur der inhaltlichen Struktur weitgehend entspricht. Das heißt,

◆ dass alle Elemente eines Dokuments in der richtigen und logischen Reihenfolge im Quelltext angeordnet sind – unabhängig davon, ob sie später auf einem Bildschirm neben- oder untereinander erscheinen.

◆ dass alle Elemente so ausgezeichnet sind, wie das ihrer Stellung und Bedeutung im Dokument (= Semantik) entspricht: Überschriften als Überschriften, Absätze als Absätze, Zitate als Zitate, Adressen als Adressen, Tabellendaten als Tabellendaten usw. Damit ist es möglich, das Dokument automatisch auf die verschiedenste Weise weiterzuverarbeiten, nicht zuletzt eben auch für eine möglichst komfortable Wiedergabe in einem Screenreader.

Andere Aufbereitungsweisen beobachten wir bei der Verarbeitung in Suchmaschinen oder durch „intelligent agents".

Leider sind die semantischen Qualitäten von (X)HTML ziemlich schwach entwickelt und darüber hinaus inkonsequent ausgelegt. Das gilt nicht nur für Hypertext, wo wir uns mit einem nicht besonders leistungsfähigen Anker begnügen müssen, sondern auch schon für ganz normalen Text in der Gutenberg-Tradition. Wir haben zwar sechs Ebenen für Überschriften und drei Kennzeichnungsarten für Zitate, aber keine Möglichkeit, Anmerkungen oder Fußnoten adäquat zu markieren. Unter dem Aspekt der Accessibility ist es besonders ärgerlich, dass wir einem Bild zwar einen Alternativ-Text und erforderlichenfalls auch einen `title` mitgeben können – aber keine Möglichkeit haben, den viele Bilder begleitenden sichtbaren Bildtext eindeutig zu kennzeichnen und mit einem Bild zu verknüpfen. Bei Eingabefeldern in Formularen ist dagegen eine solche Verknüpfung über das Element `label` möglich.

Die zweite Fehlstelle in (X)HTML zeigt sich darin, dass moderne Webseiten längst nicht mehr die einfachen Dokumente sind, an die man bei der Entwicklung von HTML zunächst dachte.

BITV 3
Markup-Sprachen (insbesondere HTML) und Stylesheets sind entsprechend ihrer Spezifikationen und formalen Definitionen zu verwenden.

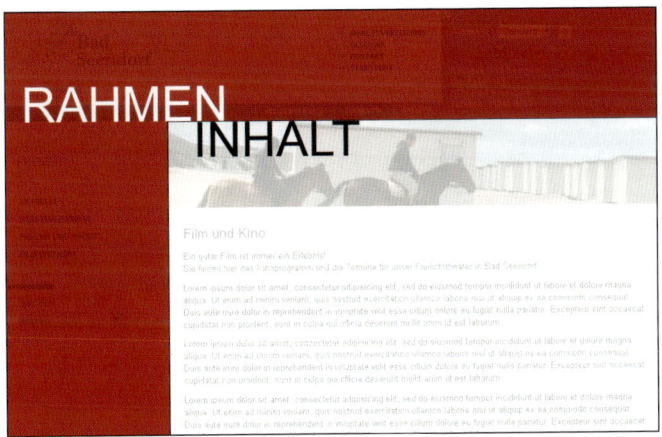

ABBILDUNG 8.6

Das Konzept von Rahmendokument und innerem Dokument

Aktuelle Webseiten bestehen fast immer aus zwei verschachtelten Bestandteilen:

◆ einem „Rahmendokument", das die verschiedenen Navigationen und technischen Mittel enthält, um eine Seite in einen umfangreicheren Webauftritt und ins ganze Internet einzubinden, und

◆ einem „inneren Dokument", das den eigentlichen Inhalt enthält. Auf vielen Seiten ist dieses „innere Dokument" aber auch wieder kein einheitliches Dokument, sondern ein – von der Funktionalität her durchaus sinnvolles – Sammelsurium von Überschriften, Einzelsätzen, Vorspännen (Teasern), Medienobjekten, Linklisten, Einzellinks usw. Auf den Seiten der großen Webportale der Medien oder großer Unternehmen kann man diese Vielfalt in ihrer ganzen Pracht beobachten.

Bei solchen „komplexen Dokumenten" können enorme Strukturierungsprobleme (z.B. bei der Markierung von Überschriften) auftreten, die mit dem vorhandenen Instrumentarium keinesfalls in der wünschenswerten Weise zu lösen sind. XHTML 2 verspricht zwar Lösungen für einige dieser Probleme, die aber erst in vielen Jahren praktisch verwendbar sein werden. Da wir mit der Entwicklung zugänglicher Webseiten nicht so lange warten können, müssen wir vielfach Hilfskonstruktionen einsetzen, die immer wieder dem Geist der „reinen" Semantik widersprechen. Eine der wichtigsten dieser Hilfskonstruktionen stellen wir in *Abschnitt 8.3.4* über die Sprungmarken vor.

8.3.2   Welche Version der Markup-Sprache?

Eine andere Frage, die in der Praxis oft zu Unsicherheiten führt, ist die, welche Version der Markup-Sprache (X)HTML man am sinnvollsten einsetzt.

Zur Auswahl stehen sinnvollerweise lediglich HTML 4.01 und XHTML 1.0 – jeweils in den Geschmacksrichtungen *transitional*, *strict* und *frameset*. Die BITV spricht sich in Bedingung 11.1 gegen den Einsatz anderer Versionen als der „jeweils aktuellen" aus.

XHTML1.1 ist nicht die neueste Version von XHTML, sondern eine nicht praxisreife Zwischenversion auf dem langen Weg zu XHTML 2.0. XHTML 1.1 verlangt die Auslieferung mit dem MIME-Type „application/xhtml", kann aber in der Praxis noch nicht mit diesem MIME-Type ausgeliefert werden, weil zumindest die Internet Explorer bis Version 6 einschließlich damit nicht umgehen können.

Aus dem gleichen Grund kann auch XHTML 1.0 nicht, wie es eigentlich sinnvoll wäre, als „application/xhtml" ausgeliefert werden – aber für diese Version gibt es im Standard eine Regelung, die auch die Auslieferung als „text/html" gestattet.

Der Unterschied zwischen HTML 4.01 und XHTML 1.0 wird oft überschätzt: Nach Sprachumfang und Leistungsfähigkeit stimmen beide genau überein und unterscheiden sich nur in einigen Formalien. Eine automatische Konvertierung zwischen HTML 4.01 *strict* und XHTML 1.0 *strict* ist jederzeit möglich.

HTML 4.0 strict:

```
<!DOCTYPE HTML PUBLIC „-//W3C//DTD HTML 4.0//EN"
        "http://www.w3.org/TR/REC-html40/strict.dtd">
```

XHTML 1.0 strict:

```
<!DOCTYPE html PUBLIC "-//W3C//DTD XHTML 1.0 Strict//EN" "http://www.
w3.org/TR/xhtml1/DTD/xhtml1-strict.dtd">
```

Bedeutender ist für beide Sprachen der Unterschied zwischen der *strict*-Version auf der einen Seite und den *transitional*- und *frameset*-Ausgaben auf der anderen Seite. *Transitional* erlaubt die Verwendung von nicht mehr empfohlenen oder missbilligten Sprachelementen – was allerdings nach BITV 11.2 unzulässig ist. Der Einsatz von Frames ist zwar zulässig – soweit dabei die Anforderungen von BITV 12 erfüllt werden – er ist jedoch in der Regel nicht mehr notwendig und sollte nach Möglichkeit unterbleiben.

Als im Regelfall einzusetzende Markup-Sprache bleiben damit HTML 4.01 und XHTML 1.0 in der Version *strict*. Ein „Rückfall" auf die Versionen *transitional* oder *frameset* ist nur in Ausnahmefällen notwendig oder sinnvoll. Die Frage HTML oder XHTML ist nicht den geradezu sektenhaften Eifer wert, mit dem sie gelegentlich diskutiert wird. Wenn ein bereits zufrieden stellendes Content Management-System „nur" HTML 4.01 kann, ist das kein Grund, ein neues anzuschaffen. Es gibt viele Gründe, mit einem vorhandenen CMS unzufrieden zu sein – die Frage „X oder nicht?" gehört nicht dazu.

Mit der Entscheidung für die *strict*-Version ist im Prinzip auch schon die vollständige Trennung von Content und Präsentation festgelegt – bei *strict* bemängelt der Validator jede dahingehende Vermischung als Fehler. Es kann aber nichts schaden, sich auch über diese Vorgabe noch einmal explizit zu verständigen. Bei dieser Gelegenheit kann man denn auch gleich festlegen, dass Stylesheets nach der Sprachversion CSS 2.1 zu schreiben sind. Von dem Gebrauch von Elementen der Version CSS 3 ist abzuraten: Erstens gibt es praktisch noch keine Sprachelemente, die wirklich von allen relevanten Clients ausgewertet werden, und zweitens ist Version 3 noch weit von der Beschlussfassung entfernt; Änderungen sind möglich.

Kurzes Fazit für den Relaunch von Bad Seendorf: Wir bauen die neue Version mit XHTML 1.0 und CSS 2.1 bei voller Trennung von Content und Präsentation.

8.3.3 Das Konzept der Linearisierung

Der Bildschirm erscheint als Fläche, und die Gestaltung von Webseiten wird seit Jahren überwiegend von „Gestaltern" vorgenommen, die ihr Handwerk bei der Gestaltung von Flächen auf Papier gelernt haben. Im Prinzip ist das eine gute Sache – die frühen Internetseiten, die von Informatikern gestaltet (oder besser gesagt, eben nicht gestaltet) wurden, sind für Menschen, deren Wahrnehmungsgewohnheiten im audiovisuellen Zeitalter geprägt wurden, außerordentlich unattraktiv.

Die Notwendigkeit zu einer gestalteten Präsentation auf der Fläche des Bildschirms ändert aber nichts daran, dass der Bildschirm nicht das einzige Ausgabemedium für Webinhalte ist und dass die meisten anderen Ausgabeverfahren nicht an der Fläche orientiert sind, sondern linear vorgehen. In der linearen Form stehen all die Hilfsmittel wie Spalten, Farbflächen, oben oder unten nicht zur Verfügung. Beim Screenreader gibt es auch keine unterschiedlichen Fonts und auf der Braillezeile noch nicht einmal laut oder leise – nur das endlose Band der Schrift, ein Wort nach dem anderen. Zahlreiche „mobile devices" benutzen übrigens ebenfalls Ausgabeverfahren, die zwar Bilder darstellen, ansonsten aber weitgehend linear arbeiten.

Da trifft es sich gut, dass „ein Wort nach dem anderen" letztlich auch das Grundprinzip jedes Schreibens und auch jedes Markups ist: Wenn Inhalte so, wie es eigentlich nahe liegt, durchdacht linear angeordnet in Markup umgesetzt werden, erhält man automatisch einen Datenstrom, der auch „so, wie er ist" sinnvoll aufgenommen und weiterverarbeitet werden kann.

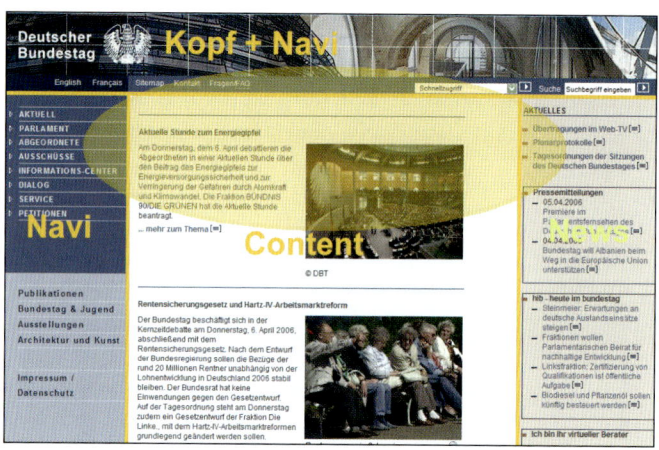

ABBILDUNG 8.7

Die Seite des Deutschen Bundestages. Der markierte Bereich ist der Bereich, der die besondere Aufmerksamkeit des Betrachters erhält.

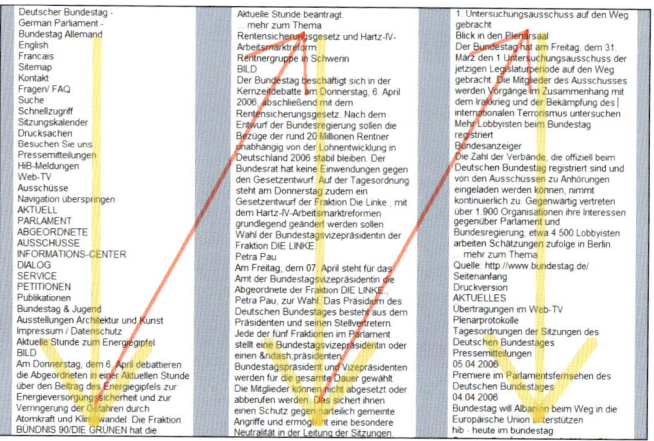

ABBILDUNG 8.8

Linearisiert sieht die Seite des Bundestages allerdings völlig anderes aus.

Voraussetzung dafür ist allerdings, dass linear sinnvoll angeordneter Text tatsächlich das Ausgangsmaterial bildet und die für den Bildschirm notwendige Anordnung in der Fläche in einem grafischen Layout völlig davon getrennt erfolgt. Beim umgekehrten Herangehen – zuerst Anordnung von Inhaltseinheiten in der Fläche und anschließende Umsetzung in eine lineare Folge – entsteht mit größter Wahrscheinlichkeit ein Datenstrom, der ohne die Fläche kaum oder gar nicht sinnvoll zu verstehen ist.

8.3.4 Wozu wir Sprungmarken brauchen

Die lineare Darstellung von Inhalten hat allerdings einen großen Nachteil: Unter Umständen muss man einen sehr weiten Weg zurücklegen, um zu „hinten" liegenden Inhaltsbereichen zu kommen. Auf dem Bildschirm können bei einem Drei-Spalten-Layout dagegen mehrere Bereiche „oben" zumindest anfangen, und das Auge kann gleich dorthin springen, wo es – durch visuelle Hilfen unterstützt – die gerade interessierende Information vermutet. Abhilfe bietet hier das Konzept der Sprungmarken. Es bildet faktisch ein nicht visuelles Gegenstück zum grafischen Layout und ermöglicht es dem Anwender linearer Wiedergabegeräte, wesentliche Inhaltsbereiche bereits am Anfang der Seite zu identifizieren und dann unmittelbar dorthin zu springen, wo er die Informationen vermutet, die ihn interessieren.

Wesentliche Inhaltsbereiche – das können die Navigationen sein, der Hauptinhalt, eine Spalte mit Nachrichten, eine Linkliste, eine Sucheingabe, ein Formular – die Aufzählung ist keinesfalls abschließend. Für Seiten mit vielfältigen Inhalten, die „komplexe Dokumente" (wie oben besprochen) darstellen, kann es sinnvoll sein, alle Hauptbereiche auf diese Weise anspringbar zu machen.

Auf jeden Fall sollten diese Hauptbereiche Überschriften einer einheitlichen Hierarchiebene (h1 oder h2) erhalten, damit sie auch mit Clients (wie einigen Screenreadern) navigiert werden können, die diese Hierarchie auswerten. Vor sehenden Besuchern können diese Überschriften mit geeigneten Mitteln verborgen werden. Für sie bringt es nichts, wenn über jeder Navigation steht, ob es eine Hauptnavigation oder eine Bereichsnavigation ist – das wird bereits durch das Design verdeutlicht. Für hörende Besucher ist es dagegen extrem wichtig zu erfahren, ob eine Folge von Links, die sich möglicherweise sogar noch bruchlos aneinander anschließen, zu einer Hauptnavigation, einer Nebennavigation, einem technischen Menü oder einer schlichten Linkliste gehören.

BITV 3.5
Zur Darstellung der Struktur von mittels Markup-Sprachen geschaffener Dokumente sind Überschriften-Elemente zu verwenden.

Praktisch läuft der Einsatz von Sprungmarken darauf hinaus, an den Anfang jeder Seite noch einmal ein zusätzliches Menü für die seiteninterne Navigation zu stellen. In den meisten Fällen wird es sinnvoll sein, dieses Menü im grafischen Layout auszublenden – für sehende User ist es mitunter höchst irritierend, wenn sie einen Link betätigen, aber es geschieht (scheinbar) nichts, weil das Linkziel ja bereits im Viewport sichtbar ist. In jedem Fall sollte das „Übersprungsmenü" nicht zu lang und sehr durchdacht aufgebaut sein, weil es ja unter den Bedingungen der Linearisierung selbst ebenfalls zur Verlängerung und Verkomplizierung des Wahrnehmungspfades beiträgt. Im Allgemeinen dürfte es empfehlenswert sein, als erstes Sprungziel „Zum Hauptinhalt" anzubieten – dann haben Stammbesucher, die sich auf einer Site auskennen und die Navigation gezielt handhaben, den kürzesten Weg dorthin, wo sie tatsächlich hinwollen.

Spätestens hier wird deutlich, dass insbesondere Seiten mit komplexeren Inhalten nicht nur ein grafisches Layout benötigen, sondern auch ein „Content-Design", das darauf abzielt, den Seiteninhalt in einer Form anzuordnen, die für Anwender linearisierender Clients keine überflüssigen Barrieren enthält.

8.3.5   Wie sieht es in Bad Seendorf aus?

ABBILDUNG 8.9

*Bad Seendorf
– Bürgerservice*

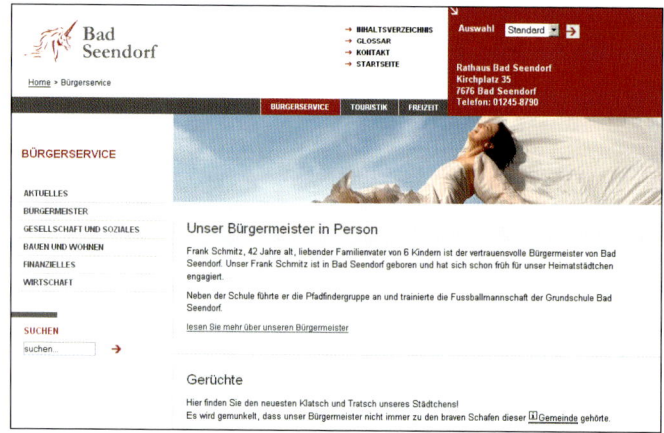

Die Seite von Bad Seendorf ist auf den Unterseiten gestalterisch in drei Bereiche unterteilt:

◆ Der Seitenkopf beinhaltet Informationen über den Seitenbetreiber, die technische Navigation, die inhaltliche Navigation sowie den Styleswitcher.

◆ Im linken Bereich findet man auf den Unterseiten die Suchfunktion und die Hauptnavigation.

◆ Der restliche Platz ist für den eigentlichen Inhalt reserviert.

Für sehende Besucher ist diese Art der Gestaltung logisch: Die Inhalte und notwendige Navigationshilfen können auf ein Blick erfasst werden.

Beim Blick in den Quellcode wird jedoch schnell klar, dass nichts so ist, wie es scheint.

Im folgenden Abschnitt möchten wir uns inhaltlich auf die Seite *Bürgerservice* beschränken, da sie ein repräsentatives Beispiel für die Folgeseiten ist.

Wichtig war uns eine inhaltliche Gruppierung der einzelnen Seitenbereiche innerhalb des Markups. Linearisiert findet man die Informationen in folgender Reihenfolge vor:

◆ Informationen über den Seitenbetreiber

◆ Sprungmarken

◆ Navigationen und Einstellungen

◆ Inhalt

◆ Sprungmarke zum Seitenanfang

Erläuterung:

1. Informationen über den Seitenbetreiber

```
<div id="titel">
<h1>Bad Seendorf - Bürgerservice</h1>
<img src="http://www.badseendorf.de/seendorf_clean/templates/neu2//
images/seendorf_logo.gif"   alt="Logo Bad Seendorf" width="250"
height="70" />
</div>
```

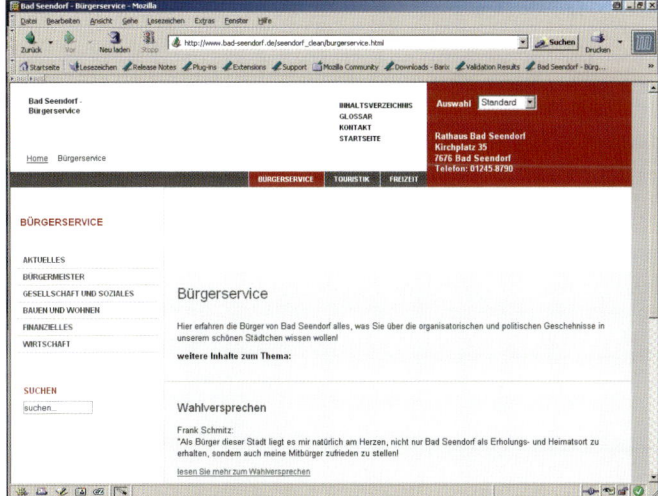

ABBILDUNG 8.10

Hat man die Bilder ausgeschaltet, kommt die h1 zum Vorschein.

Mit einer h1, der Überschrift der ersten Ordnung, wird darüber informiert, wo sich der Besucher befindet. Wir teilen ihm mit, dass er sich auf der Seite von Bad Seendorf befindet, und zwar im Bereich *Bürgerservice*. Im Quelltext folgt das Logo von Bad Seendorf. Schaut man sich die Seite mit einem visuellen Endgerät an, sieht man diese Überschrift nicht. Das liegt daran, dass das Logo mit Hilfe von CSS über diese Überschrift gelegt wurde. Sinn und Zweck dieser Maßnahme ist, das diese Überschrift angezeigt wird, wenn z.B. die Bilder nicht dargestellt werden können.

2. Sprungmarken

```
<p class="unsichtbar">
<a class="u2"  href="#Inhaltsbereich">Zum Inhalt</a>
</p>
<p class="unsichtbar">
<a class="u2" href="#Suchfunktion">Zur Suche</a>
</p>
```

Mit Sprungmarken gehen wir in unserem Falle sparsam um. Wir bieten das direkte Springen zum Inhalt und das Springen zur Suche an. Eine Sprungmarke zu den Navigationen ist in diesem Fall nicht notwendig, da diese im Quelltext den Sprungmarken direkt folgen. Unsere Sprungmarken sind für visuelle Endgeräte erst einmal nicht sichtbar.

ABBILDUNG 8.11

Erreicht man mit der Tab-Taste die unsichtbare Sprungmarke, wird diese sichtbar.

Ist man jedoch darauf angewiesen, sich mit Hilfe der Tastatur durch die Seite zu bewegen, werden Sprungmarken auch in visuellen Browsern sichtbar, um ein schnelles und effizienteres Erreichen aller Seitenbereiche auch mit der Tastatur zu gewährleisten.

3. Navigationen und Einstellungen

Anschließend haben wir die Breadcrumb-Navigation, die technische Navigation, die Hauptnavigation, die Suche und den Styleswitcher unter der Überschrift „Navigation und Einstellungen", gefolgt von der Kontaktadresse zusammengefasst. Wegen der Übersichtlichkeit haben wir hier den Quellcode stark verkürzt.

```
<h2 class="unsichtbar">Navigationen und Einstellungen</h2>
<p class="unsichtbar">Sie sind hier:</p>
-> Breadcrumbs
<h3 class="unsichtbar">Zur Orientierung</h3>
<ul> -> Technisches Menue</ul>
<h3 class="unsichtbar">Zu den Bereichen</h3>

<ul> -> Hauptnavigation </ul>
<h3 class="unsichtbar">Bereichsübersicht</h3>
<h3>Bereichsname</h3>
<ul> -> Bereichsnavigation</ul>
<form> Suchfunktion </form>
<h3 class="unsichtbar">Darstellung beeinflussen</h3>
-> Styleswitcher
<address>
Rathaus Bad Seendorf <br />
Kirchplatz 35 <br />
7676 Bad Seendorf<br />
Telefon: 01245-8790</address>
```

Eine für visuelle Endgeräte unsichtbare Überschrift der 2. Ordnung teilt nichtvisuellen Endgeräten mit, dass nun ein Abschnitt folgt, der sich mit Navigationen und Einstellungen beschäftigt.

Das technische Menü, die Hauptnavigation, die Bereichsnavigation und der Styleswitcher erhalten jeweils eine unsichtbare Überschrift der dritten Ordnung. Wir möchten hier noch einmal daran, und dass deshalb hier der Einsatz von unsichtbaren, semantisch logischen Überschriften indiziert ist.

Das Verstecken von Inhalten mittels CSS ist übrigens ein nützliches Hilfsmittel, um Inhalte für nichtvisuelle Endgeräte sinnvoll zu strukturieren. Man kann hierfür nicht auf die CSS-Eigenschaft `display:none` zurückgreifen, da diese mittlerweile auch von Screenreadern interpretiert wird, sondern die Inhalte mittels `position:absolute` außerhalb des Viewports positionieren:

```
.unsichtbar {
    position: absolute;
    left: -3000px;
    top: -2000px;
    width: 0px;
    height: 0px;
    overflow: hidden;
    display: inline;
}
```

Bis vor kurzen waren Screenreader nicht in der Lage, aufeinander folgende Links voneinander zu trennen, auch wenn sie sich innerhalb einer Liste befanden. Das Ergebnis war, dass sie ohne Punkt und Komma und ohne hörbare Pause vorgelesen wurden:

Link1Link2Link3

Um dies zu verhindern, war der Einsatz eines Trennzeichens notwendig. In unserem Fall haben wir uns für den Punkt entschieden.

Befinden sich die Links innerhalb einer Liste, werden die Links heute von den modernen Screenreadern getrennt, so dass viele Entwickler der Ansicht sind, dass man in einem solchen Fall auf das Trennzeichen verzichten kann. Wir haben uns aber dafür entschieden, das Trennzeichen dennoch zu nutzen, da es durch das Absenken der Stimme des Screenreaders zu einer angenehmen Unterbrechung innerhalb des Hörflusses kommt und nicht wirklich schadet.

4. Der eigentliche Inhalt

In *Abschnitt 8.3.1, Sauberes Markup*, haben wir schon einmal von dem so genannten Rahmendokument und dem inneren Dokument gesprochen und auf die Grenzen von HTML in Bezug auf die Möglichkeiten der Dokumentenstrukturierung hingewiesen. Die Überschriften sollten generell so strukturiert werden, dass sie logisch aufeinander folgen. In unserem Beispiel sehen wir nun, dass das nicht immer möglich ist.

```
<h1>Bad Seendorf - Bürgerservice</h1>
```

In unserem Rahmendokument weisen wir mit einer unsichtbaren h2 auf den Inhalt hin, und eine Sprungmarke im Kopfbereich führt uns direkt in den inhaltlichen Bereich.

```
<h2>Navigation und Einstellungen</h2>
    <h3>Zur Orientierung</h3>
```

```
<h3>Zu den Bereichen</h3>
<h3>Bereichsübersicht</h3>
<h3>Bürgerservice</h3>
<h3>Darstellung beeinflussen</h3>
<h2>Inhaltsbereich Bürgerservice</h2>
<h3>Wahlversprechen</h3>
<h3>Gerüchte</h3>
<h3>Freunde und Gegner</h3>
```

Auf der Seite *Bürgerservice* landen wir nach dem Betätigen dieser Sprungmarke bei einer Überschrift der zweiten Ordnung mit dem Inhalt „Inhaltsbereich Bürgerservice":

```
<h2><span class="unsichtbar">Inhaltsbereich :</span>  Bürgerservice</h2>
```

Bürgerservice ist die sichtbare Überschrift des Dokuments, während die Information „Inhaltsbereich" nur für Screenreader-Benutzer hörbar ist.

Auf der Seite *Bürgerservice* finden wir kurz angeteaserte Texte, die weiter in die Tiefe der Seite führen. Hier geht es semantisch logisch weiter, indem die Titel dieser Texte mit einer Überschrift 3. Ordnung ausgezeichnet sind. Der eigentliche Inhalt dieser Teaser-Texte wird mit einem Absatz ausgezeichnet:

```
<h3 class="contentheading">Unser Bürgermeister in Person</h3>
<p>
Frank Schmitz, 42 Jahre alt, liebender Familienvater von 6 Kindern
ist der vertrauensvolle Bürgermeister von Bad Seendorf. Unser Frank
Schmitz ist in Bad Seendorf geboren und hat sich schon früh für unser
Heimatstädtchen engagiert.</p>
.......
```

ABBILDUNG 8.12

Der berühmt-berüchtigte „Weiterlesen"-Link

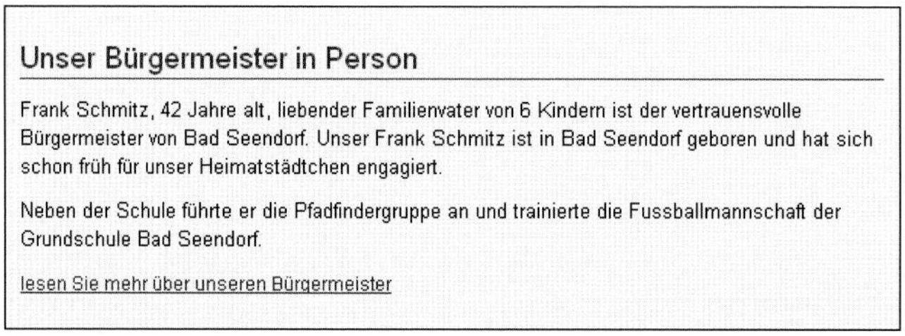

Hinter jedem Teaser-Text finden wir einen Link zum Gesamttext, das berühmte „Weiterlesen".

Wie Sie schon wissen, haben Screenreader-Nutzer die Möglichkeit, von Link zu Link zu springen. Ist der textliche Inhalt der weiterführenden Links immer der Gleiche, bleiben Screenreader-Nutzer über das Ziel des Links im Unklaren. Jedem Link ist deshalb ein eindeutiger Linktext zuzuordnen.

5. Sprungmarke zum Seitenanfang

Am Fuß der Seite findet man eine Sprungmarke zum Seitenanfang. Der Nutzen dieses Links erschließt sich sicherlich jedem schell. Mit einem Klick befindet sich der Besucher wieder am Seitenanfang, unnötiges Scrollen wird so vermieden.

8.3.6 Schwerpunkte

◆ Achten Sie auf eine sinnvolle inhaltliche Strukturierung Ihrer Inhalte.

◆ Setzen Sie Sprungmarken mit Bedacht ein.

◆ Achten Sie auf semantisch logische Strukturen.

◆ Alles, was auf den ersten Blick logisch erscheint, muss es nicht tatsächlich sein.

8.3.7 Testmöglichkeiten

Ob unsere Seite tatsächlich dem Konzept der linearisierbaren Inhalte entspricht, lässt sich leicht testen. Mit Hilfe der Accessibility Toolbars haben Sie die Möglichkeit, das CSS zu deaktivieren, und können sich die Struktur des Dokuments genau anschauen. Auch die unsichtbaren Sprungmarken lassen sich jetzt auf ihre Funktionalität prüfen. Eine weitere Möglichkeit besteht darin, sich das Dokument mit dem Webformator oder direkt mit einem Screenreader anzuschauen bzw. anzuhören.

8.4 Nachvollziehbare Navigation

Die Navigation ist das Hauptmittel, um sich den Inhalt einer Website zu erschließen, auch wenn Suchmaschinen gerade auf größeren Sites eine unentbehrliche Unterstützung bieten können. Die Grundlage einer für möglichst viele Anwender bedienbaren Navigation ist eine nachvollziehbare Einteilung der Inhalte des konkreten Webangebots. Dabei sollte man keine Angst vor vermeintlich „abgedroschenen" oder „langweiligen" Bereichsbezeichnungen haben: Alle Besucher – nicht nur die auf assistive Technologie angewiesenen – besuchen jede Website irgendwann zum ersten Mal, und wenn sie dann nicht sehr schnell einen Eindruck davon bekommen, was sie dort erwartet, verschwinden sie und kommen nie mehr wieder.

Eine Faustregel besagt, dass eine Informationseinheit in einem Menü möglichst nicht mehr als sieben Unterpunkte haben sollte. Das kann man zwar nicht verabsolutieren, ist aber gerade unter dem Aspekt der Accessibility – hörende User müssen sich die Punkte schließlich merken – als grobe Orientierung durchaus brauchbar.

Navigationen müssen in jedem Fall auch ohne grafisches Layout handhabbar sein – und das ist z.B. dann sehr erschwert, wenn die Links für Hauptnavigation und Bereichsnavigation ohne entsprechende Kennzeichnung ineinander übergehen. Ebenso kann es eine Erschwernis sein, wenn Haupt- und Bereichsnavigation nicht voneinander getrennt, sondern als mehrfach verschachtelte Listen „in einem Strang" angeboten werden: Dadurch entstehen sehr schnell sehr lange Menüs, die auf visuelle Unterstützung angewiesen sind.

Auf der anderen Seite ist visuelle Unterstützung extrem wichtig für Besucher, die nicht mit der Maus, sondern mit der Tastatur über die Seiten gehen: Sie müssen jederzeit ausreichende Rückmeldung darüber erhalten, wo gerade der Fokus liegt. Dies lässt sich sehr einfach mit CSS realisieren. Kurz angemerkt sei, dass `a:active` die entsprechende Anweisung für den Internet Explorer ist, während Mozilla & Co. auf `a:focus` reagieren:

```
a:active, a:focus {
background:#cc0000;
color:#ffffff
}
```

Für Tastaturbenutzer sollten versteckte Übersprungslinks auch auf geeignete Weise sichtbar gemacht werden, um ihnen die Platzierung des Fokus zu erleichtern.

Der Entwurf von barrierearmen Navigationen bzw. Informationsarchitekturen für umfangreiche Inhalte wirft nach wie vor große Probleme auf. Portalseiten mit Hunderten von Links bedeuten für viele potenzielle Besucher – und durchaus nicht nur für Behinderte im engeren Sinne – fast unüberwindliche Schwierigkeiten. In vielen Fällen besteht ein Lösungsansatz darin, ein umfassendes Angebot nach inhaltlichen Kriterien in mehrere Teilangebote zu zerlegen, die nur noch die Eingangsseite gemeinsam haben – danach wird der jeweilige Inhalt für sich dargestellt.

8.4.1 Wie sieht es in Bad Seendorf aus?

Die Eingangsseite

Das Navigationskonzept für Bad Seendorf beruht auf einer Dreiteilung in die großen Bereiche *Touristik*, *Freizeit* und *Bürgerservice*. Diese Dreiteilung wird auf der Eingangsseite grafisch deutlich signalisiert. Aber auch wer diese Eingangsseite ohne Grafik und Bilder darstellen lässt, muss nicht im Dunkeln tappen.

Die Überschriftenstruktur der Startseite von Bad Seendorf sieht so aus:

```
<h1>Bad Seendorf - Home</h1>
    <h2>Navigation und Einstellungen</h2>
        <h3>Zur Orientierung</h3>
        <h3>Zu den Bereichen</h3>
        <h3>Darstellung beeinflussen</h3>
<h1>Jeder Tag ein Tag am Meer </h1>
    <h2>Touristik </h2>
    <h2>Freizeit</h2>
    <h2>Bürgerservice</h2>
```

Wie die Seitenstruktur zeigt, gibt es zunächst einen mit `h2` ausgezeichneten Abschnitt „Navigation und Einstellungen", der als solcher aber erst dann sichtbar oder hörbar wird, wenn man die Seite in linearisierter Form und ohne Grafik darstellt. Wer in diesen Abschnitt hineingeht, findet drei weitere Unterabschnitte, deren Überschriften weitgehend selbsterklärend formuliert sind. Damit wollen wir nicht voraussetzen, dass jeder Besucher, der etwa mit einem Screenreader auf die Seite kommt, spontan weiß, was er sich unter „Zur Orientierung" vorstellen soll. Aber wenn er sich dann den Inhalt dieses Unterbereichs einmal angeschaut hat, wird er sich zumindest für die Dauer seines Aufenthalts auf der Website merken können, was ihn dort erwartet und dass er dort hingehen muss, wenn er z.B. das Inhaltsverzeichnis vorgelesen bekommen will.

Innerhalb des Abschnitts „Zu den Bereichen" findet er dann, Überraschung, die als Listennavigation ausgeführten Links zu den Hauptbereichen. Von der Seitenstruktur her sind das die Links in der horizontalen grauen Menüzeile, die sich auf jeder Seite wiederholt.

Ein Besucher, der es vorzieht, zunächst nicht in den Bereich „Navigationen und Einstellungen" hineinzugehen, findet als weitere Elemente der gleichen Ebene noch einmal die hier gleichzeitig als Überschriften und als Links ausgeführten Einstiegspunkte zu den Hauptbereichen. Sollte er sich näher darüber informieren wollen, wie sich z.B. der Inhalt von „Touristik" von dem von „Freizeit" unterscheidet, findet er genau da, wo das logisch hingehört (nämlich eine Ebene unter diesen Überschriften), eine entsprechende Erklärung. Es ist die gleiche, die auch der sehende Besucher geboten bekommt – und wenn die Marketingabteilung hier nichts Gescheites zu bieten hat, werden jedenfalls sehende wie hörende Besucher gleichermaßen suboptimal bedient.

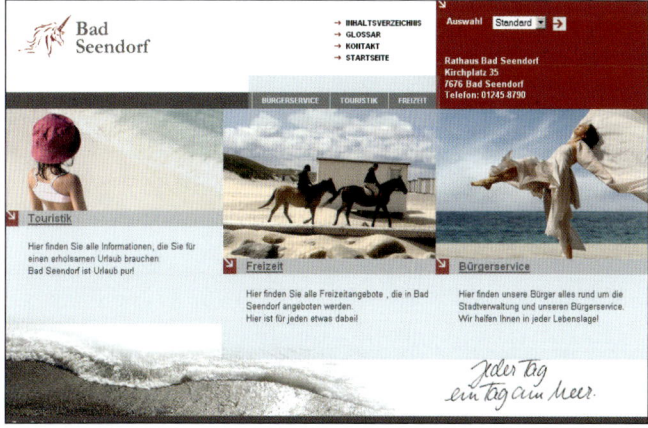

ABBILDUNG 8.13

Zwei Wege führen in die Unterbereiche der Seite.

Im Markup ist diese Navigation zu den Hauptbereichen einmal als Liste und einmal als Folge von Abschnitten mit jeweils eigener Überschrift realisiert. Sie sehen: Wir sind nicht dogmatisch auf das Listenkonzept fixiert. Die zweite ist sicher die empfehlenswerte Methode überall dort, wo tatsächlich noch erläuternde Sätze präsentiert werden sollen. Wenn wir trotzdem im Allgemeinen für Navigationen eine Liste vorziehen, dann deshalb, weil sowohl von der Theorie der Semantik her wie auch von der praktischen Zugänglichkeit her einige gewichtige Argumente dafür sprechen:

◆ **Semantisch**: Navigationen sind nun einmal Listen, in denen Elemente zusammengefasst sind, die ein bestimmtes wesentliches Merkmal gemeinsam haben. Konkret ist das die Eigenschaft, Anker für Unterbereiche der gleichen Hierarchieebene zu sein. Das festzustellen ist insoweit nützlich, als man den Satz mit

Gewinn auch umgekehrt lesen kann: Links, die nicht auf gleichrangige Ziele verweisen, sollten auch nicht in einer Liste und demzufolge auch nicht in einem Menü zusammengefasst werden. (Ausnahmen bestätigen die Regel.)

◆ **Praktisch**: Die meisten Screenreader sagen in der Voreinstellung an, um welche Art von Liste es sich handelt und wie viele Listenpunkte sie enthält. Außerdem sagen sie den Ebenenwechsel an, wenn innerhalb einer Liste noch einmal Unterlisten (also Untermenüpunkte) auftauchen. Teilweise bieten sie auch die Möglichkeit, von einer Liste zur nächsten oder zur vorhergehenden zu springen und so – sauberes Markup vorausgesetzt – mit einem Tastendruck zwischen Haupt- und Bereichsnavigation zu wechseln. Das sind Optionen, die man den Anwendern von assistiver Technologie nicht vorenthalten sollte. Wegen der Ansage der Listenebenen halten wir es übrigens nur für begrenzt sinnvoll, in einer Liste mehr als eine Unterebene einzusetzen: Die Zahl der Listenpunkte insgesamt kann dadurch doch sehr hoch werden, und die Gesamtübersichtlichkeit nimmt deutlich ab.

Zum Abschluss der Ausführungen zur Eingangsseite noch ein paar Worte zur grafischen Gestaltung der Navigation. Das horizontale Menü mit den Links zu den Hauptbereichen ist ganz konventionell ausgeführt. Die Styles mit

```
a {width:100%; display:block}
```

stellen zugunsten von Besuchern, die eventuell die Maus nicht ganz zielgenau führen können, sicher, dass nicht nur die Fläche des eigentlichen Linktextes als Link sensitiviert ist. Bei dem darüber liegenden „technischen Menü" konnte darauf verzichtet werden, weil dessen Gestaltung den Mauszeiger schon von sich aus auf den Linktext zieht.

Die auf die gleichen Bereiche verweisenden h2-Links unter den Bildern sind durch den klassischen Unterstrich als Link gekennzeichnet und zusätzlich noch durch den weißroten Pfeil, der auch an anderer Stelle als Signal auftaucht, hervorgehoben. Auf die Ausdehnung der Linkfläche haben wir hier verzichtet, weil die Links uns schon groß und deutlich genug erschienen. Bei einem realen Projekt wäre es unter Umständen sinnvoll, die eine oder andere hier aus freiem Ermessen entschiedene Frage mit Hilfe von Usertests anzugehen.

Wegen der klaren Strukturierung der Seite im Markup konnten wir darauf verzichten, die stets problematischen Elemente accesskeys oder tabindex einzusetzen. Auf dieses Thema sind wir ja schon in *Kapitel 4* genauer eingegangen. Wer springen will, wird dazu durch die übrigens bei Tastaturnutzung sichtbar gemachten Übersprung-Links am Anfang der Seite eingeladen. Eine Veränderung der Reihenfolge der Links erschien nicht sinnvoll – schließlich haben wir das Markup bewusst so angeordnet, dass alle Elemente in einer sinnvollen Reihenfolge auftauchen.

Die hinteren Seiten

Wegen des relativ geringen Umfangs, den die Seite von Bad Seendorf selbst dann annehmen würde, wenn wir sie in allen Bereichen ausgebaut hätten, konnten wir uns dazu entschließen, die Navigation zur Erschließung der Hauptbereiche als Hauptnavigation auf allen Seiten mitzuführen. Das hat unter anderem den Vorteil, die optische Konsistenz der Seiten zu unterstreichen und den Besuchern den spontanen Wechsel von einem Hauptbereich in den anderen zu erleichtern. Notwendig ist diese Gestaltung jedoch nicht. Bei einem größeren Auftritt, bei dem die beiden so verbleibenden Navigationsebenen nicht ausreichen, könnte man den Hauptbereichswechsel auch auf andere Weise lösen und die horizontale Menüleiste für die erste Navigationsebene innerhalb des jeweiligen Hauptbereichs verwenden. In diesem Fall wäre vielleicht eine Farbcodierung angebracht – das Dunkelrot unseres Designs würde dann etwa bei *Touristik* durch ein tiefes Blau und bei *Freizeit* durch ein dunkles Grün ersetzt.

Überschriftenstruktur auf der Seite Bürgerservice

Seitentitel: Bad Seendorf – Bürgerservice

```
<h1>Bad Seendorf - Bürgerservice</h1>
    <h2>Navigation und Einstellungen</h2>
        <h3>Zur Orientierung</h3>
        <h3>Zu den Bereichen</h3>
        <h3>Bereichsübersicht</h3>
        <h3>Bürgerservice</ h3>
        <h3>Darstellung beeinflussen</ h3>
    <h2>Inhaltsbereich: Bürgerservice</h2>
        <h3>Wahlversprechen</h3>
        <h3>Freunde und Gegner</h3>
        <h3>Gerüchte</h3>
```

In den meisten Fällen scheint es sinnvoll zu sein, die Hauptnavigation horizontal und die Navigation innerhalb der Bereiche vertikal auf der linken Seite anzuordnen. Es gibt durchaus auch gute Argumente für andere Anordnungen – bei Seiten, an die hohe Ansprüche in Hinblick auf Zugänglichkeit gestellt werden, erscheint es jedoch wichtiger, bestehende Web-Konventionen einzuhalten und Besucher, die durch ihre technische Ausstattung oder körperliche bzw. geistige Disposition weniger flexibel sind, nicht zu irritieren.

So, wie sie jetzt tatsächlich für Bad Seendorf durchgeführt sind, unterscheiden sich die hinteren Seiten von der Eingangsseite lediglich durch das zusätzlich angezeigte Bereichsmenü, das erforderlichenfalls um eine zweite Ebene erweitert wird. Außerdem kommen die „Breadcrumbs" als Seitenstandsanzeiger dazu, die wir ebenfalls zur Navigation rechnen können.

Im Bereichsmenü mussten wir leider den Menüpunkt für die jeweils aktuelle Seite ebenfalls als Link auszeichnen. Im Prinzip halten wir es für die bessere Option, den aktuellen Punkt nicht als Link auszuführen: Vor allem für Anwender von Screenreadern und Braillezeilen – wir erinnern uns, dass diese Gruppe den ganzen vielfältigen

Seiteninhalt immer nur als Punkt auf einer langen Linie wahrnehmen kann – ist es nicht ganz leicht, immer zu wissen, wo sie gerade sind. Da liegt es nahe, öfters auch auf den Link zur aktuellen Seite zu klicken – und dann braucht es immer einige Zeit, den Irrtum zu erkennen und zu korrigieren.

Diesen Irrtum kann man zuverlässig dadurch vermeiden, dass der aktive Menüpunkt eben gar nicht als Link ausgezeichnet wird – doch da macht unser CMS im Moment noch nicht mit. Es wird aber daran gearbeitet. Bei vielen Content Management-Systemen hat man die Möglichkeit, Inhalte bestimmter Kategorien anzuteasern und durch einen Link innerhalb des Contents selbst in die Tiefe zu verweisen. Befindet man sich in einem Artikel dieser Kategorien, ist die Kategorie aktiv. Ist der entsprechende Link ebenfalls in der Navigation vorhanden, ist auch dieser aktiv. Würde man nun den Link zur Übersicht entfernen, käme man nicht mehr zurück, was nicht im Sinne des Erfinders ist. Das Ziel sollte es sein, den Link nur dann nicht darzustellen, wenn man sich genau bei diesem ausgewählten Artikel befindet und es sich nicht um eine so genannte Artikelübersicht handelt.

Um zumindest für sehende Besucher – auch solche, die schlecht sehen – den aktuellen Ort so deutlich wie möglich zu kennzeichnen, haben wir eine ganze Reihe von Maßnahmen getroffen. Diese Maßnahmen werden im Allgemeinen als Gegenstand der Usability betrachtet – dem wollen wir auch gar nicht widersprechen. Andererseits gehören unübersichtlich gestaltete Navigationsmechanismen auch zu den ärgerlichsten Barrieren, die Menschen mit schlechter Sehfähigkeit, geringer Weberfahrung, Leseschwächen usw. den erfolgreichen Umgang mit Webseiten erschweren. Usability-Mängel in diesem Bereich werden also sehr schnell zu ernsten Zugangsbarrieren. Ihre Beseitigung hat daher hohen Stellenwert für den Entwurf barrierearmer Seiten, und noch besser ist es, sie erst gar nicht entstehen zu lassen.

Unsere orientierenden Maßnahmen konzentrieren sich auf zwei wichtige Bereiche der Seite.

Eine zentrale Position hat der Bereich, den wir aus Ermangelung eines besseren Ausdrucks als *Standortanzeiger* bezeichnen wollen (siehe Abbildung 8.14).

ABBILDUNG 8.14

Die Breadcrumb-Navigation – unser Standortanzeiger

Mitten auf der Seite haben wir hier die Angabe des Hauptbereiches, in dem wir uns befinden: *Bürgerservice*. Im gleichen Quadranten liegt die Menüleiste zur Auswahl der anderen Hauptbereiche. Somit sind wir nicht nur über den aktuellen Standort, sondern auch noch über weitere Wahlmöglichkeiten im Bilde. Zwischen beiden Elementen liegen die „Breadcrumbs", die nachhalten, auf welchem Wege die aktuelle Position erreicht wurde. Als letztes Element ist die Überschrift für den eigentlichen Content zu nennen – sie ist für die Verknüpfung sowohl zu den Breadcrumbs als auch zum Bereichsmenü am linken Seitenrand zuständig.

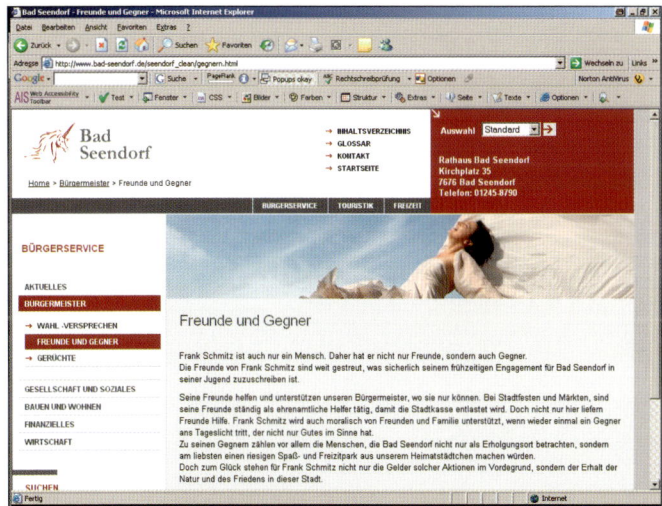

ABBILDUNG 8.15

Markierung des aktiven Links

Das Bereichsmenü signalisiert, welche Bereiche es gibt, und verdeutlicht noch einmal, in welchem Bereich oder Unterbereich man sich gerade befindet. Dazu stellt es ebenfalls noch einmal einen klaren Bezug zum Seiteninhalt her. Wo man auch hinschaut, es kann einem kaum entgehen, dass man sich im Hauptbereich *Bürgerservice*, Bereich *Bürgermeister* und Unterbereich *Freunde und Gegner* befindet. Und ebenso deutlich ist zu erkennen, welche anderen Ziele es noch gibt und wie man dorthin kommen kann.

In beiden Menüs ist durch entsprechende Style-Angaben dafür gesorgt, dass deutlich erkennbar ist, welcher Menüpunkt gerade aktiv ist, und zwar unabhängig davon, ob der Besucher mit der Maus, mit dem Tabulator oder anderen Tastaturbefehlen unterwegs ist. Diese Rückmeldung ist ganz entscheidend dafür, Menschen mit Wahrnehmungsbehinderungen die Navigation zu ermöglichen. Ebenso wichtig ist es, das Ergebnis einer Navigationsoperation zu verdeutlichen. Dazu stehen Mittel wie Farbcodierung auf Layoutebene, prominent platzierte Stichwörter (also Text) und ebenfalls wieder die farbliche Gestaltung von Menüpunkten zur Verfügung.

Die Eingangsseite von Bad Seendorf besteht fast ganz aus „Navigation", und auch auf den hinteren Seiten nehmen Navigationselemente über die Hälfte des Viewports ein – für den eigentlichen Content, also das, was unter der Content-Überschrift kommt, bleibt zunächst kaum ein Drittel.

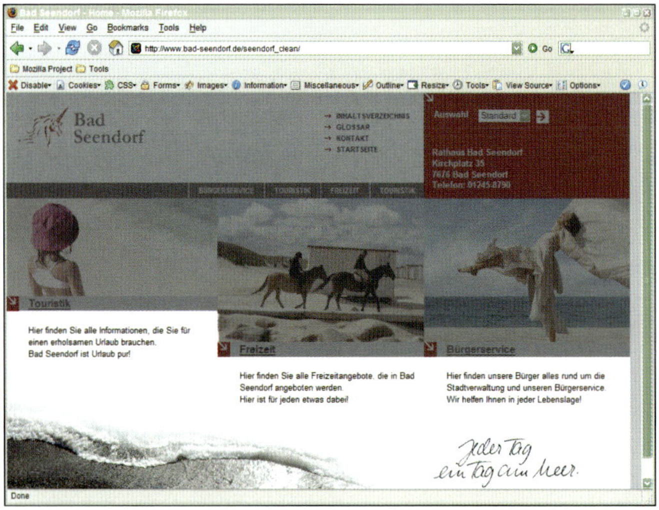

ABBILDUNG 8.16

*Verhältnis zwischen
Content und Navigation
auf der Startseite*

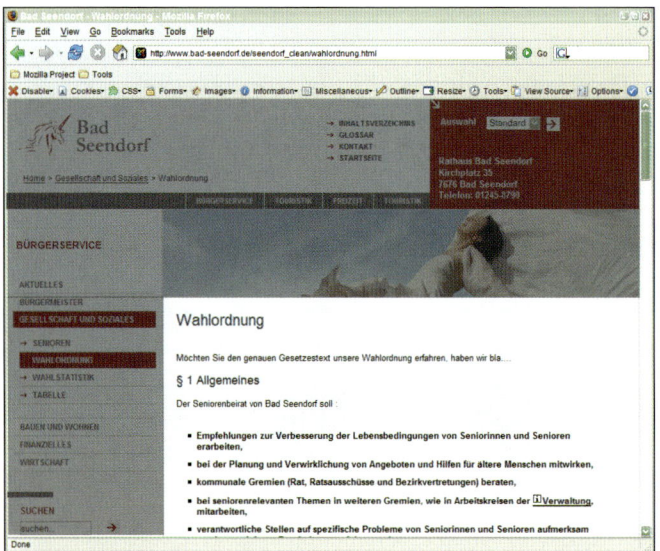

ABBILDUNG 8.17

*Verhältnis zwischen
Content und Navigation
auf der Seite Bürgerservice*

Im Fall von Bad Seendorf kommt dieses Verhältnis auch dadurch zustande, dass wir den Navigationselementen reichlich Platz gegönnt haben, um die Vergrößerung der Schrift auszuhalten, ohne aus der Form zu geraten. Wir halten das nicht für eine unbedingte Notwendigkeit, aber doch für ein in vielen Fällen mögliches und sinnvolles Mittel, den Besuchern die Orientierung zu erleichtern und damit insbesondere auch diejenigen zu unterstützen, die schlecht sehen oder schlecht lesen können.

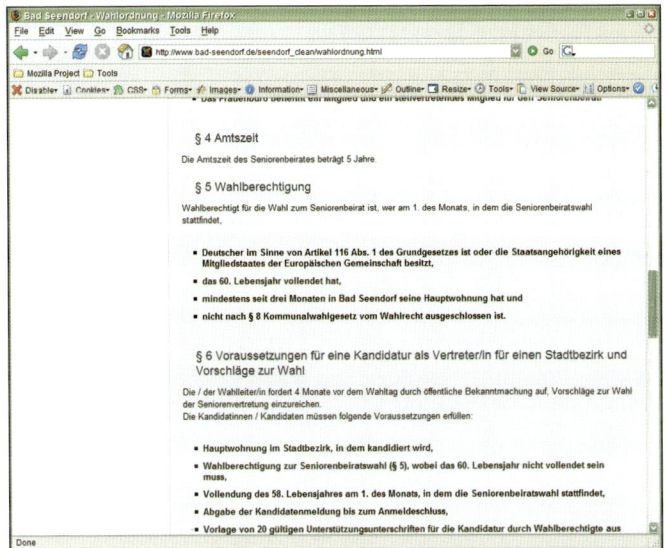

ABBILDUNG 8.18

Scrollt man auf den Unterseiten herunter, verschwindet die Navigation. Nichts lenkt mehr vom eigentlichen Inhalt ab.

Schon beim ersten Scrollen verschwindet der Orientierungsteil weitgehend über dem oberen Rand des Viewports. Das heißt, wenn es an den eigentlichen Content geht – und der wirft auf Seiten wie bei der Wahlordnung für den Seniorenbeirat ja schon genug Probleme auf –, hat der Inhalt wieder alle Aufmerksamkeit für sich. Da spielt es dann (fast) keine Rolle mehr, wie viel Rand ungenutzt „verschenkt" wird. Solange das Lesen oder Überblicken des Inhalts erleichtert wird, ist ein- oder zweimal öfter zu scrollen das geringere Problem.

8.4.2   Schwerpunkte

◆ Inhalte auf nachvollziehbare Weise einteilen

◆ Sites nicht überladen – überschaubare Einheiten anstreben

◆ Webkonventionen einhalten

◆ Navigationselemente bevorzugt platzieren – nicht an den Rand drängen

◆ Schonende Skalierung ermöglichen

◆ Großzügige optische Rückmeldung

◆ Redundanz gezielt einsetzen

◆ Listen einsetzten

8.4.3 Testmöglichkeiten

Bei der Gestaltung der Navigation gibt es zwei Stadien, in denen es sich besonders lohnen könnte, potenzielle Nutzer in die Entwicklung einzubeziehen:

◆ eher theoretisch bei der Definition der Hauptbereiche und

◆ als Praxistest beim Übergang von allgemeinen Informationen auf die Materialebene – also an der Stelle, an der dann schließlich auf konkrete Dokumente, Bestellformulare, Telefonnummern usw. zu verweisen ist.

Bei der Definition der Hauptbereiche geht es darum herauszufinden, ob zumindest die Angehörigen der jeweiligen Zielgruppen mit den jeweiligen Kategorien tatsächlich die Vorstellungen verbinden, die die Informationsarchitekten damit verbinden wollten. Die Praxistests erfolgen praktischerweise in der Form, dass den Testern bestimmte Aufgaben gestellt werden – und dann wird beobachtet oder abgefragt, wie sie damit zurechtkommen oder wo sie hängen bleiben.

9

INHALTE OPTIMAL AUFBEREITEN

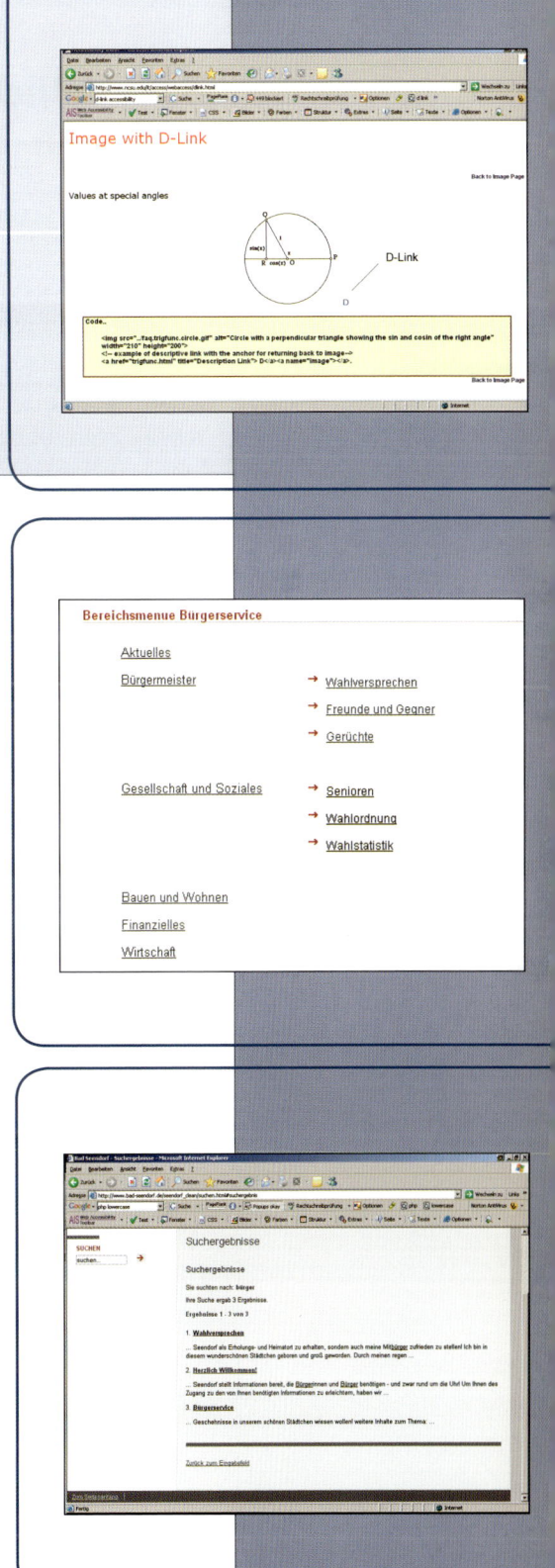

Unsere Anstrengungen zur Realisierung der Zugänglichkeit im Struktur- und Navigationsbereich haben uns stellenweise weit von dem in WCAG1 und BITV einigermaßen vorbereiteten Gelände weg- und zum Teil bis an die Grenzen von (X)HTML geführt. Jetzt wenden wir uns der optimalen Aufbereitung der Inhalte zu und erreichen damit wieder etwas festeren Grund. Hier haben wir es mit guten alten Bekannten zu tun wie dem `alt`-Text (nein, es ist kein `alt`-Tag: Der `alt`-Text ist der Inhalt des `alt`-Attributs) oder der Sprachkennzeichnung durch `lang` – ebenfalls ein Attribut. Dazu kommen Elemente wie `legend`, `fieldset` oder `th`, die uns dabei helfen, Formulare und Tabellen zugänglicher zu gestalten.

BITV 1
Für jeden Audio- oder visuellen Inhalt sind geeignete äquivalente Inhalte bereitzustellen, die den gleichen Zweck oder die gleiche Funktion wie der originäre Inhalt erfüllen.

9.1 Bildliche Inhalte durch alt-Texte erschließen

Einige Probleme rund um den `alt`-Text wurden schon ausführlich dargestellt – das heißt aber nicht, dass wir den Inhalt dieses Themas schon ausgeschöpft hätten. Der Kern der Sache ist: `alt`-Texte sollen Besuchern, die aus welchem Grund auch immer keine Bilder sehen können, eine textliche Alternative zu der in diesen Bildern enthaltenen Information bereitstellen. Bilder, die keine Information enthalten, erfordern auch keinen `alt`-Text. Allerdings gibt es zwischen Bildern, die klar erkennbare und eindeutige Informationen enthalten, und solchen, die nur eine Stimmung transportieren oder ganz ohne bestimmbaren Inhalt nur zur Gestaltung in der Fläche dienen, ein breites Spektrum von Möglichkeiten. Unter diesen Umständen ist es wirklich oft nicht leicht, das von der BITV an die erste Stelle ihres Forderungskatalogs gesetzte Gebot zur Angabe von textlichen Alternativen zu erfüllen.

9.1.1 Inhaltsarme Bilder

Informationslose Bilder gibt es mehr, als man denkt. Auf vielen Portalen oder portal-ähnlichen Seiten werden die aktuellen Meldungen auf der Mittelspalte Eingangsseite kurz angeteasert – und dann folgt der berüchtigte „Weiter"-Link. Bei fast allen Anbietern – bei Spiegel-Online mit täglich an die hundert neuen Nachrichten ebenso wie bei der Kirchengemeinde in Hintertupfing mit einem Update einmal in der Woche – gehört ein kleines Bild zum eisernen Bestand dieser Teaser. Der Informationswert dieser Bilder (mit einer Breite irgendwo zwischen 90 und 180 px) ist schon aus Qualitätsgründen meistens sehr gering, und er ist noch geringer, wenn die Redaktion aus Mangel an konkretem und aktuellem Material in die Vorratskiste greift und dort irgendwelche metaphorischen Illustrationen findet, wie sie auch bei Webdesignern zur Dekoration von Seitenköpfen so beliebt sind: Sie sind dekorativ, aber ihr Inhalt ist nahe null.

Trotzdem haben diese Bilder ihren Wert: Sie unterstützen visuell die Gliederung der Seite und erleichtern es den Besuchern, den Inhalt zu erfassen. Der `alt`-Text kann diese Aufgabe nicht erfüllen. Und wenn zum einen schlecht und nur zusammen mit dem Bild verständlich formuliert ist und zum anderen auch nur noch einmal das wiederholt, was schon in der Bildunterschrift steht, ist er eher eine Belästigung.

Dieser Befund kann zu zwei Konsequenzen führen: Wenn Redakteure beim Versuch, den Inhalt eines Bildes in einen Alternativtext zu packen, entdecken, dass diese Illustration keinen Inhalt hat, kann das einen Anstoß zur Qualitätsverbesserung abgeben: Man fordert entweder ein aussagekräftigeres Bild an oder verzichtet einfach auf den `alt`-Text.

9.1.2 Bilder, die über eine Seite hinausgreifen

ABBILDUNG 9.1

Die Seite des Bundes zur Fussballweltmeisterschaft

Einen Sonderfall stellen Seiten dar, die nach einem mehr oder weniger konsequent ausgeführten Illustrationskonzept bebildert sind. Als schönes Beispiel können wir hier auf die offizielle Seite der Bundesregierung zur Fußballweltmeisterschaft des Jahres 2006 verweisen: Da, wo handelsübliche Kommerzseiten denkende Männer im Konferenzraum, bezaubernd lächelnde Damen auf der Schreibtischkante und Tastaturen, immer wieder Tastaturen ins Bild setzen, ist wm2006.deutschland.de mit Gesichtern meist jugendlicher Fußballfans dekoriert, die ihrerseits in den verschiedensten Nationalfarben bemalt sind.

Das ist – vor allem, da auch gute Bilder zur Verfügung standen – ein rundum gelungenes Konzept: farbenfroh, gut gelaunt, international, unaggressiv – genau das, was gebraucht wird.

Besucher mit Screenreader bekommen das jedoch nicht mit – obwohl ihnen zur Sicherheit der gleiche Wortlaut im alt-Text und als title gleich doppelt angeboten wird. Und die Sache wird nicht dadurch besser, dass mehrfach aus technischen Gründen zwei Bilder zu einem zusammengefasst werden, was dann zu alt-Texten führt wie „Anhängerin der kamerunischen Nationalmannschaft, darunter zahlreiche Deutschlandfahnen und -fans".

Eine denkbare Lösung in einem solchen Fall wäre, alle entsprechenden Bilder mit dem gleichen alt-Text zu versehen, etwa: „Bild aus unserer Reihe ‚Fans International'. Näheres dazu unter „Bildkonzept" auf der Hilfeseite". In Fällen wie diesem werden die Mängel der Implementierung von longdesc besonders schmerzhaft spürbar – dazu später noch mehr.

9.1.3   Bilder, die etwas anderes sagen, als sie zeigen

Vielfach enthalten Bilder auch Informationen, die man ausdrücklich nicht in Worte fassen möchte – etwa dann, wenn ein Politiker von der gegnerischen Partei so fotografiert dargestellt wird, dass kein Mensch von ihm einen Gebrauchtwagen kaufen würde. In anderen Fällen enthalten Bilder mehr Inhalt, als in ein paar Sätze zu fassen ist – und das meiste davon ist im konkreten Zusammenhang auch nicht als Information gemeint. In jedem Fall ist die Formulierung von `alt`-Texten ein wichtiger Teil der redaktionellen Arbeit, der anhand von klaren Vorgaben erfolgen sollte.

Vorgaben allein sind aber nicht genug. Webredaktionen, die sich der Barrierefreiheit verpflichtet fühlen, sind gut beraten, ihren Redakteuren eine Schulung zukommen zu lassen, die sie in den Stand setzen kann, diese ganz spezielle „Textsorte" qualifiziert einzusetzen. Die Arbeit an `alt`-Texten gehört mit zu den Teilen des Prozesses der zugänglichen Gestaltung von Webseiten, der nicht vom Webdienstleister übernommen werden kann, sondern in der Verantwortung des Betreibers liegt. Die Dienstleister – vom CMS-Anbieter bis zum Designer – können nur die Voraussetzungen schaffen, etwa, indem das System Redakteure bei der Einpflegung von grafischen Inhalten regelmäßig fragt, ob zu einem Bild ein `alt`-Text gesetzt werden soll. Und natürlich auch dadurch, dass alle auf den Seiten regelmäßig wiederkehrenden grafischen Elemente von vornherein *nicht* mit `alt`-Texten ausgestattet sind.

Sowohl bei der Platzierung von Bildern als auch bei der Formulierung von `alt`-Texten muss man im Auge halten, dass linearisierende Technik einen `alt`-Text genau an der Stelle wiedergibt, an der das Bild im Markup steht. Dadurch können unter Umständen störende Unterbrechungen des Leseflusses entstehen.

9.1.4   Wo alt-Texte nicht mehr ausreichen

Bildwerke der Kunst

Nur ganz kurz wurde bis jetzt das Problem angesprochen, dass die Vorgabe zur Verwendung von „Alternativtexten" auf der Voraussetzung beruht, dass es für bildliche Darstellungen immer eine textliche Alternative gibt. Diese Annahme ist aber nicht in jedem Fall berechtigt. Bildwerke der Kunst enthalten oft Inhalte, die selbst in langen Texten und zahlreichen Büchern nicht ausgeschöpft werden – in diesen Fällen kann ein `alt`-Text keine „Alternative" zum Bild sein, sondern bestenfalls die Mitteilung enthalten, dass dort ein bestimmtes Kunstwerk abgebildet ist. In einigen Fällen kann es im Interesse aller Besucher sinnvoll sein, in einem begleitenden Text auf Webquellen zu verweisen, die sich ausführlicher mit dem jeweiligen Bild und seinem Gegenstand befassen.

Landkarten

Für die Praxis relevanter ist das Landkartenproblem: Landkarten sind hoch verdichtete visuelle Darstellungen von Sachverhalten in mehreren gleichzeitig dargestellten Dimensionen, die sich sprachlich – also linear – so nicht darstellen lassen.

Der hier zur Verdeutlichung abgedruckte (und von uns mit Symbolen für Häfen und Flugplätze willkürlich angereicherte Ausschnitt) einer Karte des Westalpengebietes enthält hunderte Orts-, Fluss- und Gebirgsnamen, die sich in zahlreichen Listen aufzählen ließen – sauber geordnet nach dem Alphabet, nach der Größe oder danach, ob sie in Frankreich, Italien oder in der Schweiz liegen. Die Listen ließen sich zu Tabellen erweitern, in denen auch Größenkategorien zu den Orten angegeben sind. Weitere Kategorien wären die Höhenlagen, die Entfernungen untereinander oder vom nächsten inländischen Flugplatz, die Entfernung aller Orte vom Flugplatz Mailand, die Entfernung zu beiden Häfen, die Erreichbarkeit per Auto- oder Eisenbahn. Weitere Listen könnten Orte enthalten, die in bestimmten Landschaften (z.B. der Po-Ebene oder in den Berner Alpen) liegen, Orte, die in Grenznähe liegen, oder andere, die weit von jeder Landesgrenze entfernt sind. Auch eine Unterscheidung nach Sprachgebieten wäre denkbar. Der Informationsreichtum einer Landkarte ist auch mit Dutzenden von Listen und Tabellen nicht auszuschöpfen. Landkarten enthalten keinen Text, sondern ganze Datenbanken – und je mehr von ihrem Inhalt man sprachlich und in Zahlen ausdrücken wollte, desto schwerer fiele es, diese Informationen wahrzunehmen. Anwender von linearisierender Technik wären rettungslos verloren.

Die traurige und (deshalb) von den Schöpfern von WCAG und BITV nicht thematisierte Wahrheit ist: Es gibt keine textliche Alternative zu Landkarten. In Einzelfällen ist es jedoch sinnvoll und möglich, eine Informationsebene aus einer Landkarte herauszunehmen und dann auch textlich wiederzugeben. Im konkreten Fall könnte das z.B. eine Tabelle sein, die zeigt, welche größeren Städte über welche Häfen oder Flugplätze am besten zu erreichen sind oder welche Orte für einen Urlaub im ligurischen Mittelgebirge in Frage kommen oder … Das gleiche Prinzip der Reduzierung auf die im jeweiligen Zusammenhang wesentliche Information gilt natürlich auch für Stadtpläne. Das Straßengewirr einer Innenstadt samt Einbahnstraßen und Pizzarestaurants in Worte fassen zu wollen wäre ziemlich aussichtslos. Dagegen lässt sich sehr wohl z.B. in Tabellen darstellen, welche Bahn- oder Buslinien von einzelnen Stadtteilen zu bestimmten Behördenstandorten führen.

ABBILDUNG 9.2

Ein Bild sagt mehr als tausend Worte. (Karte auf der Grundlage von Kümmerly+Fry, Rand McNally und Westermann: Internationaler Atlas)

Ähnlich schwierig wie das Landkartenproblem stellt sich die Situation bei Abbildungen dar, wie man sie aus Lehrmaterialien kennt: Auch hier sollen die Bilder Zusammenhänge verdeutlichen, die sich visuell besser darstellen lassen als textlich. Zwar werden im Zeichen der seuchenartig grassierenden Powerpointeritis vielfach auch Dinge „visualisiert", bei denen das gar nicht nötig wäre oder sogar kontraproduktiv wirkt. Es bleibt aber ein ansehnlicher Rest von extrem hilfreichen Visualisierungen, für deren Übertragung in Text – sofern sie überhaupt möglich ist – keine allgemeinen Rezepte gegeben werden können.

Diese Ausführungen haben nicht das Ziel, billige Entschuldigungen für Webredakteure zu liefern, die sich vor der gewissenhaften Erstellung von `alt`-Texten drücken wollen. Aber sie sollen verdeutlichen, dass die manchmal sehr lapidaren Forderungen von WCAG oder BITV („Für jedes Nicht-Text-Element …") nicht bedeuten, dass die Forderung auch in jedem Fall erfüllbar ist. Und diese Überlegungen können vielleicht auch dazu anregen, die Methoden zu verbessern, mit denen Webdesigner und -redakteure sich bisher schon bemühen, in kurze `alt`-Texte zu fassen, was auch mit tausend Worten nicht zu sagen ist.

Abschließend gehen wir noch auf zwei Verfahren ein, die eine zumindest teilweise anwenderfreundlichere Alternative zum eng an das Bild gekoppelten und in der Länge sehr beschränkten `alt`-Text darstellen.

Long description

Das Attribut `longdesc` (long description, lange Beschreibung) steht nicht nur für Bilder, sondern auch für zwei weitere HTML-Elemente (`frame` und `iframe`) zur Verfügung. `longdesc` enthält als Wert einen Link auf eine andere Webquelle (intern oder extern), die eine Beschreibung in beliebiger Form und beliebigem Umfang enthält. Damit ähnelt `longdesc` in der Funktion dem Attribut `title`, in dem ebenfalls zusätzliche Informationen zu einem Element abgelegt werden können – mit der willkommenen Eigenschaft, dass es dem Besucher der Seite freisteht, ob er diese Zusatzinformation haben will oder nicht. Leider hat `longdesc` Schwächen in der Implementierung – es wird nicht von allen Screenreadern ausgewertet.

Eine zusätzliche textliche Beschreibung von Bildinhalten ist nicht nur für Anwender von Screenreadern interessant, sondern kann auch für andere Besucher hilfreich sein. Für Nutzer von Textbrowsern oder grafischen Browsern – die ja auch öfter keine Bilder sehen können – wird `longdesc` jedoch praktisch nicht ausgewertet und bleibt damit unzugänglich.

```
<img src="wahlergebnisse.jpg" width="271" height="265" alt="Übersicht der
Wahlergebnisse in Bad Seendorf 2005" longdesc="wahlergebnisse.html"/>
```

Der d-Link

Als Alternative zu `longdesc` wurde deshalb im angelsächsischen Raum der so genannte *d-Link* (d wie *description*) entwickelt. Er besteht in seiner Grundform aus dem Buchstaben „d", der in der Nähe eines Bildes oder eines anderen zu beschreibenden Objekts angebracht wird und einen Link zu einer erläuternden Datei trägt. Dieses „d" ist, soweit es nicht absichtlich versteckt wird, in allen Clients hör- oder sichtbar. Damit wird der Hauptmangel von `longdesc` – die mangelnde Zugänglichkeit insbesondere in grafischen Browsern – vermieden. Ob die Bedeutung des „d" von den Besuchern immer erkannt wird, steht auf einem anderen Blatt. Es ist in jedem Fall sinnvoll, das Vorhandensein solcher und ähnlicher Hilfen in der Hilfedatei mitzuteilen. Auf deutschen Webseiten kommt der d-Link so gut wie nicht vor – was natürlich zur Folge hat, dass er auch in den raren Fällen, in denen er angeboten wird, unerkannt verkümmert.

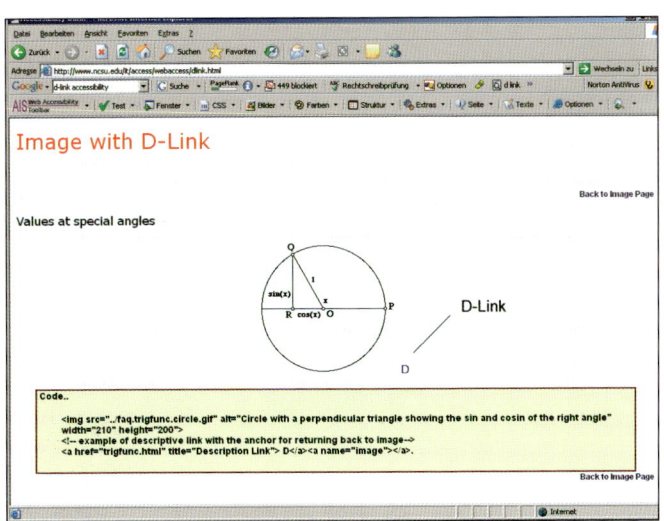

ABBILDUNG 9.3

Ein Beispiel für den d-Link finden Sie z.B. auf `http://www.ncsu.edu/it/access/webaccess/dlink.html`*.*

Da ein Angebot zusätzlicher Erklärungen für viele Anwender und in vielen Fällen sinnvoll sein kann, wäre es wünschenswert, dass die Praktiker des Webseitenbaus sich möglichst bald auf ein hör- und sehbares Zeichen für solche verlinkten Erklärungen verständigen. Das Gleiche gilt für das Zeichen, mit dem auf Gebärdenvideos hingewiesen wird – auch hier macht die Existenz mehrerer verschiedener Icons eine Einigung auf ein einheitliches Signal erforderlich. Auf der Webseiten des Bürgerservice der Polizei NRW `www.polizei.nrw.de` kann man sehen, wie sich solcherart mit Zusatzinformationen versehene Seiten darstellen. Das Icon für das Gebärdenvideo öffnete einen Dialog, in dem man das Video für verschiedene Wiedergabegeräte und Auflösungen auswählen kann. Beim „Info-I" öffnet sich ein Fenster mit Zusatzinformationen. Für Benutzer von Screenreadern werden diese Zusatzinformationen derzeit immer vorgelesen – in den nächsten Versionen sollen auch Screenreader-User selbst entscheiden können, ob sie die Erläuterung brauchen oder nicht.

ABBILDUNG 9.4

Infografik der Polizei NRW

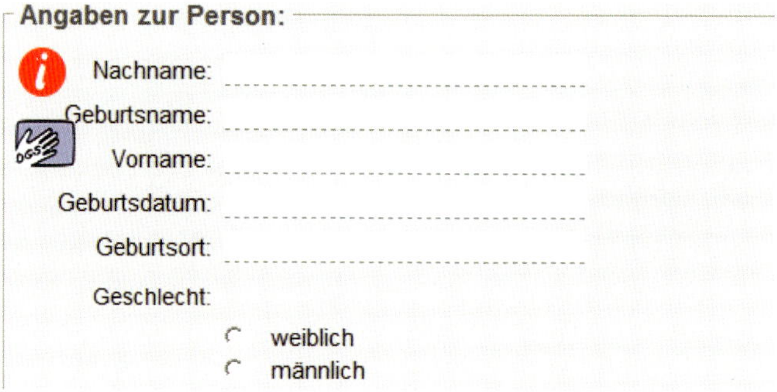

Angaben zur Person:

Nachname:

Geburtsname:

Vorname:

Geburtsdatum:

Geburtsort:

Geschlecht:

    ○ weiblich

    ○ männlich

ABBILDUNG 9.5

Beim Hovern über das Bild wird ein Tooltipp sichtbar.

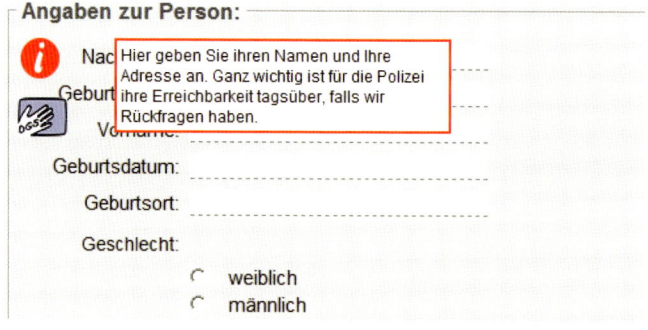

Angaben zur Person:

Nac

Geburt

Vorname:

   Hier geben Sie ihren Namen und Ihre Adresse an. Ganz wichtig ist für die Polizei ihre Erreichbarkeit tagsüber, falls wir Rückfragen haben.

Geburtsdatum:

Geburtsort:

Geschlecht:

    ○ weiblich

    ○ männlich

9.1.5   Wie sieht es in Bad Seendorf aus?

Auf der Eingangsseite scheint es mit alt-Texten zunächst kein Problem zu geben: Sämtliche Bilder auf dieser Seite sind Hintergrundbilder – und die können keinen alt-Text tragen. Haben wir also einen Arbeitsgang gespart? Nicht wirklich.

ABBILDUNG 9.6

*Hintergrundbilder lassen
das Layout skalieren.*

Wir haben hier Hintergrundbilder eingesetzt, weil die Seite nur auf diese Weise in der Breite flexibel gestaltet werden kann. Hätten wir die Bilder direkt in die Seite eingebunden, würden sie die Seite in der Breite aufspannen, so dass bei gleich bleibender Gestaltung der Effekt der Skalierbarkeit verloren gehen würde. In diesen Falle ist uns die Gestaltung deutlich wichtiger als ein korrektes Einbinden der Grafiken.

Dabei sind wir uns bewusst, dass diese Bilder – selbst auf dieser nicht in jedem Fall ganz ernst zu nehmenden Beispielseite – „image-bildend" wirken und durchaus relevante Information transportieren. Diese Inhalte wollen wir auch Besuchern nicht vorenthalten, die keine Bilder sehen können. Wir haben uns deshalb dafür entschieden, einen in etwa äquivalenten Text unsichtbar auf der Seite einzubinden. Wir verwenden dazu das gleiche Verfahren, mit dem wir auch sonst unsichtbare Hilfen für Besucher ohne Bilder bereitstellen.

```
<h1 class="unsichtbar">Jeder Tag ein Tag am Meer -</h1>
<p class="unsichtbar"> das ist das Motto von Bad Seendorf. Unser
stabiles Klima, die bade- und kinderfreundlichen Strände, die
vielfältigen Sportmöglichkeiten machen das Leben und den Urlaub in
Bad Seendorf zu etwas Besonderem. Ganz neu ab diesem Jahr: In einem
speziellen Bereich des Strandes können Sie auch Ihre Vierbeiner
mitbringen; auch Reiten ist möglich.</p>
```

Das Verfahren hat die durchaus erwünschte Nebenwirkung, den Suchmaschinen ein paar hilfreiche Stichwörter zu liefern. Suchmaschinenspamming sehen wir darin nicht. Bei einem größeren kommerziellen Projekt, für das „echte" Bilder und kompetente Texter zur Verfügung stehen, könnte man allerdings daran denken, die unseren Bildern locker zugeordneten sichtbaren Texte so zu formulieren, dass ein zusätzlicher „Pseudo-alt-Text" gar nicht erforderlich wird.

Auf „Bad-Seendorf (alt)" haben wir die Seite „Sehenswürdigkeiten" genutzt, um einige der häufigsten Fehler bei der Formulierung von alt-Texten zu illustrieren. Damit haben wir die Verpflichtung übernommen, es bei „Bad Seendorf (neu)" wenigstens ansatzweise besser zu machen – was nicht ganz einfach ist, da es sich ja nicht um Bilder aus einem realen Kontext handelt. Zunächst gestehen wir einen Fehler, den wir nicht sofort erkannt haben: Wir haben die Bilder im Markup, wie es sich ja anbietet, zwischen der Überschrift und vor dem Absatz mit dem Teaser platziert – und genau an dieser Stelle werden die alt-Texte auch vorgelesen. Das nimmt uns allerdings die Möglichkeit, von den Überschriften direkt in den Teaser zu springen.

So hätte es aussehen sollen:

ABBILDUNG 9.7

Der Leuchtturm

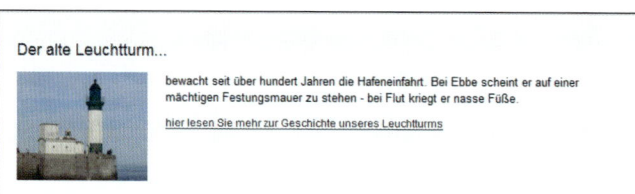

Der alte Leuchtturm...

bewacht seit über hundert Jahren die Hafeneinfahrt. Bei Ebbe scheint er auf einer mächtigen Festungsmauer zu stehen - bei Flut kriegt er nasse Füße.

hier lesen Sie mehr zur Geschichte unseres Leuchtturms

Und so hätte es sich angehört:

> *„Der alte Leuchtturm… Bild: der alte Leuchtturm auf der Hafenmauer bei Ebbe aufgenommen bewacht seit über hundert Jahren die Hafeneinfahrt. Bei Ebbe scheint er auf einer mächtigen Festungsmauer zu stehen – bei Flut kriegt er nasse Füße."*

Visuell war unsere erste Lösung einwandfrei, aber im Screenreader wirkt der anscheinend mitten im Satz eingeschobene und vorgelesene alt-Text doch einigermaßen irritierend.

Vor die Alternative gestellt, entweder die Bilder zu verschieben – etwa an das Ende des Absatzes – und sie dann durch CSS-Positionierung wieder nach vorne zu holen oder die Überschriften zu verändern, haben wir uns für das Letztere entschieden: Eigenständige Überschriften sind für die Anwender von Screenreadern in vielen Fällen leichter zu handhaben als die journalistisch möglicherweise reizvollere Einbindung in den Text. Tatsächlich bedeutet die „screenreader-gerechte" Gestaltung von Überschriften in mehreren Fällen Einschränkungen der sprachlichen Gestaltungsmöglichkeiten: „Nasse Füße" für den Leuchtturm oder „Ein Großes Maul" für das Fischpräparat wären für die visuelle Darstellung des Inhaltes durchaus reizvoll.

Anwender eines Screenreaders, die sich die Überschriften einzeln vorlesen lassen, erfahren daraus allerdings nicht, worum es geht. Man ist daher ganz allgemein gut damit beraten, Überschriften möglichst sachlich und aussagekräftig zu formulieren – und so haben wir es hier denn auch gehalten.

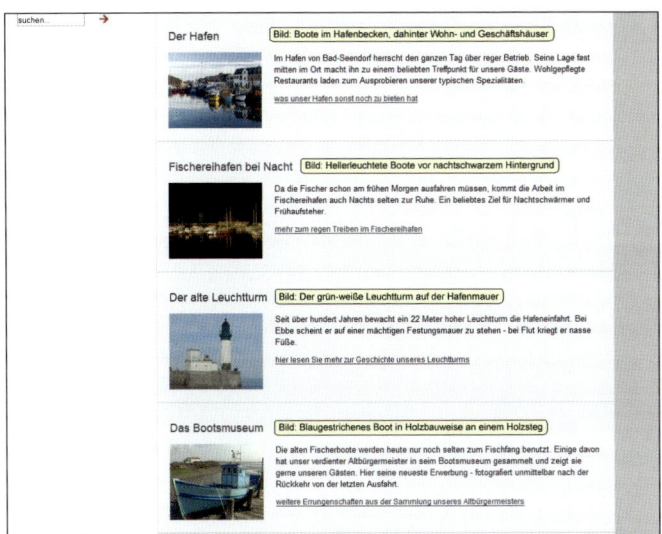

ABBILDUNG 9.8

alt-Texte in Bad Seendorf: Die alt-Texte enthalten nicht wirklich das Wort „Bild". Wir haben „Bild:" hier nur eingefügt, um einen Eindruck von der akustischen Präsentation zu vermitteln. Ein entsprechender Ausdruck wird nämlich von den meisten Screenreadern selbsttätig hinzugefügt. Es ist daher in den meisten Fällen nicht sinnvoll, alt-Texte noch einmal mit „Bild:", „Foto:" oder ähnlichen Hinweisen einzuleiten, weil das unerwünschte Verdoppelungen verursachen kann.

Kurz und sachlich ist auch die beste Empfehlung für alt-Texte. Dabei ist sinnvollerweise darauf zu achten, dass Wiederholungen zwischen alt-Text und bereits vorhandenen Texten vermieden werden. Besonders in Fällen, in denen es neben dem allgemeinen textlichen Umfeld eines Bildes auch noch eine Bildunterschrift gibt, ist das nicht immer ganz einfach. Unsere Beispiele für „Bad-Seendorf (neu)" können deshalb auch nur ungefähre Anhaltspunkte geben.

In Fällen, in denen eine ausführliche Bildunterschrift bereits nähere Auskunft über den Inhalt eines Bildes gibt, kann es sinnvoll, den alt-Text wegzulassen und die Bildunterschrift (unsichtbar) ausdrücklich als solche zu kennzeichnen. Diese Kennzeichnung kann auch in anderen Fällen hilfreich sein, um den hörenden Besuchern die korrekte Einordnung dieses Textelements zu erleichtern, das sie nur schwer zuordnen können. In extremen Fällen kann es sogar sinnvoll sein, auch das Ende der Bildunterschrift zu markieren.

```
<div class="bildmitunterzeile">
  <img  src="pfad" alt="" height="150" width="150" />
  <p>
  Das ist die beschreibende Unterzeile zum Bild. Möglicherweise ist sie
  auch etwas länger geraten. Dann wird für Hörer die Abgrenzung zum
  Haupttext schwierig.<span class="unsichtbar"> Ende Bildunterschrift </span>
  </p>
</div>
```

Noch eine letzte Anmerkung zum alt-Text: Da dieser Text den Inhalt eines Attributs bildet, ist es nicht möglich, weitere Kennzeichnungen anzubringen. Fremdwörter oder Abkürzungen, die im alt-Text vorkommen, werden daher von assistiven Technologien in keinem Fall erkannt und stets in deutscher Phonetik vorgelesen. Begriffe, bei denen das unverständliche Ergebnisse hervorbringt, sollten daher in alt-Texten nicht verwandt werden.

9.1.6   Schwerpunkte

◆ `alt`-Texte kurz und sachlich

◆ `alt`-Texte informieren über Inhalte – Bilder ohne Inhalt brauchen keinen `alt`-Text.

◆ Illustrationskonzepte sind mehr als Einzelbilder.

◆ Bilder sagen manchmal mehr, als man mit Worten sagen will oder darf.

◆ Nicht für jede bildliche oder grafische Darstellung gibt es eine textliche Alternative.

◆ Wenn der Text nicht ins `alt`-Attribut passt: `longdesc` und d-Link

◆ Keine Sprachwechsel in `alt`-Texten

9.1.7   Testmöglichkeiten

Wegen der vielen Gesichtspunkte, die bei der Abfassung von `alt`-Texten zu berücksichtigen sind, haben Tests auf die Verständlichkeit von `alt`-Texten einen hohen Stellenwert. Die Developer-Toolbar von Firefox bietet die Möglichkeit, die Darstellung von Bildern auszublenden und an deren Stelle die `alt`-Texte – falls vorhanden – einzublenden. Mit dieser Funktion lässt sich zumindest grob ermitteln, ob `alt`-Texte an den richtigen Stellen auftauchen und ob sie sich sinnvoll in den Kontext einordnen. In Fällen, in denen Illustrationen eine tragende Rolle bei der Inhaltsvermittlung spielen, wird es sinnvoll sein, ausführliche Tests mit Anwendern von Screenreadern durchzuführen.

9.2   Zugängliche Datentabellen

Datentabellen sind per Definition zweidimensional ausgelegt. (X)HTML enthält eine beträchtliche Zahl von Sprachelementen, mit deren Hilfe der Inhalt von Datentabellen auch in linearer Form verständlich dargeboten werden kann. Auch wenn diese Sprachelemente nicht von allen Clients vollständig genutzt oder verlangt werden, ist ihr Einsatz doch sinnvoll, um die bestmöglichen Voraussetzungen für die Darstellung in assistiven Technologien zu schaffen. Damit sind jedoch noch lange nicht alle Barrieren abgebaut.

9.2.1 Überblick zur Problemsituation

In Tabellenlayouts fällt es Anwendern von Screenreadern, die sich mit entsprechenden Tastaturbefehlen von Tabelle zu Tabelle bewegen, oft schwer, die Datentabellen in einem Wald von Tabellen überhaupt herauszufinden – ein weiterer Grund, auf Tabellenlayouts wenn irgend möglich zu verzichten.

Weiterhin sollte man nicht unterschätzen, dass die Interpretation von tabellarischen Daten auch sehende Besucher vor beträchtliche Schwierigkeiten stellen kann. Es ist daher in vielen Fällen angebracht, die wesentliche Aussage eines Tabellenwerks auch sprachlich auszudrücken. Unter Umständen kann man dann sogar ganz auf die Tabelle verzichten oder die tabellarischen Daten nur noch als Beleg für die sprachliche Zusammenfassung quasi zusätzlich darstellen. Auf den ersten Blick scheint sich genau für solche Zusammenfassungen das HTML-Attribut `summary` des `table`-Elements anzubieten. Bei näherem Hinschauen stört, dass `summary` – wenn überhaupt – nur für die Anwender von Screenreadern dargestellt wird. Für Sehende ist sein Inhalt unzugänglich. Man wird also andere Formen für die Auszeichnung solcher kommentierender Zusammenfassungen wählen müssen – in der Regel wohl einen ganz normalen Textabsatz vor der Datentabelle.

Ebenfalls nicht ganz unproblematisch ist der Einsatz von `caption`, das von (X)HTML für die Auszeichnung der Überschriften von Datentabellen angeboten wird. `caption` wird zwar von allen von uns getesteten Clients dargestellt, findet jedoch keinen Platz im System der allgemein verwendeten Überschriftenhierarchie der gesamten Seite. Anwender von assistiven Technologien, die mit den entsprechenden Tastaturbefehlen von Überschrift zu Überschrift springen, erfahren nichts von einer vorhandenen `caption`. Sie können diese erst identifizieren, wenn sie erkannt haben, dass sich eine Tabellen auf der Seite befindet.

Ein weiterer Problempunkt zur Präsentation von tabellarischen Daten betrifft so genannte „komplexe Datentabellen", bei denen die Kategorien noch einmal oder mehrfach in Subkategorien unterteilt sind. Einfachster Fall: Eine Spalte gibt die Personenzahl an – aber unterteilt nach männlich und weiblich. Im Prinzip lassen sich diese Fälle mit den `headers`-Attributen von (X)HTML bewältigen. Ob das Ergebnis aber für den blinden Normaluser, der mit einer solchen Tabelle konfrontiert wird, dadurch verständlicher wird, steht auf einem ganz anderen Blatt.

Auf Webseiten von allgemeinem Interesse ist man auf der sicheren Seite, wenn komplexe Datentabellen ganz vermieden werden – das ist in den meisten Fällen problemlos möglich, indem man die Daten nicht ineinander verschachtelt, sondern in getrennten Tabellen darstellt. Im oben angesprochenen Fall wäre das also eine Tabelle für „männlich" und eine weitere für „weiblich". Allerdings ist davon auszugehen, dass dabei die Vergleichbarkeit leidet. Dieser Mangel kann zumindest teilweise dadurch kompensiert werden, dass besonders wichtige Erkenntnisse aus dem Vergleich in der textlichen Zusammenfassung angesprochen werden.

Anders verhält es sich bei Datentabellen, die in einem fachlichen Kontext angeboten werden. Hier muss sich die Darstellung primär an fachlichen Erfordernissen orientieren – selbstverständlich bei umfassendem und korrektem Einsatz der von (X)HTML bereitgestellten Hilfen. Schwierigkeiten macht die Bestimmung der angebrachten Vorgehensweise bei Informationsangeboten, bei denen eine klare Trennung zwischen „Allgemeinem Interesse" und „Fachinformation" schwer fällt. In diese Kategorie fallen unseres Erachtens beispielsweise die Webseiten des Statistischen Bundesamtes und verwandter Einrichtungen. Hier wird innerhalb des Angebotes zu differenzieren sein, inwieweit einem allgemeinen Informationsinteresse auch durch Vereinfachung entgegenzukommen ist bzw. ab welcher Schwelle die Fachlichkeit solche Kompromisse nicht mehr zulässt.

9.2.2   Komplexe Tabellen mit headers, scope und abbr zugänglich machen

Das Attribut headers stellt für jede einzelne Datenzelle (td) eine Verbindung zwischen dieser Zelle und einer Überschrift (th) her, indem es die ID der jeweils zugehörenden Überschrift benennt oder – es können auch mehrere Überschriften sein – diese IDs aufzählt.

```
<td headers="id_a id_b id_c">inhalt</td>
```

Wie an den Beispielen aus Bad Seendorf zu sehen ist, wird der Code dadurch unter Umständen recht stark aufgebläht. Eleganter ist zweifellos die Verwendung der Attribute row und col bzw. colgroup für Überschriften.

Diese Attribute ermöglichen die Zuordnung von Überschriften für ganze Spalten oder Reihen.

```
<th colspan="3" scope="colgroup">inhalt</th>
```

Die Attribute row, col und colgroup werden erst neuerdings von Screenreadern in stärkerem Ausmaß berücksichtigt und können inzwischen als praktisch einsetzbar gelten.

Das Attribut abbr gibt die Möglichkeit, z.B. für eine Überschrift eine abgekürzte Form anzugeben, die von dafür geeigneten Clients dann wiedergegeben wird, wenn der Platz für die Normalform nicht ausreicht.

```
<th abbr="LI">Langer Inhalt</th>
```

Uns sind keine grafischen Browser bekannt, die tatsächlich so verfahren, aber wir haben festgestellt, dass einige Screenreader (zumindest Jaws und HPR) bei mehrspaltigen Überschriften mit Unter-Überschriften gern auf abbr zurückgreifen und den Inhalt von abbr auch da vorlesen, wo der eigentliche Inhalt des th nicht vorgelesen würde. Damit kann es dem Anwender wesentlich erleichtert werden, sich innerhalb einer Tabelle zu orientieren. Das gilt allerdings nur, wenn abbr – entgegen seinem ursprünglichen Sinn – nicht mit einer unter Umständen schwer verständlichen Abkürzung (wie oben LI) belegt wird, sondern mit selbsterklärenden Begriffen.

9.2.3 Wie sieht es in Bad Seendorf aus?

Um die genannten Möglichkeiten zu demonstrieren und Beispiele für das Anhören mit dem Screenreader bereitzustellen, haben wir die Seiten über die Wahlergebnisse von Bad Seendorf mit einigen komplexen Tabellen angereichert. Wir haben dazu die Wahlergebnisse nicht nur für Bad Seendorf gesamt aufgeführt, sondern auch noch getrennt für die beiden Bad Seendorfer Wahlkreise „WK Nord" und „WK Süd". Da sich dadurch die Zahl der Daten erheblich erhöht hat, konnten wir leider nur die beiden größten Parteien erfassen.

	Gesamt			Rot			Schwarz		
	Beide WK	WK Nord	WK Süd	Beide WK	WK Nord	WK Süd	Beide WK	WK Nord	WK Süd
2005	7900	4337	3563	3682	1992	1690	4218	2345	1873
2001	7969	4256	3713	3968	1678	2290	4001	2578	1423
1997	8537	4639	3898	3985	1987	1998	3832	1932	1900
1993	8224	4639	3585	3583	2109	1476	4639	2530	2109
1989	8026	4419	3607	3534	1798	1736	4492	2621	1871
1985	7672	3885	3787	3371	1654	1717	4301	2231	2070
1981	7445	3596	3849	3250	1732	1518	4195	1864	2331

ABBILDUNG 9.9

Tabellarische Darstellung der Wahlergebnisse

Dem Aussehen nach gleichen sich diese Tabellen vollständig – ein Bild reicht für alle:

Die Unterschiede im Code sind allerdings beträchtlich – wir können hier aus Platzgründen nur den Code für die ersten Zeilen darstellen. Im Netz sind selbstverständlich die kompletten Tabellen abrufbar.

Variante 1: Ohne Headers und IDs

```
<table width="100%" summary="wahlergebnisse">
  <tr class="kopf1">
    <td class="trennen trennen2"> </td>
    <th class="trennen2 id="g" colspan="3">Gesamt</th>
    <th class="trennen2 id="r" colspan="3">Rot</th>
    <th class="trennen2 id="s" colspan="3">Schwarz</th>
  </tr>

  <tr>
    <td class="kopf1 trennen">  </td>
    <th class="kopf2 fett" id="g_b">Beide WK</th>
    <th class="kopf2" id="g_n">WK Nord</th>
    <th class="kopf2 trennen" id="g_s">WK S&uuml;d</th>
    <th class="kopf2 fett" id="r_b">Beide WK</th>
    <th class="kopf2" id="r_n">WK Nord</th>
    <th class="kopf2 trennen" id="r_s">WK S&uuml;d</th>
    <th class="kopf2 fett" id="s_b">Beide WK</th>
    <th class="kopf2" id="s_n">WK Nord</th>
    <th class="kopf2" id="s_s">WK S&uuml;d</th>
  </tr>

  <tr>
    <th class="kopf1 trennen" id="j1">2005</th>
    <td class="kopf2 fett" headers="g g_b j1">7900</td>
```

```
        <td headers="g g_n j1">4337</td>
        <td class="trennen" headers="g g_s j1">3563</td>
        <td class="kopf2 fett" headers="r r_b j1">3682</td>
        <td headers="r r_n j1">1992</td>
        <td class="trennen" headers="r r_s j1">1690</td>
        <td class="kopf2 fett" headers="s s_b j1">4218</td>
        <td headers="s s_n j1">2345</td>
        <td headers="s s_s j1">1873</td>
    </tr>
```

... usw.

Variante 2: col und colgroup

```
<table width="100%" summary="wahlergebnisse">
    <tr class="kopf1">
        <td class="trennen trennen2"> </td>
        <th class="trennen2" colspan="3" scope="colgroup">Gesamt</th>
        <th class="trennen2" colspan="3" scope="colgroup">Rot</th>
        <th class="trennen2" colspan="3" scope="colgroup">Schwarz</th>
    </tr>

    <tr>
        <td class="kopf1 trennen">  </td>
        <th class="kopf2 fett" scope="col">Beide WK</th>
        <th class="kopf2" scope="col">WK Nord</th>
        <th class="kopf2 trennen" scope="col">WK S&uuml;d</th>
        <th class="kopf2 fett" scope="col">Beide WK</th>
        <th class="kopf2" scope="col">WK Nord</th>
        <th class="kopf2 trennen" scope="col">WK S&uuml;d</th>
        <th class="kopf2 fett" scope="col">Beide WK</th>
        <th class="kopf2" scope="col">WK Nord</th>
        <th class="kopf2" scope="col">WK S&uuml;d</th>
    </tr>

    <tr>
        <th class="kopf1 trennen" scope="row">2005</th>
        <td class="kopf2 fett">7900</td>
        <td>4337</td>
        <td class="trennen">3563</td>
        <td class="kopf2 fett">3682</td>
        <td>1992</td>
        <td class="trennen">1690</td>
        <td class="kopf2 fett">4218</td>
        <td>2345</td>
        <td>1873</td>
    </tr>
```

... usw.

Variante 3: Ergänzung von Variante 1 durch abbr, nur die betroffene zweite Zeile

```
...
 <tr>
  <td class="kopf1 trennen">  </td>
  <th class="kopf2 fett" id="g_b" abbr="beide Wahlkreise">Beide WK</th>
  <th class="kopf2" id="g_n" abbr="Wahlkreis Nord ">WK Nord</th>
  <th class="kopf2 trennen" id="g_s" abbr="Wahlkreis S&uuml;d">WK
  S&uuml;d</th>
  <th class="kopf2 fett" id="r_b" abbr="beide Wahlkreise">Beide WK</th>
  <th class="kopf2" id="r_n" abbr="Wahlkreis Nord">WK Nord</th>
  <th class="kopf2 trennen" id="r_s" abbr="Wahlkreis S&uuml;d">WK
  S&uuml;d</th>
  <th class="kopf2 fett" id="s_b" abbr="beide Wahlkreise">Beide WK</th>
  <th class="kopf2" id="s_n" abbr="Wahlkreis Nord">WK Nord</th>
  <th class="kopf2" id="s_s" abbr="Wahlkreis S&uuml;d">WK S&uuml;d</th>
 </tr>

...
```

An der hier von uns vorgeschlagenen Lösung ist Folgendes bemerkenswert und könnte durchaus kontrovers diskutiert werden: Die „abbreviations" enthalten einen längeren und damit leichter verständlichen Ausdruck als der eigentliche Header-Text, der aus Rücksicht auf die Platzverhältnisse möglichst kurz formuliert wurde.

Schon das relativ einfache Beispiel der Wahlergebnisse von zwei Parteien aus zwei Wahlkreisen zeigt, dass komplexe Datentabellen für viele User – auch für Anwender von grafischen Browsern – beträchtliche Verständnis- und Interpretationsprobleme aufwerfen dürften. Wo irgend möglich dürfte es daher sinnvoll sein, bei Auftritten, die sich an ein allgemeines Publikum richten, diese Art von Tabellen zu vermeiden und durch eine kommentierte Folge einfacher Tabellen zu ersetzen.

Insgesamt schlagen wir vor, bei umfangreicheren Texten, die mehrere Tabellen enthalten, die sich auch nicht auf wenige Spalten und Zeilen beschränken, folgendermaßen zu verfahren:

Der Text wird insgesamt sauber strukturiert und mit Zwischenüberschriften versehen. Dabei kann es sinnvoll sein, jeder Tabelle einen eigenen Abschnitt mit eigener Zwischenüberschrift einzuräumen. In anderen Fällen werden zwei oder drei inhaltlich zusammengehörende Tabellen – beispielsweise solche, die aus der Auflösung einer komplexen Tabelle entstanden sind – zusammengefasst. Vor der Tabelle werden die Grundaussagen des Zahlenmaterials in Worten referiert, so dass auch Personen, die die Tabelle nicht sehen können oder wenig Übung im Umgang mit solchen Zahlenwerken haben, über den wesentlichen Inhalt informiert sind. Die Tabelle selbst dient dann eher dazu, die im normalen Text getroffenen Aussagen zu belegen.

9.2.4   Testmöglichkeiten

Tabellen müssen im Entwicklungsprozess in jedem Fall mit einem Screenreader getestet werden, um sicherzustellen, dass die von HTML angebotenen Elemente zur Verbesserung der Zugänglichkeit auch korrekt funktionieren. Bei Webangeboten, die Tabellen in größerer Zahl enthalten und in diesen Tabellen wesentliche Informationen transportieren, ist es sinnvoll, von Anfang an Screenreader-User mit einzubeziehen. Personen, die normalerweise keine Screenreader verwenden, sind oft nicht in der Lage, die Technik optimal zu bedienen und die wirklichen Problemstellen bei der akustischen Darstellung von tabellarischen Daten zu identifizieren.

9.3   Zugängliche Formulare

Interaktivität wird im Netz immer wichtiger, um Kommunikationsprozesse zwischen dem Anwender und dem Seitenbetreiber zu vereinfachen. Der Besucher gibt persönliche Daten ein, und ein Programm im Hintergrund verarbeitet diese weiter.

HTML-Formulare sind beim aktuellen Stand der Technik immer noch das bevorzugte Mittel zur Realisierung dieser Interaktion.

Unter dem Aspekt der Accessibility ist das auch sehr zu begrüßen, weil HTML zumindest grundlegende Möglichkeiten bereitstellt, Interaktion plattformübergreifend und geräteneutral zu ermöglichen. Solange diese Funktionalität auch für Anwender von alternativen Technologien erreichbar ist, ist nichts dagegen zu sagen, wenn z.B. AJAX eingesetzt wird, um großen Anwendergruppen – hier also den Verwendern JavaScript-fähiger Technik mit visueller Ausgabe – zusätzliche Unterstützung und Vereinfachung anzubieten. AJAX (Asynchronous JavaScript and XML) ermöglicht einen asynchronen Datenaustausch zwischen Client und Server, ohne dass die Seite neu geladen werden muss.

Man mag es zwar bedauerlich finden, dass diese Erleichterungen denen, die sie vielleicht besonders gut gebrauchen könnten, nicht zur Verfügung stehen. Das ist aber kein Grund, sie nicht dennoch für die Masse der Anwender von Normaltechnik bereitzustellen, solange – und diese Bedingung ist entscheidend – damit keine zusätzlichen Barrieren für andere Besuchergruppen verbunden sind.

Die zugängliche Gestaltung von HTML-Formularen ist in erster Linie ein Problem der Linearisierung und der Gruppierung des Inhalts. Bei Formularen auf Papier oder für den Bildschirm wird mit gutem Grund fleißig Gebrauch von Kästen, Hilfslinien, Schattierungen und anderen grafischen Mitteln gemacht, um den inhaltlichen Zusammenhang zwischen Beschriftungen, Eingabefeldern und Feldergruppen zu verdeutlichen. Dieser Zusammenhang muss auch bei nichtvisueller Wiedergabe erhalten bleiben oder gegebenenfalls durch Hilfstexte hergestellt werden.

Eine besondere Herausforderung bedeutet der vor allem im Verwaltungsbereich häufige Fall, dass Formulare, die im Web ausgefüllt werden können, später in der Verwaltung in der gleichen Form weiterverarbeitet werden sollen wie die herkömmlichen Papierformulare. Vielfach wird deshalb verlangt, die Webformulare in der Optik vollständig nach den bestehenden Papierformularen zu gestalten. Das kann – je nachdem, wie diese Vorlagen aussehen – zu Gestaltungen führen, die auch für „Normaluser" kaum überwindbare Barrieren enthalten. Die Lösung wird in solchen Fällen darin bestehen, sich für die Gestaltung der Weboberfläche vollständig von den Vorlagen zu lösen und erst im Backend die nötigen Transformationen vorzunehmen, um – z.B. für Papierausdrucke – das herkömmliche Erscheinungsbild wiederherzustellen (sofern man sich nicht dazu entschließen kann, die „Papierstufe" ganz auszulassen).

Bei Seiten, die umfangreichere Formulare enthalten, kann es sinnvoll sein, auf den „Seitenrahmen" das „äußere Dokument", wie in *Kapitel 8* beschrieben, zu verzichten, so dass ein Besucher, der sich dafür entschieden hat, ein bestimmtes Formular aufzurufen, auch sofort dieses Formular auf den Bildschirm oder auf die Kopfhörer bekommt und sich nicht erneut mit Übersprung-Links und anderen Bestandteilen des Seitenrahmens befassen muss. Voraussetzung ist, dass der Inhalt dieser Seite wirklich nur aus dem Formular (ggf. einschließlich Hilfetexten) besteht und dass zu Beginn und Ende der Seite deutlich erkennbare Rücksprungmöglichkeiten angeboten werden.

9.3.1 Die Elemente fieldset und label

Webdesigner neigen dazu, Formulare in Layouttabellen darzustellen. Tatsächlich erscheint die Gestaltung der Formulare damit deutlich einfacher. Leider verleitet das aber auf der anderen Seite zu Konstruktionen, bei denen die inhaltliche Verbindung zwischen der Beschriftung und dem Formularelement verloren gehen kann.

Um einen logischen Bezug zwischen den Formularelementen und ihrer Beschriftung zu ermöglichen, ist in (X)HTML das so genannte label-Element vorgesehen.

```
<label for="Vorname" title="Vorname">Vorname:</label>
<input id="Vorname" type="text" size="20"  name="Vorname" value="" />
```

Das Eingabefeld erhält mit Hilfe des Universalattributs ID einen eindeutigen Namen, auf den dann das Attribut for des label-Elements verweist.

Mit der CSS-Eigenschaft float lassen sich Bezeichner und Eingabefeld nebeneinander darstellen, ohne dass ihre Beziehung zueinander verloren geht.

```
label {
    width: 10em;
    border: solid 0px;
    display: block;
    float: left;
}
```

BITV 10.2
Bei allen Formular-Kontrollelementen mit implizit zugeordneten Beschriftungen ist dafür Sorge zu tragen, dass die Beschriftungen korrekt positioniert sind.

BITV 12.4
Beschriftungen sind genau ihren Kontrollelementen zuzuordnen.

Die ID darf keine Leerzeichen und keine Umlaute enthalten.

Hat man innerhalb eines Formulars ähnlich lautende Eingabefelder, wie z.B. getrennte Angaben für Ehefrau und Ehemann, ist die Gruppierung mit fieldset ein hilfreiches Instrument, um diese Bereiche eindeutig voneinander zu trennen.

```
<fieldset>
  <legend> Angaben Ehefrau</legend>
  <label   for="Vornamefrau">Vorname</label>
  <input id="Vornamefrau" type="text" size="20"  name="Vorname" value="" />
  ...
</fieldset>
<fieldset>
  <legend> Angaben Ehemann</legend>
  <label   for="Vornamemann">Vorname</label>
  <input id="Vornamemann" type="text" size="20"  name="Vorname" value="" />
  ...
```

Für Nutzer des Screenreaders Jaws bietet der Einsatz von legend eine zusätzliche Navigationshilfe, denn er bietet die Funktionalität, von Fieldset zu Fieldset zu springen, um damit eine schnellere Übersicht über die Formularelemente zu gewinnen.

9.3.2   Aussagekräftige Fehlermeldungen

Jeder kennt die Situation: Man hat ein komplexes Formular ausgefüllt, sich wohlmöglich bei der E-Mail-Adresse vertippt und erhält lediglich die Fehlermeldung: „Eingabe nicht korrekt".

Man erhält keinerlei Hinweise darauf, was man denn falsch ausgefüllt haben soll. Besonders ärgerlich ist es dann auch noch, wenn womöglich die zuvor eingegebenen Angaben verschwunden sind und man die ganze Prozedur noch einmal wiederholen muss.

Um Formulareingaben sinnvoll weiterverarbeiten zu können, benötigt man häufig die so genannten Pflichtfelder. Dieser Punkt ist umstritten, weil man damit den Benutzer dazu zwingt, Dinge einzugeben, die er vielleicht nicht eingeben möchte. Aus der Praxis jedoch wissen wir, dass diese Vorgabe durchaus sinnvoll sein kann, um eine Interaktion zwischen Benutzer und Anbieter erst möglich zu machen. Vergisst der Benutzer die Angabe seines Namens oder seiner E-Mail-Adresse, sind die restlichen Informationen für den Seitenbetreiber wertlos: Er weiß nicht, wer der Urheber der Information ist und wie er sich an ihn wenden kann. Auf Pflichtfelder sollte deutlich hingewiesen werden – sinnvollerweise vor dem jeweiligen Eingabefeld, um dem Besucher mit linearisierender Technik Rücksprünge zu ersparen.

Um Fehler bei der Eingabe nun tatsächlich abfangen zu können, kann man die Eingaben sowohl client- als auch serverseitig auf ihre Plausibilität prüfen und entsprechende Fehlermeldungen ausgeben.

Die clientseitige Überprüfung findet in der Regel mit JavaScript statt. Der Vorteil dieser Methode ist, dass die Formularinhalte nicht zuerst an den Server übertragen werden müssen, um auf entsprechende Fehleingaben zu reagieren, sondern ohne Zeitverlust ausgeführt werden. Auf diese Methode allein sollte man sich allerdings nicht verlassen, denn bei ausgeschaltetem oder nicht verfügbarem JavaScript funktioniert sie nicht. Uns scheint es im Allgemeinen sinnvoller zu sein, auf eine serverseitige Überprüfung der Daten zurückzugreifen, um uneingeschränkte Funktionalität zu gewährleisten.

Fehlermeldungen sollten sowohl semantisch als auch optisch gut erkennbar sein.

Eine Hervorhebung allein durch Farbe ist, wenn man Menschen mit Farbfehlsichtigkeiten berücksichtigen möchte, nicht ausreichend.

BITV 2
Graphiken müssen auch dann verständlich sein, wenn sie ohne Farbe betrachtet werden.

Es macht durchaus Sinn, im Dokumenttitel auf eine mögliche Fehlermeldung aufmerksam zu machen, weil dies die erste Information ist, die nichtvisuelle Endgeräte an den Nutzer weitergeben.

Sendet man ein Formular ab, wird in der Regel bei einer serverseitigen Plausibilitätsprüfung ein „neues Dokument" generiert. Wir setzen „neues Dokument" deshalb in Anführungsstriche, weil es sich um eine Weiterverarbeitung des Ursprungsdokuments handelt, dem in den meisten Fällen nur neue Parameter zur Weiterverarbeitung mitgegeben werden. Dieses so erzeugte Dokument beginnt wie alle Seiten mit den Dokumentenkopf, die eigentliche Information in Bezug auf die Formularinhalte befindet sich jedoch im Inhaltsbereich der Seite. Um Nutzern von Screenreadern, das „Springen" zum Inhalt zu ersparen, ist in einem solchen Falle eine Sprungmarke direkt zur ersten Fehlermeldung sinnvoll.

Beim Versenden des Formulars kann diese einfach hinter die weiterverarbeitende URL angehängt werden:

```
<form action="http://www.bad-seendorf.de/seendorf_clean/suchen.html#suchergebnis"
method="post">
```

9.3.3 Wie sieht es in Bad Seendorf aus?

Das eigentliche Formular

Die Realisierung komplexer Formulare ist oft nicht ganz einfach. Das Kontaktformular von Bad Seendorf ist relativ übersichtlich. Trotzdem haben wir alle notwendigen Hilfen integriert, die auch bei einem komplexen Formular sinnvoll wären.

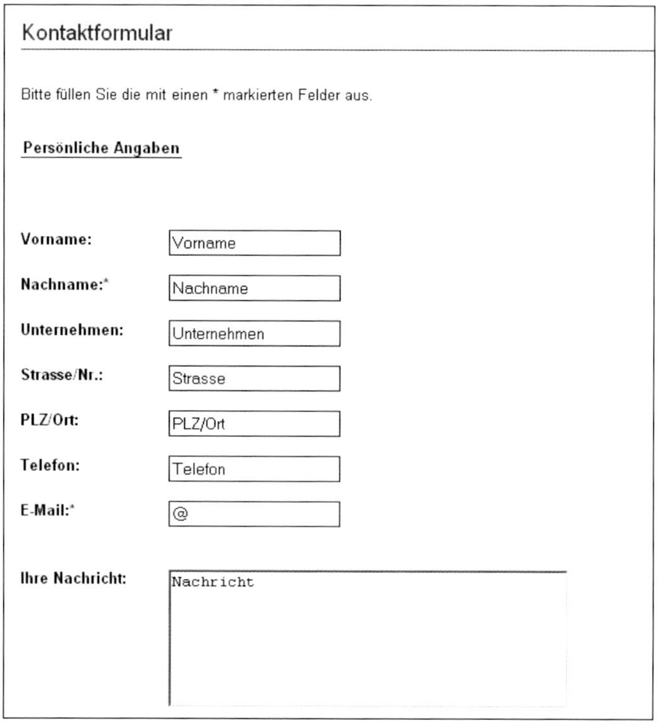

ABBILDUNG 9.10

Kontaktformular von Bad Seendorf

Kontaktformular

Bitte füllen Sie die mit einen * markierten Felder aus.

Persönliche Angaben

Vorname: [Vorname]

Nachname:*   [Nachname]

Unternehmen: [Unternehmen]

Strasse/Nr.:   [Strasse]

PLZ/Ort: [PLZ/Ort]

Telefon: [Telefon]

E-Mail:*   [@]

Ihre Nachricht: [Nachricht]

Das hier beschriebene Kontaktformular finden Sie auf der Seite www.bad-seendorf.de/ seendorf_clean/.

Das Design ist so angelegt, dass sich auch die Formularfelder und ihre Beschriftung skalieren lassen. Um eine semantische logische Struktur und die Linearisierbarkeit der Inhalte zu gewährleisten, haben wir im Markup auf das label- und fieldset-Element zurückgegriffen. Auf Layouttabellen wurde verzichtet und die Formatierung allein mit CSS vorgenommen.

Unser Kontaktformular fordert lediglich die Eingabe von zwei so genannten Pflichtfeldern:

◆ Beim Nachnamen wird lediglich überprüft, ob das Feld Eingaben enthält oder nicht.

◆ Bei der E-Mail-Adresse wird überprüft, ob die formalen Konventionen eingehalten werden.

In der Regel werden Pflichtfelder mit dem ASCI-Zeichen * ausgezeichnet – dem haben wir uns angeschlossen. Gleich am Seitenanfang wird der Besucher darauf hingewiesen, dass es sich bei den mit den * markierten Feldern um wirklich notwendige Eingabefelder handelt. Semantisch wird die Markierung vor dem Eingabefeld platziert, denn dahinter wäre für die linearisierte Wiedergabe zu spät.

```
<label for="Nachname" class="name">Nachname:*</label>
<input id="Nachname" type="text" size="20"  class="kontakt"
name="Nachname" />
```

Alternativ könnte man auch textlich auf die Notwendigkeit dieser Felder aufmerksam machen, indem man den * beispielsweise durch den Text „Pflichtfeld" ersetzt.

Inputfelder verfügen unter anderem über das `title`-Attribut. Man könnte dieses nutzen, um eine genauere Beschreibung des Sinns und Zwecks der einzelnen Eingabefelder zu hinterlegen. Da `titles` im viel eingesetzten Screenreader Jaws per Default nicht ausgelesen werden, haben wir hier – wie in den meisten anderen Fällen auch – auf die Verwendung von `title` verzichtet.

```
<label for="Vorname" title="Vorname">Vorname:</label>
<input id="Vorname" type="text" size="20"  name="Vorname" value=""
title="Achtung, Pflichtfeld" />
```

Schaut man sich den Quellcode genauer an, sieht man, dass sich hinter jedem Eingabefeld ein für die Logik und die Gestaltung der Seite eigentlich nicht erforderlicher Zeilenumbruch befindet.

```
<label for="Nachname" class="name">Nachname:*</label>
<input id="Nachname" type="text" size="20"  class="kontakt"
name="Nachname" /><br />
```

Beim Testen der Seite war uns aufgefallen, dass vor allem Jaws beim Vorlesen keine Pause hinter den Eingabefeldern macht und sofort zum nächsten `label` springt. Das kann selbst bei kurzen Formularen erhebliche Verständnisschwierigkeiten verursachen. Die Zeilenumbrüche sorgen hier für eine kleine Unterbrechung. Der semantisch logischere Einsatz eines Absatzes brachte leider nicht den gewünschten Effekt.

Ob die Vorbelegung von Formularfeldern sinnvoll ist oder nicht, haben wir schon in *Kapitel 6.1.2* diskutiert. In unserem Fall halten wir eine Vorbelegung lediglich im E-Mail-Feld für wirklich sinnvoll. Wir haben hier das @-Zeichen eingefügt, da es motorisch behinderten Menschen durchaus schwer fallen kann, die Tastenkombination AltGr + Q zu betätigen.

Bei der Navigation mit der Tastatur stehen wir allerdings vor einem Problem. Bekommt das Eingabefeld für die E-Mail-Adresse den Fokus, wird der bestehende Text markiert. Schreibt man jetzt in das Formular hinein, wird unsere Vorbelegung leider überschrieben. Verhindern kann man dies nur, indem man den Cursor innerhalb des Feldes mit den Pfeiltasten vor das @-Zeichen setzt. Vermutlich gibt es auch für dieses Problem eine JavaScript-Lösung. Für einen entsprechenden Hinweis wären wir dankbar.

Bei der Navigation mit der Maus verhalten sich die Browser unterschiedlich. Der Internet Explorer platziert den Fokus wie gewünscht vor das @-Zeichen, während Mozilla und Co. den Cursor dahinter setzen.

Die Weiterverarbeitung – Fehlermeldungen

Fehlermeldungen sind für die Zugänglichkeit von Formularen besonders kritisch. Die beliebten JavaScript-Popups sind in der Regel für Anwender von Screenreadern unsichtbar und unhörbar und können ohne Verwendung einer Maus auch oft nicht geschlossen werden. Der Benutzer ist in einer Sackgasse gefangen und kann seine Tätigkeit nicht fortsetzen. Hat die Überprüfung der Eingaben also Fehler erkannt, ist auf jeden Fall dafür Sorge zu tragen, dass Fehlermeldungen in allen Techniken dargestellt und zielführend bearbeitet werden können.

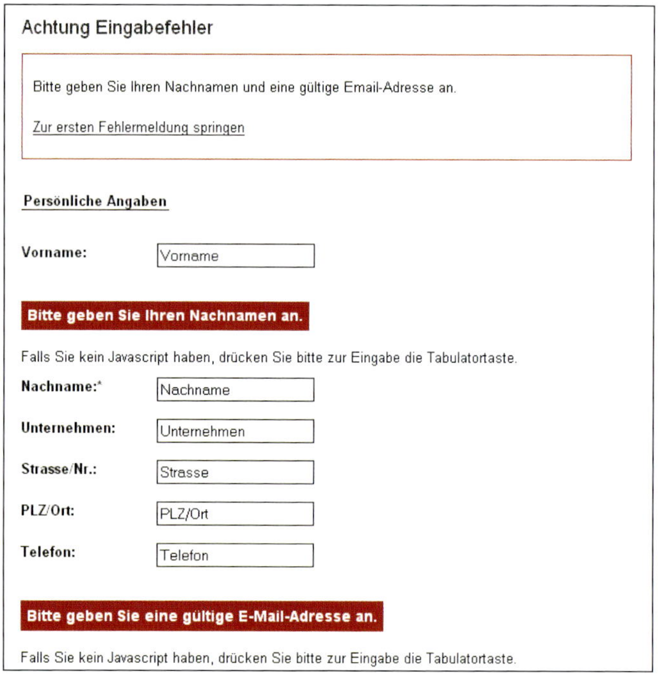

ABBILDUNG 9.11

Kontaktformular Bad Seendorf mit einer Fehlermeldung

In Bad Seendorf weist schon der Dokumenten-`title` auf die fehlerhafte Eingabe hin, allerdings ohne diese genau zu spezifizieren. Mit Hilfe der schon erwähnten Sprungmarke gelangt man direkt zur Ausgabe der Fehlermeldung und umgeht somit das lästige Vorlesen des „Dokumentenkopfes" in nichtvisuellen Endgeräten. Optisch sind die Fehlermeldungen deutlich hervorgehoben. Semantisch werden sie mit einer sich in den Dokumentenfluss integrierenden Überschrift betont. Gerade bei komplexen Formularen kann es hilfreich sein, dem Besucher die Möglichkeit zu geben, vom Kopf der Fehlermeldung direkt zum ersten Eingabefeld zu springen, in dem der Fehler aufgetreten ist. Wir haben dies gelöst, indem wir gleichzeitig Sprungmarken und JavaScript verwenden, um die Gebrauchstauglichkeit zu verbessern:

```
<h3>Achtung Eingabefehler</h3>
<div id="fehler"><p>Bitte geben Sie Ihren Nachnamen und eine gültige
<span lang="en">E-Mail</span>-Adresse an.</p><br />
```

```
<p class="unsichtbar">Achtung, wenn Sie den folgenden Link betätigen
befinden Sie sich direkt im Eingabefeld. Nehmen Sie bitte die Eingabe
vor.</p>

<p><a href="#Nachname2" onclick="document.getElementById('Nachname').
focus();return false" onkeypress="document.getElementById('Nachname').
focus();return false" > Zur ersten Fehlermeldung springen</a></p></div>
```

Bei eingeschaltetem JavaScript erhält das zu bearbeitende Textfeld den Fokus und kann ohne Umwege direkt bearbeitet werden. Anwender von Screenreadern werden direkt zum Eingabefeld geführt, erhalten aber leider keine Information darüber, wo sie sich befinden. Um das zu kompensieren, haben wir einen für visuelle Endgeräte unsichtbaren Erklärungstext eingefügt.

ABBILDUNG 9.12

Kontaktformular Bad Seendorf, der Fokus liegt auf dem Feld Nachname

Mittels CSS haben wir hier den Fokus zusätzlich optisch hervorgehoben:

```
input:focus

{background: #eeeeee; border:solid 1px #990000}
```

Bitte beachten Sie, dass der Internet Explorer diese Eigenschaft für Eingabefelder nicht unterstützt.

Um bei ausgeschaltetem oder nicht verfügbarem JavaScript eine ähnliche Benutzerfreundlichkeit zu erreichen, wurden zusätzlich Sprungmarken innerhalb des Formulars platziert. Man kann zwar damit nicht unmittelbar in das Eingabefeld springen, landet aber direkt davor und ist mit dem einmaligen Benutzen der ⇆-Taste an seinem Ziel angekommen.

An dieser Stelle möchten wir noch einmal eine Lanze für JavaScript brechen: JavaScript kann ein wertvolles Hilfsmittel sein, um die Gebrauchstauglichkeit von Webseiten zu erhöhen. Erst dann, wenn es unbedacht eingesetzt wird und zentrale Funktionalitäten sein Vorhandensein voraussetzen, wird es tatsächlich zu einem Problem. Zum Beispiel dann, wenn der Absendebutton nur mit JavaScript ausgelöst werden kann.

9.3.4   Schwerpunkte

- Sinnvolle Darstellung der Inhalte in linearisierter Form beachten

- Logische Gruppen mit `fieldset` bilden

- Eingabefelder mit Label verknüpfen

- Funktionalität nicht allein mit JavaScript realisieren

- Sinnvolle Vorbelegung (@)

- Schonende Skalierung ermöglichen

- Fehlermeldungen aussagekräftig gestalten

- Großzügige optische Rückmeldung in Bezug auf Art und die Position des Fehlers

- Bei größeren Formularen Sprungmarken einsetzen

9.3.5   Testmöglichkeiten

Auch bei Formularen ist der Einsatz eines Screenreaders für Tests auf Darstellung und Funktionalität unentbehrlich. Jaws und der IBM Homepagereader geben unser Formular korrekt wieder, die Sprungmarken und die eingefügten Scripte funktionieren wie beabsichtigt.

Im Homepagereader erscheint das Formular dabei folgendermaßen:

Kontaktformular

Bitte füllen Sie die mit einen * markierten Felder aus.

(Anfang von Formular 3;) Persönliche Angaben

Vorname:[Text: Vorname]

Nachname:*[Text: Nachname]

Unternehmen:[Text: Unternehmen]

Straße/Nr.:[Text: Straße]

PLZ/Ort:[Text: PLZ/Ort]

Telefon:[Text: Telefon]

E-Mail:*[Text: @]

Ihre Nachricht:

[Textbereich: Nachricht]

[Formular senden: Aktionsschaltfläche.]

(Ende von Formular 3;)

Die Fehlermeldungen hören sich im Homepagereader so an:

Kontaktformular

Bitte füllen Sie die mit einen * markierten Felder aus.

Achtung Eingabefehler

Bitte geben Sie Ihren Nachnamen und eine gültige E-Mail-Adresse an.

Achtung, wenn Sie den folgenden Link betätigen, befinden Sie sich direkt im Eingabefeld. Nehmen Sie bitte die Eingabe vor.

Zur ersten Fehlermeldung springen

(Anfang von Formular 3;) Persönliche Angaben

Vorname:[Text: Vorname]

Bitte geben Sie Ihren Nachnamen an.

Falls Sie kein JavaScript haben, drücken Sie bitte zur Eingabe die Tabulatortaste.

Nachname:*[Text: Nachname]

Unternehmen:[Text: Unternehmen]

Straße/Nr.:[Text: Straße]

PLZ/Ort:[Text: PLZ/Ort]

Telefon:[Text: Telefon]

Bitte geben Sie eine gültige E-Mail-Adresse an.

Falls Sie kein JavaScript haben, drücken Sie bitte zur Eingabe die Tabulatortaste.

E-Mail:*[Text: @]

Ihre Nachricht:

[Textbereich: Nachricht]

[Formular senden: Aktionsschaltfläche.]

(Ende von Formular 3;)

9.4   Sprachliche Besonderheiten

Im folgenden Abschnitt befassen wir uns mit den Besonderheiten des eigentlichen Inhalts, also des Textes an sich. Die Grundregel dabei ist: Webtexte sollen immer einfach verständlich sein, um eine größtmögliche Zielgruppe zu erreichen.

In den meisten Fällen ist der Einsatz von Fremdwörtern, Akronymen und Abkürzungen durch eine inhaltliche Überarbeitung des Textes vermeidbar. Wo sie aber doch einmal unentbehrlich sein sollten, ist eine korrekte semantische Auszeichnung angebracht, um allen Lesern oder Hörern den Zugang zu den damit bezeichneten Informationen zu ermöglichen.

Die Unterscheidung zwischen Abkürzungen und Akronymen ist nicht immer einfach. Im Regelfall versteht man unter Abkürzungen abgekürzte Wörter, wie zum Beispiel „z.B" oder „u.A.w.g." (um Antwort wird gebeten), während Akronyme aus mehreren Anfangsbuchstaben gebildete sprechbare Kunstworte bezeichnen, beispielsweise „NATO" (North Atlantic Treaty Organisation) oder „Aids" (Acquired Immune Deficiency Syndrome). Mit festen Begriffen wie den Parteinamen CDU und SPD oder Bildungen nach dem Muster „PKW" für Personenkraftwagen öffnet sich hier ein breites Feld für Unklarheiten jeder Art. Die Arbeitsgruppe des World Wide Web Consortiums, die sich mit der Weiterentwicklung der Richtlinien für die Zugänglichkeit von Webseiten befasst, hat aus dieser Situation die Folgerung gezogen, in Zukunft nur noch eine Art der Kennzeichnung von Abkürzungen zu empfehlen – das wird sehr wahrscheinlich `abbreviation` sein.

Kaum leichter fällt die Zuschreibung mancher Wörter zu einer bestimmten Sprache. „Handy" sieht zwar englisch aus und wird auch englisch ausgesprochen, ist aber ein in Deutschland entstandenes Kunstwort.

„Internet" kommt zweifellos aus dem angelsächsischen Sprachraum – hört sich aber für deutsche Ohren ziemlich merkwürdig an, wenn es korrekt englisch ausgesprochen wird. In den letzten Jahren haben sich in der deutschen Sprache sehr viele Anglizismen eingeschlichen – und viele davon wie z.B. „Home" oder „Sitemap" gehören zum Standardvokabular auch auf deutschen Webseiten. Ob man diese Wörter tatsächlich einsetzen soll, ist umstritten. Wir raten dazu, nach Möglichkeit auf die deutsche Sprache zurückzugreifen, weil wir denken, dass viele Menschen diese Anglizismen nicht wirklich richtig verstehen.

Screenreader haben bei der akustischen Ausgabe von Inhalten mit dem Sprachwechsel ganz besondere Schwierigkeiten. Normalerweise sprechen sie den ganzen Text nach den Regeln der Sprache aus, die für das Dokument als Standardsprache definiert ist. Aus „Saitmäp" wird dann „Sietemape", aus „Hoompejdsch" wird „Homepage. Manche Screenreader verfügen auch über eingebaute Wörterbücher, mit deren Hilfe sie einzelne Wörter als „fremd" erkennen und dann (hoffentlich) richtig aussprechen. Im Übrigen sind sie darauf angewiesen, dass Sprachwechsel innerhalb eines Dokuments eindeutig definiert sind. Ansonsten haben sie keine Möglichkeit, die korrekte

BITV 14.1
Für jegliche Inhalte ist die klarste und einfachste Sprache zu verwenden, die angemessen ist.

BITV 4
Sprachliche Besonderheiten wie Wechsel der Sprache oder Abkürzungen sind erkennbar zu machen.

Auf der Seite `http://www.Akronymfinder.com/` und der Seite `www.abkuerzungen.de` können Sie sich gezielt über Akronyme und Abkürzungen informieren.

Aussprache zu treffen und betonen die fremdsprachigen Wörter nach den deutschen Ausspracheregeln – was sich nicht nur unschön anhört, sondern eine dauernde Quelle von Missverständnissen ist. Jeder Anwender eines Screenreaders fragt sich in der ersten Zeit, warum die Software dauernd über eine unbekannte geheimnisvolle Dame redet, „wie sie Tee drinkt" – bis er dahinter kommt, dass die Software sich bemüht, den englischen Ausdruck „visited Link" deutsch auszusprechen.

Beide Kennzeichnungen – die von Abkürzungen ebenso wie die von Wörtern aus anderen Sprachen – werden praktisch dadurch erschwert, dass die Textautoren in der Regel nicht ausreichend über die Anforderungen der sprachlichen Präsentation im Netz informiert sind, während Webredakteure oder andere mit der Einpflegung von Inhalten befasste Personen nicht in jedem Fall ausreichende Fachkompetenz besitzen. Bei Webauftritten mit umfangreichem Content und hohen Anforderungen an die Zugänglichkeit ist es daher sinnvoll, (halb-)automatische Verfahren einzusetzen, bei denen die Texte gegen Wörterlisten mit zulässigen oder unzulässigen Wörtern und Abkürzungen abgeglichen werden.

Hier kommt auch die Problematik der Content Management-Systeme ins Spiel. Die Redakteure, die mit der Pflege von Inhalten einer Seite betraut sind, verfügen in der Regel nur über rudimentäre oder keine HTML-Kenntnisse und setzen so genannte WYSIWYG-Editoren ein, die mit Hilfe von JavaScript die Eingaben der Redakteure zu HTML-Code weiterverarbeiten. Diese in das CMS integrierten Tools unterstützen bei vielen Systemen noch nicht die notwendigen HTML-Tags, um eine korrekte Auszeichnung von Akronymen und Abkürzungen zu gewährleisten. Die Redakteure müssten also eigens in den HTML-Modus wechseln, um die entsprechenden Eingaben vorzunehmen – was praktisch in den allerseltensten Fällen möglich sein wird. Im Open Source-Bereich gibt es unseres Wissens nur einen Editor (XHTML-Suite 508), der eine pflegeleichte Kennzeichnung von Abkürzungen oder fremdsprachigen Begriffen erlaubt, aber wegen anderer Nachteile nur eingeschränkt zu empfehlen ist. Im Bereich der großen kommerziellen Systeme scheint die Situation kaum besser zu sein, wenn man von den im Netz zu beobachtenden Ergebnissen ausgeht: Korrekt markierte Sprachwechsel und Abkürzungen sind selbst bei gesetzlich zur Einhaltung der BITV verpflichteten Bundesbehörden die große Ausnahme.

9.4.1 Sprachauszeichnungen

Die meisten Webseiten sind durchgängig in ein und derselben Sprache verfasst. Sind sie korrekt erstellt, findet man in Kopf des Dokuments einen eindeutigen Verweis auf diese Standardsprache, wie z.B.:

```
<html lang="de" xmlns="http://www.w3.org/1999/xhtml" xml:lang="de">
```

Mit Hilfe des (X)HTML-Universalattributs lang wird auf die Standardsprache der Seite verwiesen.

BITV 4.1
Wechsel und Änderungen
der vorherrschend verwen-
deten natürlichen Sprache
sind kenntlich zu machen.

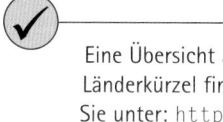

Eine Übersicht aller
Länderkürzel finden
Sie unter: `http://`
`de.selfhtml.org/`
`diverses/sprachen-`
`kuerzel.htm`

Screenreader nutzen in der Regel diese Definition, um ihre Sprachausgabe entspre-chend dieser Angabe zu steuern. Gibt man diese Information in Kopf der Seite an, wird sie automatisch an alle Kind-Elemente vererbt. Kommt es jetzt innerhalb des Dokuments zu einem unmarkierten Sprachwechsel, wird dieser nicht erkannt und das Fremdwort in der Sprache ausgesprochen, die die Standardeinstellung vorsieht.

Um dies zu verhindern, sind Sprachwechsel zu kennzeichnen, indem man die zuvor gewählte Standardsprache durch die aktuelle Sprache ersetzt. Dafür stehen die so genannten Länderkürzel zur Verfügung, beispielsweise „en" für Englisch oder „de" für Deutsch.

Um den Bereich zu kennzeichnen, der nach den Regeln der anderen Sprache ausge-sprochen werden soll, verwendet man in der Regel das semantisch leere und nicht-blockbildende Element `span`. In seiner einfachsten Form sieht ein Sprachwechsel dann so aus:

```
<p>Bitte kennzeichnen Sie auf ihrer <span lang="en">Homepage</span> alle
fremdsprachigen Begriffe</p>
```

Sofern Sie – wie wir es im Allgemeinen nur empfehlen können – XHTML verwenden, geht es eine Kleinigkeit umständlicher zu. Hier ist die korrekte Markierung:

```
<span xml:lang="en" lang="en">Homepage</span>
```

Die Verwendung von `<span>` ist in vielen, aber nicht in allen Fällen sinnvoll. Bei länge-ren Zitaten empfiehlt es sich, für die Markierung des Sprachwechsels ein Element wie `<quote>` oder `<blockquote>` einzusetzen.

Nach dem Wortlaut der BITV wäre der Sprachwechsel in jedem Fall zu markieren. Leider machen manche Screenreader vor dem Sprachwechsel nach wie vor noch eine deutlich wahrnehmbare Denkpause, bis sie sich auf die andere Sprache eingestellt haben. Das kann sehr störend sein. Wir empfehlen daher, bei Wörtern, bei denen die falsche Aussprache nicht weit von der richtigen entfernt ist und die Erkennbarkeit kein Problem darstellt, zu prüfen, ob man die Kennzeichnung des Sprachwechsels nicht besser weglässt. Im konkreten Fall mag der Screenreader Jaws unsere eingedeutschte Schreibung „Homepage" überhaupt nicht und liest etwas vor, das wie „hammepütsch" klingt. Erst wenn man ihm korrekt „home page" serviert, bequemt er sich zur richtigen Aussprache.

Ein weiteres Problem entsteht neuerdings dadurch, dass die Sprachsynthese der Screenreader immer bessere Qualität erreicht und somit englisch oder amerikanisch ausgesprochene Wörter tatsächlich immer anglophoner klingen. Das kann dazu füh-ren, dass bereits halb eingedeutschte Fremdwörter so perfekt fremd ausgesprochen werden, dass der deutsche Durchschnittshörer sie gar nicht oder nur mit Mühe wie-dererkennt. In diesem Fall ist also sowohl mit als auch ohne Sprachkennzeichnung die Wiedererkennung nicht gewährleistet.

Aus dieser Situation gibt es letztlich nur einen Ausweg: die Zahl der Fremdwörter so niedrig wie möglich zu halten. Erfahrungsgemäß ist das übrigens gerade bei Seiten von Behörden und anderen Einrichtungen, an deren Zugänglichkeit zu Recht besonders hohe Anforderungen gestellt werden, relativ leicht möglich, weil der Verwaltungswortschatz von der Verdenglischung noch nicht voll erfasst worden ist.

9.4.2 Akronyme und Abkürzungen

Die korrekte Auszeichnung von Abkürzungen und Akronymen hat in der Regel zwei Ziele.

BITV 4.2
Abkürzungen und Akronyme sind an der Stelle ihres ersten Auftretens im Inhalt zu erläutern und durch die hierfür vorgesehenen Elemente der verwendeten Markup-Sprache kenntlich zu machen.

Zum einen soll die Verständlichkeit des Textes verbessert werden, denn nicht allen potenziellen Lesern sind die verwendeten Abkürzungen und Akronyme tatsächlich bekannt, und zum anderen soll die korrekte Aussprache für Screenreader-Benutzer gewährleistet sein. Viele Abkürzungen und Akronyme sind heute fest im deutschen Sprachgebrauch verankert und erscheinen nicht mehr erklärungsbedürftig. Bei anderen erscheint eine Erklärung sogar eher geeignet, zusätzliche Verwirrung zu stiften: Die meisten Menschen wissen, dass DSL schnelles Internet bedeutet, aber die wenigsten wissen, dass sich dahinter der Begriff „Digital Subscriber Line" versteckt. Und es ist außerordentlich zweifelhaft, ob es tatsächlich zur Erklärung der Sache beiträgt, über diese ursprüngliche Bedeutung der drei Buchstaben zu informieren.

Fehlt Akronymen oder Abkürzungen jedoch eine entsprechende Auszeichnung im Markup, kann es dazu kommen, dass eine Screenreader-Software tatsächlich versucht, die Abkürzungsbuchstaben als Wort auszusprechen. Bei unserem Beispiel „Aids" von vorhin ist das nicht wirklich problematisch, da sich seine zusammengezogene Aussprache tatsächlich in den allgemeinen Sprachgebrauch integriert hat. Bei „z.B." sieht das schon ganz anders aus. Hier kann es also keine Patentregeln geben. In vielen Fällen wird es möglich sein – wie unserer Meinung nach bei DSL – Abkürzungen als bereits eingeführte Begriffe anzusehen, die keiner Auflösung bedürfen. In anderen Fällen wird eine Auflösung unentbehrlich sein – nicht jeder weiß oder muss wissen, dass mit PKV „**P**rivate **K**ranken**v**ersicherung" oder mit ADGO die „**A**llgemeine **d**eutsche **G**ebühren**o**rdnung für Ärzte" gemeint ist.

Während es bei Fremdwörtern oft möglich ist, dem Problem der Kennzeichnung durch Umformulierung zu entgehen, steht dieser Ausweg bei amtlichen Abkürzungen in der Regel nicht zur Verfügung. Dafür gibt es hier ein anderes Mittel, das unter Umständen auch geeignet ist, die bei `title` problematische Sprachkennzeichnung in den Griff zu bekommen. Man schreibt den abzukürzenden Begriff beim ersten Vorkommen aus und setzt die Abkürzung in Klammern dahinter: also „Allgemeine deutsche Gebührenordnung (ADGO)". Im näheren Umfeld kann man dann auch einfach von „Gebührenordnung" sprechen; in größerer Entfernung vom ersten Vorkommen empfiehlt es sich, gelegentlich den vollen Ausdruck zu wiederholen. Nach verbreiteter Auffassung verlangt die BITV die Auflösung von Abkürzungen übrigens nur beim ersten Vorkommen der jeweiligen Buchstabenfolge – angesichts der Tatsache, dass Webtexte oft nicht von

Anfang bis Ende gelesen werden, sondern Besucher über Suchmaschinen an beliebiger Stelle einsteigen können, eine nur begrenzt praxisfreundliche Auslegung.

Nach dieser langen Vorrede kommen wir nun endlich zur widerspenstigen Sache: (X)HTML bietet uns die Elemente `acronym` und `abbr` (*abbreviation* = Abkürzung), um Akronyme und Abkürzungen auszuzeichnen. Beide Elemente verfügen über das `title`-Attribut, dem man die eigentliche Beschreibung des Textes mitgeben kann. Grafische Browser stellen dieses Titelattribut dann als so genannten Tooltipp dar; wenn der User mit dem Mauszeiger über den Text fährt. Mozilla, Firefox &Co. markieren so ausgezeichnete Wörter mit einer dünnen gepunkteten Linie unter dem Text. Im meistgebrauchten Browser, dem Microsoft Internet Explorer, werden Akronyme nicht gestalterisch betont.

In den meisten Fällen wird der Leser also gar nicht wissen, wohin er mit der Maus fahren soll, um die notwendige Information zu erhalten. Aus diesem Grund ist es sinnvoll, solche Begriffe mit Hilfe von CSS deutlich innerhalb des Textes zu kennzeichnen, indem man sie z.B. farbig hinterlegt oder unterstreicht.

Screenreader-Benutzer haben die Möglichkeit, ihre Hilfsmittel so zu konfigurieren, dass sie sich direkt die Erläuterung anstelle des eigentlichen Textes ausgeben lassen können. Schreibt man im Markup

```
<p>Wir verwenden die moderne <acronym title="Digital Subscriber Line ">
DSL</acronym>-Technik</p>
```

tauscht der Screenreader die Abkürzung gegen den Inhalt des `title`s aus und sagt: „Wir verwenden die moderne Digital Subscriber Line-Technik."

Bei unserem oben genannten Beispiel „DSL" handelt es sich um einen englischsprachigen Begriff.

Da es sich bei `lang` um ein Universalattribut handelt, ist dies auch für `acronym` und `abbr` erlaubt und sollte im Prinzip auch hier eingesetzt werden. Korrekt wäre unser Akronym dann wie folgt ausgezeichnet:

```
<acronym title=" Digital Subscriber Line" lang="en" xml:lang="en" >
DSL</acronym>
```

Praktisch wäre das allerdings ziemlich problematisch, denn im deutschen Sprachgebrauch sprechen wir die Buchstaben DSL deutsch aus. Der `title` „Digital Subscriber Line", den wir gerne englisch ausgesprochen hören würden, ist von der Sprachkennzeichnung nicht betroffen und kommt in jedem Fall in deutscher Aussprache. Also lassen wir hier die Sprachkennzeichnung getrost weg.

Die Ersetzung des `span`-Inhalts durch den Inhalt des `title`s funktioniert bei Abkürzungen exakt so wie bei `acronym`:

```
<abbr title="zum Beispiel">z.B</abbr>
```

Haben Screenreader-Benutzer ihre Software so konfiguriert, dass sie sich die Erläuterungen statt des eigentlichen Textes direkt ausgeben lassen, hören sie bei der akustischen Ausgabe den erklärenden Text zum Beispiel. Alle anderen bemerken davon nichts.

Bei solch eingängigen Abkürzungen scheint es sinnvoll, auf eine gestalterische Hervorhebung zu verzichten, da sie meistens mehr verwirren als helfen würde.

Das Beispiel „DSL" wirft die Frage auf, ob man ein solches Akronym tatsächlich auszeichnen sollte. Wäre es nicht für alle vorteilhafter, den Text strukturell so anzulegen, dass die Erklärung direkt im Text sichtbar ist? DSL wird im deutschen Sprachgebrauch so gelesen, wie es da steht, d.h., die einzelnen Buchstaben werden nacheinander ausgesprochen. Screenreader geben dieses Akronym ebenfalls in dieser Form aus. In einem solchen Fall halten wir eine Auszeichnung im Allgemeinen für überflüssig. Eine Erklärung innerhalb des Textes wäre sinnvoller – sofern eine solche Erklärung im jeweiligen Fall überhaupt angebracht ist:

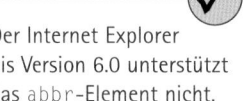

Der Internet Explorer bis Version 6.0 unterstützt das `abbr`-Element nicht.

> *Wir verwenden die moderne DSL (Digital Subscriber Line)-Technik.*

Allerdings ist diese Abkürzung dann semantisch „nicht vorhanden" und wird von Programmen zur automatischen Erstellung von Abkürzungsverzeichnissen und anderen semantischen Agenten nicht erkannt.

9.4.3 Das Glossar

Auf vielen Webseiten wimmelt es von Fachausdrücken, die dem Inhaltsanbieter geläufig sind, dem möglichen Benutzer jedoch völlig unbekannt sein können. In einem solchen Fall kann ein Glossar sehr hilfreich sein. Fachbegriffe, Fremdwörter und auf den Seiten verwendete Begriffsdefinitionen können so dem Benutzer eingehend erklärt werden.

Das Glossar kann die Elemente `abbr` und `acronym` nicht ersetzen, sondern lediglich erweitern, wenn eine inhaltliche Notwendigkeit gegeben ist. Begriffe, die im Glossar erklärt werden, sind im Fließtext als solche zu kennzeichnen und verweisen auf den entsprechenden Glossareintrag. Handelt es sich bei dem entsprechenden Begriff weder um ein Akronym noch um eine Abkürzung, sondern einfach um einen aus anderen Gründen erklärenswürdigen Begriff, kann es sinnvoll sein, den beschreibenden Text innerhalb des `link`-Titels auszugeben. Sowohl gestalterisch als auch semantisch sollte auf die dahinter liegende Information aufmerksam gemacht machen. Dies könnte mit Hilfe einer Info-Grafik mit entsprechendem `alt`-Text, einem eindeutigen `link`-Titel sowie mit Hilfe von CSS realisiert werden.

Der integrierte `link`-Titel wird von grafischen Browsern als Tooltipp dargestellt, so dass es dann nicht mehr nötig ist, die Seite zu verlassen und den Eintrag im Glossar anzusehen. Für viele Besucher ist das zweifellos eine sehr komfortable Lösung. Der Tooltipp ist jedoch in keinem Fall ein Ersatz für ein eigenständiges Glossar: Die

Tooltipps werden je nach Browser nur in begrenzter Länge und für begrenzte Zeit dargestellt; für Tastaturbenutzer sind sie überhaupt nicht zugänglich. Der Vorwurf der redundanten Information könnte jetzt laut werden, aber es gibt immer wieder Begriffe, für deren Erläuterung wesentlich mehr Zeichen nötig sind, als im Tooltipp darstellbar sind. In einem solchen Fall sollte der User die Möglichkeit erhalten, das Glossar direkt anzuspringen.

9.4.4   Wie sieht es in Bad Seendorf aus?

In Bad Seendorf setzen wir eine dynamische Glossarkomponente ein, um unsere Inhalte nicht per Hand verwalten zu müssen. Alle im Glossar befindlichen Ausdrücke werden automatisch im Fließtext erkannt und optisch und inhaltlich hervorgehoben.

Eine Infografik weist auf den möglichen Glossareintrag hin, mit Hilfe von CSS wird der Link optisch hervorgehoben. Der erklärende Text befindet sich sowohl im `title` des Links als auch auf den separaten Seiten des Glossars.

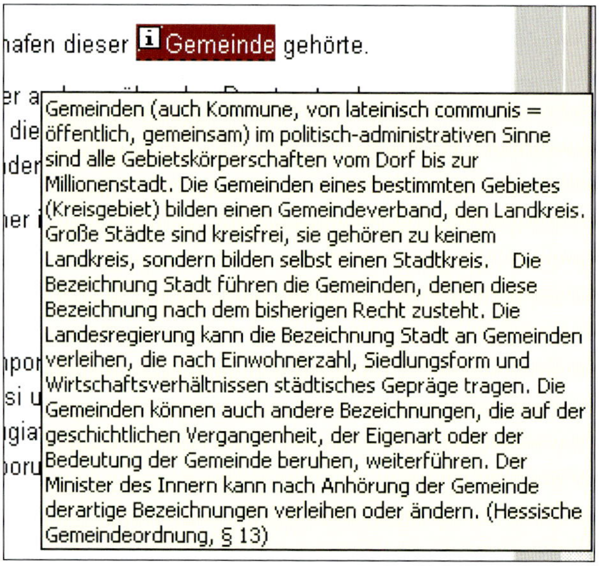

ABBILDUNG 9.13

*Tooltipp für den
Glossarbegriff*

Im Markup stellt sich das dann so dar:

```
<a style="cursor:help;border-bottom:1px dotted #000000;"
href="http://www.badseendorf.de/seendorf_clean/glossar/gemeinde.
html" title="Gemeinden (auch Kommune, von lateinisch communis =
öffentlich, gemeinsam) im politisch-administrativen Sinne sind alle
Gebietskörperschaften vom Dorf bis zur Millionenstadt. Die Gemeinden
eines bestimmten Gebietes (Kreisgebiet) bilden einen Gemeindeverband,
den Landkreis. Große Städte sind kreisfrei, sie gehören zu keinem
Landkreis, sondern bilden selbst einen Stadtkreis.    Die
Bezeichnung Stadt führen die Gemeinden, denen diese Bezeichnung nach
dem bisherigen Recht zusteht. Die Landesregierung kann die Bezeichnung
```

```
Stadt an Gemeinden verleihen, die nach Einwohnerzahl, Siedlungsform
und Wirtschaftsverhältnissen städtisches Gepräge tragen. Die Gemeinden
können auch andere Bezeichnungen, die auf der geschichtlichen
Vergangenheit, der Eigenart oder der Bedeutung der Gemeinde beruhen,
weiterführen. Der Minister des Innern kann nach Anhörung der
Gemeinde derartige Bezeichnungen verleihen oder ändern. (Hessische
Gemeindeordnung, § 13)">

<img src=http://www.bad-seendorf.de/seendorf_clean/mambots/content/rd_
glossarybot/info.gif alt="Info Glossareintrag" style="float:none;display:
inline;margin:0" />Gemeinde</a>
```

Die Infografik gibt Screenreader-Anwendern Auskunft über den Sinn und Zweck der Markierung. Aus technischen Gründen haben wir diesem Fall auf Inline-Styles zurückgegriffen.

Im Kopf der Seite findet man einen direkten Verweis zum Glossar, in dem alle Einträge, nach dem ABC sortiert, in einer Definitionsliste vorliegen. Hinter jedem Buchstaben liegt der Ankerpunkt zu seinen Einträgen.

ABBILDUNG 9.14

Glossareintrag auf der Website von Bad Seendorf

Es existiert ein eigenes Dokument für jeden Buchstaben. Dies ist immer dann notwendig, wenn eine große Anzahl von Glossareinträgen vorliegt. Damit Screenreader den Buchstaben samt seiner Inhalte direkt anspringen und beim Vorlesen der Seite nicht am Anfang beginnen müssen, wurden interne Sprungmarken als Direktlink zu den eigentlichen Buchstabeneinträgen gewählt:

```
<a name="g"></a><h3>Buchstabe g</h3>
<dl class="glossary">
<dt>Gemeinde</dt>
<dd> Gemeinden (auch Kommune, von lateinisch communis = öffentlich,
gemeinsam) im politisch-administrativen Sinne sind alle Gebietskörperschaften
vom Dorf bis zur Millionenstadt .....
</dd></dl>
```

Die Links in der Buchstabenübersicht sind zur besseren Verständlichkeit mit einem `title` versehen. Er gibt Auskunft über den gewählten Buchstaben und die Anzahl der entsprechenden Einträge:

```
<ul>
  .....
  <li>
  <a title="Buchstabe g Eintraege (1)" href="http://www.bad-seendorf.de/
  seendorf_clean/glossar_s.html#s">G</a>
  </li>
  .....
</ul>
```

9.4.5   Schwerpunkte

◆ Verständliche Sprache

◆ Wenn möglich Verzicht auf Fremdwörter, Akronyme und Abkürzungen

◆ Sprachwechsel auszeichnen

◆ Wenn angebracht Einsatz eines Glossars

9.4.6   Testmöglichkeiten

Korrekt gesetzte Sprachauszeichnungen und der sinnvolle Einsatz von Akronymen und Abkürzungen lassen sich am besten in einem Screenreader testen.

9.5   Hilfeseite

Hilfeseiten sind ein wichtiger Bestandteil jedes Accessibility-Konzepts. Sie geben dem Besucher einen Überblick darüber, welche assistiven Techniken auf einer Site unterstützt werden (oder auch nicht) und was er tun kann, um auch dann seine Ziele zu erreichen, wenn eine von ihm vielleicht bevorzugte Verfahrensweise nicht unterstützt wird. Ältere und wenig technik-affine Besucher kennen oft nicht den vollen Leistungsumfang der von ihnen eingesetzten Software und sind dankbar dafür, im konkreten Zusammenhang hilfreiche Tipps und Hinweise zu erhalten. Bei Auftritten, deren Layout z.B. bei starker Vergrößerung Probleme aufwerfen kann und die deshalb ein unbegrenzt vergrößerungsfähiges Alternativlayout anbieten, ist es sinnvoll, die Hilfeseite in jedem Fall in diesem Alternativlayout zu präsentieren, um größtmögliche Zugänglichkeit zu sichern. Auch das Vorhandensein und die Nutzungsmöglichkeiten des Styleswitchers müssen in einer Hilfe erläutert werden – sonst werden gerade die Leute sie nicht finden, die sie am meisten brauchen.

Solche Hilfeseiten können auch für viele Besucher, die keine assistive Technik einsetzen, eine wichtige Funktion erfüllen. Es kann durchaus hilfreich sein, kurz und in einfachen Worten zu erläutern,

◆ welche Aufgabe sich ein Webauftritt überhaupt gestellt hat (und welche nicht),

◆ wie er insgesamt aufgebaut und wie dementsprechend die Navigation eingerichtet ist,

◆ was man im „technischen Menü" findet und

◆ dass man sich bei technischen Problemen an den „Webmaster" und bei Fragen zur Hundesteuer an das „Bürgeramt" wenden soll.

9.5.1 Wie sieht es in Bad Seendorf aus?

Keine Website sollte mehr ohne Hilfeseite ins Netz gestellt werden. Diese Hilfeseite richtet sich keinesfalls ausschließlich an behinderte Besucher. Zumindest da, wo es nicht ohne weiteres klar ist, welche Art von Informationen oder Leistungen auf einer Website angeboten werden und welche nicht, kann die Hilfeseite die notwendige Klarheit schaffen. Allerdings ist gerade in diesem Fall zu überlegen, ob entsprechende Ausführungen nicht gleich auf der Eingangsseite untergebracht werden sollten.

Generell empfehlen wir, mindestens drei Punkte zu berücksichtigen:

◆ Allgemeine Orientierungshilfen

◆ Hinweise auf besondere Unterstützung oder Bedienungsempfehlungen für Nutzer assistiver Technik

◆ Angabe einer Adresse, bei der Besucher, die sich mit einer Barriere konfrontiert sehen, diese melden können

Genauso haben wir es auf der Hilfeseite für Bad Seendorf auch gehalten, die wir deshalb als Beispiel hier komplett abdrucken:

Eine kleine Gebrauchsanweisung

Hier finden Sie hilfreiche Informationen zu folgenden Gegenständen:

1. Zum Aufbau und zum Inhalt unserer Website

2. Hilfen für Sehbehinderte

3. Hilfen für Anwender von Screenreadern oder Braillezeilen

4. Hilfen für Menschen, die Maus oder Tastatur nur mit Mühe oder gar nicht bedienen können

5. Weitere Hilfestellungen

6. Barrieremelder

1. Aufbau und Inhalt

Wir haben drei Hauptbereiche eingerichtet: Touristik, Freizeit *und* Bürgerservice. *Jeder dieser Bereiche hat auf der linken Seite des Bildschirms seine eigene „Bereichsnavigation", die Sie zu den Unterseiten führt.*

Touristik *enthält Informationen für Menschen, die nicht in Bad Seendorf wohnen oder unsere Stadt noch gar nicht kennen. Hier erfahren Sie alles, um zu sehen, ob Bad Seendorf für Sie eine Reise wert ist, wie Sie ein Hotel finden und was es kostet. Bei* Touristik *haben wir keine aktuellen Veranstaltungen aufgenommen – die finden Sie unter* Freizeit.

Freizeit *sagt Ihnen, was wann und wo in Bad Seendorf und Umgebung zur Freizeitgestaltung geboten wird: vom Stundenplan der Wattwanderungen bis zum Programm des Jugendkinos. Informationen über unsere ständigen Einrichtungen – z.B. über das Bootsmuseum und seine Öffnungszeiten – finden Sie unter* Touristik.

Bürgerservice *ist der Internet-Ableger unseres Rathauses. Hier finden Sie alles, was mit der Verwaltung zu tun hat. Hier haben wir aber auch einige andere wichtige Informationen aufgenommen: z.B. Telefonnummern für den ärztlichen Notdienst oder für die Feuerwehr. Wir hoffen, dass unsere auswärtigen Besucher diese nie brauchen, aber man weiß ja nie.*

2. Hilfen für Sehbehinderte

Die Website von Bad Seendorf ist so angelegt, dass Sie die Schriftgröße nach Ihren Bedürfnissen selbst einstellen können. Im Internet Explorer geht das unter ANSICHT/ SCHRIFTGRAD, *im Mozilla/Firefox unter* ANSICHT/TEXTGRÖSSE

Menschen mit besonderen Anforderungen an die Darstellung bieten wir die Möglichkeit, das Aussehen der Webseite weiter zu verändern: Auf allen Seiten finden Sie rechts oben eine Wahlmöglichkeit für „Darstellung". Neben der Voreinstellung „Standard" können Sie auch noch „Hochkontrast" oder „Türkis" (eher kontrastschwach) einstellen. Probieren Sie es einfach einmal aus. Wenn Sie Firefox oder Mozilla verwenden, können Sie bei „Hochkontrast" oder „Türkis" die Schriften beliebig groß stellen, alles bleibt lesbar. Diese Einstellung gilt nur für Ihren Besuch auf der Webseite von Bad Seendorf – alles andere bleibt, wie es ist.

Wenn Sie „Cookies" nicht abgestellt haben, bleibt die einmal gewählte Einstellung bei jedem Besuch von Bad Seendorf erhalten, bis Sie wieder auf „Standard" zurückstellen. Wenn die Einstellung immer wieder von selbst auf „Standard" geht, heißt das, dass Sie „Cookies" abgestellt haben und vielleicht besser wieder aktivieren sollten.

3. Hilfen für Anwender von Screenreadern oder Braillezeilen

Die Seiten von Bad Seendorf sind so aufgebaut, dass sie auch bei akustischer oder taktiler Wiedergabe gut wahrzunehmen sind. Am Anfang jeder Seite finden Sie zwei Übersprung-Links, die Sie auf kurzem Wege entweder zu den Navigationen oder zum eigentlichen Seiteninhalt führen. Alle Abschnitte und Bedienungselemente oder Navigationen haben eigene Überschriften, die Ihnen eine bequeme Navigation innerhalb der Seite mit der Überschriftenfunktion Ihres Screenreaders ermöglichen. Bei längeren Texten sind auch die Texte selbst so mit Zwischenüberschriften gegliedert, dass Sie die Überschriftenfunktion einsetzen können.

4. Hilfen für Menschen, die Maus oder Tastatur nur mit Mühe oder gar nicht bedienen können

Die Seiten sind so aufgebaut, dass alle Funktionen auch über die Tastatur ausgelöst werden können – selbstverständlich auch über Spezialgeräte wie Eintaster oder Kopfmäuse usw. Wegen der bekannten Probleme mit Accesskeys haben wir auf deren Einsatz verzichtet und stattdessen den Inhalt in möglichst logischer und bedienungsfreundlicher Reihenfolge angeordnet. Bei Verwendung der Tastatur stehen Ihnen auch die Sprungbefehle zur Abkürzung des Weges zur Navigation oder zum Inhaltsbereich zur Verfügung. Personen mit Störungen der Feinmotorik oder Anwendern von Hilfsmitteln, die hohe Anforderungen an die „Zielgenauigkeit" stellen, empfehlen wir, einmal eine der alternativen Darstellungen auszuprobieren. Dort sind die Menüpunkte so ausgeführt, dass man sie mit Hilfsmitteln jeder Art leicht treffen kann.

5. Weitere Hilfestellungen

Für Menschen mit Sehproblemen kann es unter Umständen hilfreich sein, die Seiten ganz ohne unsere grafische Darstellung oder in der Druckvorschau zu betrachten. Eine sehr einfache Möglichkeit zum Abschalten des Layouts bietet der Firefox unter ANSICHT/ SEITENSTIL/KEIN STIL. Die Druckvorschau ist in allen großen Browsern unter DATEI/ DRUCKVORSCHAU erreichbar.

6. Barrierenmelder

Wir haben versucht, die Seiten von Bad Seendorf möglichst frei von Barrieren zu halten. Wenn Sie beim Besuch unseres Webauftritts trotzdem einmal nicht weitergekommen sind – schreiben Sie uns eine E-Mail an hilfe@bad-seendorf.de und beschreiben Sie das Problem. Wir werden versuchen, eine Lösung zu finden.

9.5.2 Erläuterungen

Zumindest der Teil über „Aufbau und Inhalt" wäre auch ideal für die Präsentation als Gebärdensprache-Video geeignet: Gerade wer Schwierigkeiten im Erfassen der Schriftsprache hat, wird es zu schätzen wissen, wenn die Hilfe ihm einen Teil der Orientierungsarbeit abnimmt. Wenn auf einer Site Gebärdenvideos in größerem Umfang eingesetzt werden, kann die Hilfeseite auch ein spezielles Inhaltsverzeichnis dieser Videos anbieten oder zu einem solchen Verzeichnis verlinken.

Bei einer längeren Hilfeseite sollte auf jeden Fall – wie in Bad Seendorf geschehen – eine Art Inhaltsverzeichnis mit Sprungmarken vorangestellt werden, damit Anwender assistiver Technik auf kurzem Wege zu den für sie interessanten Informationen springen können.

Es ist zu überlegen, ob man für die Hilfeseite auf die Menüs und andere nicht unbedingt erforderliche Elemente des Seitenrahmens verzichtet, damit jeder, der „Hilfe" anwählt, sofort und ohne möglicherweise überfordernde Ablenkung zum gewünschten Inhalt gelangt. Bei Webauftritten, deren Standardlayout z.B. im Invertierungsmodus Probleme aufwerfen kann, kann man auch darüber nachdenken, ob die Hilfeseite von vornherein im Layout eines Accessibility-Stylesheets dargestellt werden soll. Dabei ist allerdings zu bedenken, dass Anwender von Standard-Clients durch die unerwartete Veränderung des Aussehens möglicherweise irritiert werden und gar nicht erkennen, dass sie noch auf dem gleichen Webauftritt sind. Man müsste dann zumindest auf der Hilfeseite dafür sorgen, dass noch eine ungefähre „Familienähnlichkeit" zur Eingangsseite gewahrt bleibt.

Die generelle Hilfeseite sollte nicht zu lang werden. Man kann auch davon ausgehen, dass Anwender assistiver Technik ihre Hilfsmittel einigermaßen kompetent einsetzen und nicht noch einmal mit Informationen behelligt werden wollen, die sie bereits aus der Gebrauchsanweisung ihrer Software kennen. Wo es dennoch angebracht erscheint, spezielle Hilfen für einzelne Besuchergruppen anzubieten, sollte das auf Sonderseiten erfolgen, auf die von den entsprechenden Abschnitten der allgemeinen Hilfeseite verlinkt wird. Allgemein gilt: Niemand liest gerne Manuals. Eine kurze Hilfeseite hat jedenfalls mehr Chancen, beachtet zu werden, als eine lange.

9.6 Technische Hilfsmittel

Generell sind inhaltliche Navigationshilfen eine gute Sache. Für welche sich der Besucher aber tatsächlich entscheidet, hängt ganz extrem von seinen eigenen Vorlieben und Gewohnheiten ab.

Ein praktisches Beispiel verdeutlicht, wie sich Nutzer mit unterschiedlichen Gewohnheiten auf Webseiten bewegen:

Drei Menschen gehen in einen sehr großen Baumarkt und möchten einen Hammer kaufen. Person 1 läuft quer durch alle Gänge, bis sie ihren Hammer gefunden hat. Person 2 orientiert sich an der Beschilderung der Regale, und Person 3 fragt direkt einen Verkäufer.

Ähnlich verhalten sich die Menschen im Netz. Beobachtungen in Usability-Versuchen haben gezeigt, dass bei weitem nicht alle Anwender die bereitgestellte Navigation so einsetzen, wie sich das die Entwickler gedacht haben. Benutzer mit geringer Web-Erfahrung verwenden lieber eine Sitemap, oder besser gesagt: das Inhaltsverzeichnis, da sie dies aus Büchern kennen und gewohnt sind damit umzugehen. Menschen mit präzisen Vorstellungen nutzen oft von Anfang an die Suchfunktion, während andere eher ungezielt durch die Gegend klicken, bis sie an ihrem Ziel angekommen sind. Wünschenswert ist, diese unterschiedlichen Nutzerverhalten in Betracht zu ziehen und jedem Benutzertyp ausreichende Hilfen zu bieten. Damit erreicht man auch eine möglichst umfassende Berücksichtigung der Bedürfnisse von Menschen, die assistive Technik einsetzen.

9.6.1   Inhaltsverzeichnis

Ein Inhaltsverzeichnis gibt es in jedem guten Buch, eine Konvention, die auch im Internet Einzug halten sollte. Die „Sitemap" kann gerade auf komplexeren Seiten ein sehr hilfreiches Mittel sein, um sich innerhalb der Gesamtseite besser orientieren zu können. Tests und Userbefragungen haben ergeben, dass sie sehr viel häufiger genutzt wird, wenn man nicht mit den technischen Begriff „Sitemap" auf sie aufmerksam macht, sondern tatsächlich das deutsche Wort „Inhaltsverzeichnis" verwendet. Der Link zum Inhaltsverzeichnis sollte sich konsistent an prominenter Stelle befinden. In unserem Praxisbeispiel haben wir dafür einen Bereich in der Kopfzeile vorgesehen.

BITV 13.3
Es sind Informationen zur allgemeinen Anordnung und Konzeption eines Internetangebots, z.B. mittels eines Inhaltsverzeichnisses oder einer Erklärung dieses Begriffs im Glossar, bereitzustellen.

Die Aufgabe einer Sitemap ist es, die inhaltliche Struktur des Webangebots auf einen Blick darzustellen. Gerade bei komplexen und umfangreichen Webangeboten ist das schon aus Platzgründen oft unmöglich – dann ist es sinnvoll, die Einträge zur höchsten oder zu den beiden höchsten Kategorien-Ebenen wie ein „Inhaltsverzeichnis zum Inhaltsverzeichnis" noch einmal gesondert an den Anfang zu setzen.

Viele Content Management-Systeme generieren automatisch eine Sitemap nach der in einem Webauftritt realisierten Struktur. Wenn diese Sitemap unübersichtlich ausfällt, ist das ein untrügliches Zeichen dafür, dass man sich beim Entwurf der Struktur nicht genügend Gedanken über die Informationsarchitektur gemacht hat. Dann ist Nacharbeiten angesagt. Gerade für Anwender, die schlecht oder gar nicht sehen, stellt eine unklare Informationsarchitektur ein kaum überwindbares Zugangshindernis dar.

9.6.2 Wie sieht es in Bad Seendorf aus?

In unserem Praxisbeispiel verwenden wir eine modifizierte Form der Sitemap-Komponente von `run-digital.com`, die speziell für die Integration in Joomla! entwickelt wurde.

Unsere Inhalte sind generell in drei Hauptbereiche untergliedert:

◆ Bürgerservice

◆ Touristik

◆ Freizeit

Zusätzlich findet man technische Hilfen wie:

◆ Das Inhaltsverzeichnis

◆ Das Glossar

◆ Kontakt

Zu Beginn der Seite findet man eine inhaltliche Übersicht in Form einer nummerierten Liste. Die einzelnen Listenpunkte führen durch Sprungmarken direkt zur Ansicht des jeweiligen Bereichs:

```
<ol class="sprungmarken">
  <li><a href="#Hauptmenue">Hauptmenue</a></li>

  ......

<ol>
```

Dies hat den Vorteil, dass gerade Screenreader-Benutzer zu Beginn genau wissen, wie viele Bereiche sich auf der Gesamtseite befinden. Sie haben die Möglichkeit, den gewünschten Bereich direkt anzuspringen, und es wird vermieden, dass sie sich die gesamte Sitemap vorlesen lassen müssen, um zum gewünschten Ziel zu gelangen.

Unsere Bereiche selbst haben eine Überschrift, um sie klar voneinander abzugrenzen, und werden als verschachtelte Listen dargestellt.

ABBILDUNG 9.15

Bildauschnitt Sitemap von Bad Seendorf

```
<h4>Bereichsmenue B&uuml;rgerservice</h4>
<ul class="sitemapebene0">
    <li>
      Link 1
    </li>
    <li>
      Link2
        <ul class="sitemapebene1">
          <li>
            Link
          </li>
        </ul>
    </li>
</ul>
```

9.6.3   Suchfunktion

Besucht man eine Seite und findet nicht auf Anhieb das, was man sich erhofft hat, kann eine Suchfunktion sehr hilfreich sein.

Bei Auftritten mit geringem Seitenvolumen und leicht strukturierbaren Inhalten ist eine Suchfunktion sicher kein absolutes „Muss".

Bei den meisten Webauftritten, die sich an der BITV orientieren, dürfte eine Suchfunktion jedoch zur unentbehrlichen Grundausstattung gehören. Hilfreich ist sie in jedem Fall.

Das Eingabefeld zur Suche sollte optisch gut sichtbar platziert und auch im Markup möglichst weit „nach oben" gestellt sein, um allen Anwendern einen schnellen Zugriff zu erlauben. Entsprechend ist die Ausgabe so zu gestalten, dass der Anwender sich nicht erst mühsam bis zum Suchergebnis durchklicken muss, sondern sofort erfährt: Hier ist das Suchergebnis – und so sieht es aus.

BITV 13.7
Soweit Suchfunktionen angeboten werden, sind der Nutzerin, dem Nutzer verschiedene Arten der Suche bereitzustellen.

Das Programmieren einer guten Suchfunktion ist eine große Herausforderung, da die eigentliche Logik, die hinter einem solchen Script steckt, darüber entscheidet, was als Treffer gefunden und ausgegeben wird. Viele Suchfunktionen finden den Suchbegriff z.B. nicht nur als ganzes eigenständiges Wort, sondern auch als Wortbestandtteil. In bestimmten Fällen kann dies sehr hilfreich sein, es kann aber die Anzahl der Suchergebnisse deutlich in die Höhe treiben und damit die gewünschte Übersichtlichkeit verhindern.

Zur Verdeutlichung

Man sucht nach dem Begriff „Test" und erhält auch die Treffer „spätestens", „Bushaltestelle" oder „bekanntesten". Richtig: Bei genauerem Hinsehen ist festzustellen, dass alle diese Wörter den Bestandteil „test" enthalten. Diese Ergebnisse sind hier wenig hilfreich, blähen die Trefferliste auf und erschweren damit die Suche.

In anderen Fällen kann ein solches Verhalten des Suchalgorithmus jedoch durchaus nützlich sein, wenn man z.B. „Bürger" sucht und neben „Bürger" auch „Bürgerinnen" und „Bürgeramt" findet.

In diesen Fällen greift die Vorgabe von BITV 13.7, dass verschiedene Arten der Suche bereitzustellen sind. Im Idealfall sollte es also dem Anwender möglich sein, seine Suche nach verschiedenen Parametern zu konfigurieren – unter anderem eben auch danach, ob eine Suche „nur nach ganzen Wörtern" oder auch „nach Wortbestandteilen" erfolgen soll.

Rechtschreibfehler, wie sie nicht nur Menschen mit schlechten Augen oder unsicheren Fingern leicht unterlaufen, sind ein großes Hindernis für die Nutzung von Suchfunktionen. Da trifft es sich gut, dass es mithilfe der AJAX-Technik (Asynchronous JavaScript and XML) möglich ist, dem Anwender bereits nach Eingabe von drei oder vier Buchstaben eine Liste von Suchbegriffen zur Verfügung zu stellen, ohne dass die Seite neu geladen werden muss und damit assisitive Technologie aus dem Gleis wirft. Sehende Anwender können dann aus dieser Liste einen Begriff mit der Maus auswählen und in die Eingabe zur Suche übernehmen. Anwender eines Screenreaders bekommen von der ganzen Angelegenheit nichts mit und müssen das Wort selbst bis zu Ende eintippen. Sie erhalten somit nicht die Anwendern anderer Clients gebotene Unterstützung, aber diese Unterstützung für andere wirkt sich auf ihrer Seite auch nicht als zusätzliche Barriere aus. Unter diesen Umständen ist gegen den Einsatz von AJAX nichts einzuwenden.

ABBILDUNG 9.16

Suchfunktion www.ein-fachfueralle.de

Auf der Seite www.einfachfueralle.de kann man den Vorteil sehen, den der Einsatz von AJAX innerhalb der Suchfunktion bietet. Es reicht aus, die ersten vier Buchstaben eines Suchbegriffes einzugeben, und schon werden mögliche Begriffe aus der Schlagwortdatenbank zur Auswahl angeboten. Tippfehler werden abgefangen und Alternativen angeboten.

9.6.4   Wie sieht es in Bad Seendorf aus?

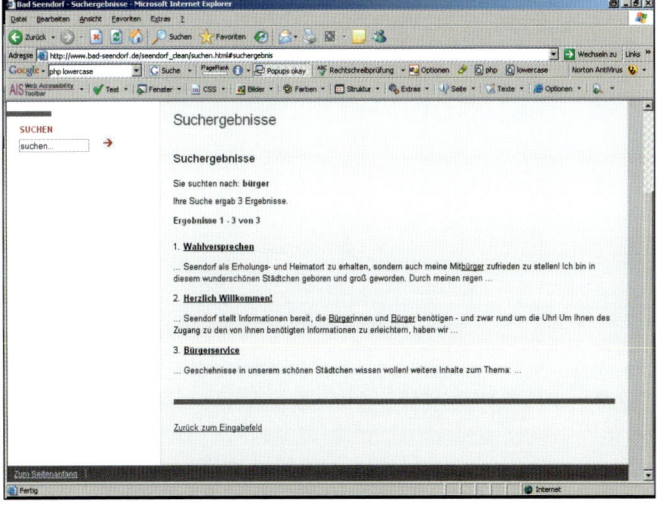

ABBILDUNG 9.17

Darstellung der Suchergebnisse

In unserem Praxisbeispiel haben wir die Suchfunktion auf jeder Seite rechts direkt unterhalb der Bereichsnavigation platziert. Der Benutzer hat die Möglichkeit, den Suchbegriff direkt einzugeben, klickt anschließend auf den Button und erhält die möglichen Suchbegriffe in Form einer nummerierten Liste. Innerhalb dieser Liste sind die Titel der Artikel mit einer Überschrift ausgezeichnet; in unserem Fall mit einer <h4>. Dies hat den Vorteil, dass Screenreader-Benutzer nicht nur von Link zu Link, sondern auch von Überschrift zu Überschrift springen können und so einen direkten Zugriff auf die Suchbegriffe haben. Auch hier wurden interne Sprungmarken direkt zum Suchergebnis eingefügt, um eine schnellere Informationsaufnahme zu gewährleisten.

9.6.5 Schwerpunkte

◆ Inhaltsverzeichnis mit semantisch korrekter und linearisierbarer Ausgabe anbieten

◆ Suchfunktion mit semantisch korrekter und linearisierbarer Ausgabe integrieren

10

SONDERFÄLLE

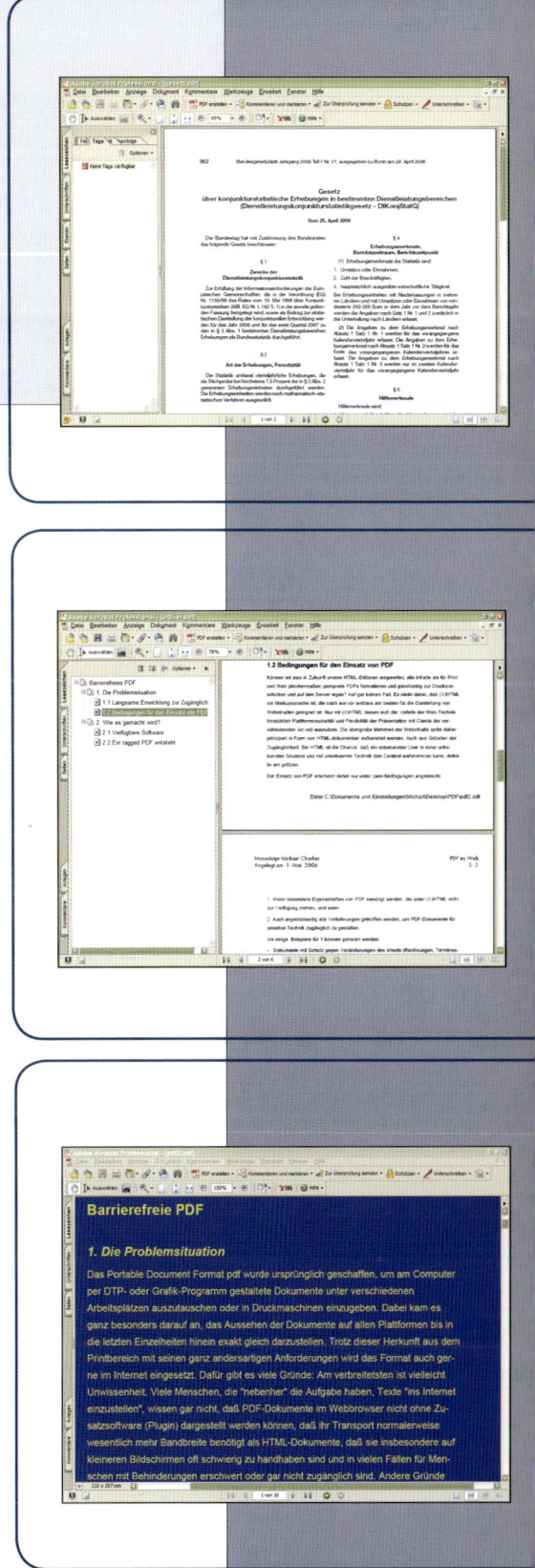

10.1 PDF

10.1.1 Die Problemsituation

Das Portable Document Format (PDF) wurde ursprünglich geschaffen, um am Computer per DTP- oder Grafikprogramm gestaltete Dokumente zwischen verschiedenen Arbeitsplätzen auszutauschen oder in Druckmaschinen einzugeben. Dabei kam es ganz besonders darauf an, das Aussehen der Dokumente auf allen Plattformen bis in die letzten Einzelheiten hinein exakt gleich darzustellen. Trotz dieser Herkunft aus dem Printbereich mit seinen ganz andersartigen Anforderungen wird das Format auch gern im Internet eingesetzt. Dafür gibt es viele Gründe: Am verbreitetsten ist vielleicht Unwissenheit. Viele Menschen, die „nebenher" die Aufgabe haben, Texte „ins Internet einzustellen", wissen gar nicht,

- ◆ dass PDF-Dokumente im Webbrowser nicht ohne Zusatzsoftware (Plugin) dargestellt werden können,

- ◆ dass ihr Transport normalerweise wesentlich mehr Bandbreite benötigt als HTML-Dokumente,

- ◆ dass sie insbesondere auf kleineren Bildschirmen oft schwierig zu handhaben sind und

- ◆ dass sie in vielen Fällen für Menschen mit Behinderungen erschwert oder gar nicht zugänglich sind.

Andere Gründe für den Einsatz von PDFs sind, dass man es schätzt, dass PDFs auch auf dem Bildschirm so aussehen wie auf Papier, oder dass man ein professionell und unter Beachtung der Corporate Identity gestaltetes Dokument (Broschüre oder Prospekt) nur als PDF besitzt und so es ohne weiteren Arbeitsaufwand auch im Internet veröffentlichen will.

10.1.1 Langsame Entwicklung zur Zugänglichkeit

Bis vor fünf oder sechs Jahren waren solche „ins Internet gestellten" PDFs für die meisten Anwender assistiver Technik praktisch fast völlig unzugänglich. Seit Webseiten-Entwickler zunehmend auf Accessibility achten, hat sich hier aber ein deutlicher Wandel vollzogen, und zwar auf beiden Seiten: Das früher in Bezug auf den Inhalt unstrukturierte PDF-Format wird seit Version 1.4 (veröffentlicht 2002) durch eine Strukturierungsebene aus so genannten „Tags" ergänzt. Diese „Tags" bieten teilweise die gleichen Kategorien wie die entsprechenden HTML-Elemente, teilweise sogar deutlich mehr (z.B. durch Strukturierungselemente für Rand- und Fußnoten). Gleichzeitig hat der PDF-Erfinder Adobe seine Readersoftware „Acrobat" um umfangreiche Accessibility-Funktionen angereichert. Die aktuelle Version 7 bietet nicht nur die Möglichkeit zur userseitigen Einstellung von Farben für Vorder- und Hintergründe, sondern hat auch einen eigenen akustischen PDF-Reader an Bord, dessen Leistung bei den von uns getesteten Dokumenten durchaus akzeptabel erschien.

Auf der anderen Seite haben auch die traditionellen Hersteller von assistiver Software die Fähigkeiten ihrer Produkte zum Entschlüsseln von PDFs deutlich verbessert. Sie werten nicht nur einen beträchtlichen Teil der Tags aus, sondern verbessern auch ständig die Methoden, um „strukturlose" Dokumente so aufzubereiten, dass ihr Inhalt in ähnlicher Weise erschlossen werden kann, wie das bei unstrukturierten HTML-Dokumenten möglich ist. Das funktioniert zwar noch lange nicht in jedem Fall zufrieden stellend, ist aber eine deutliche Verbesserung gegenüber dem Stand von vor fünf Jahren. Sauber „getaggte" PDFs scheinen auch im Screenreader inzwischen ähnlich gut navigierbar zu sein wie sauber strukturiertes HTML. Auch die Navigation allein mit der Tastatur ist möglich.

PDF ist zwar weiterhin ein proprietäres Format (es „gehört" der Firma Adobe, in deren Händen auch die Weiterentwicklung liegt), aber die Spezifikationen sind offen gelegt und können auch von unabhängigen Entwicklern genutzt werden, so dass die Anforderung nach **BITV 11** als erfüllt gelten kann:

> *„Es sind öffentlich zugängliche und vollständig dokumentierte Technologien in ihrer jeweils aktuellen Version zu verwenden, soweit dies für die Erfüllung der angestrebten Aufgabe angemessen ist."*

10.1.2 Bedingungen für den Einsatz von PDF

Können wir also in Zukunft unsere HTML-Editoren wegwerfen, alle Inhalte als für Print und Web gleichermaßen geeignete PDFs formatieren und diese gleichzeitig zur Druckerei schicken und auf den Server legen? Auf gar keinen Fall. Es bleibt dabei, dass (X)HTML die Markup-Sprache ist, die nach wie vor weitaus am besten für die Darstellung von Webinhalten geeignet ist. Nur mit (X)HTML lassen sich die Vorteile der Webtechnik hinsichtlich Plattformneutralität und Flexibilität der Präsentation mit Clients der verschiedensten Art voll ausnutzen. Die übergroße Mehrheit der Webinhalte sollte daher prinzipiell in Form von HTML-Dokumenten aufbereitet werden. Auch aus Gründen der Zugänglichkeit: Bei HTML ist die Chance, dass ein unbekannter User in einer unbekannten Situation und mit unbekannter Technik den Content wahrnehmen kann, definitiv am größten.

Der Einsatz von PDF erscheint daher nur unter zwei Bedingungen angebracht:

◆ Wenn besondere Eigenschaften von PDF benötigt werden, die unter (X)HTML nicht zur Verfügung stehen, und

◆ wenn auch angebotsseitig alle Vorkehrungen getroffen werden, um PDF-Dokumente für assistive Technik zugänglich zu gestalten.

Als einige Beispiele für Punkt 1 können genannt werden:

◆ Dokumente mit Schutz gegen Veränderungen des Inhalts (Rechnungen, Terminsachen)

◆ Wissenschaftliche Texte, bei denen die Seitenaufteilung oder die Zuordnung von Fußnoten große Bedeutung hat oder die besondere Grafikelemente (z.B. mathematische Formeln) enthalten

◆ Werbeschriften oder Produktinformationen mit hohem CI-Faktor, die weniger als Webdokumente fungieren, sondern das Internet primär als Verteilermedium nutzen

◆ Interaktive Formulare mit höherem Funktionsumfang als derzeit mit HTML realisierbar

Punkt 2 verlangt, dass überall dort, wo solche Dokumente eine mehr als triviale semantische Struktur besitzen, eine solche Struktur auch im PDF durch die entsprechenden Tags darzustellen ist. Dabei ist es nicht erforderlich, diese Struktur exakt so nachzubilden, wie das für ein Markup erforderlich wäre. Es geht lediglich darum, dem Screenreader und seinem Benutzer die Hilfen zu geben, die sie für eine sinnvolle Navigation durch das Dokument benötigen. Sonst hat assistive Technik nichts, worauf sie sich verlässlich stützen kann, sondern ist auf Raten und Schätzen angewiesen.

Gerade diese zweite Bedingung hat es also in sich und kann durchaus dazu führen, auf den Einsatz von PDF da, wo es nicht unbedingt notwendig ist, zu verzichten: Während Software und das Know-how zur Produktion von strukturiertem (X)HTML schon relativ verbreitet sind, kann man das im Hinblick auf tagged PDF derzeit noch nicht sagen. In vielen Fällen wird es daher von der Arbeitsorganisation her leichter fallen und im Endergebnis preiswerter sein, auf HTML zurückzugreifen.

10.1.3 Wie wird es gemacht?

Verfügbare Software

Während es eine große Zahl von Programmen gibt, mit denen Sie gewöhnliche PDF erzeugen können, ist die Generierung von tagged PDF derzeit unseres Wissens nur mit wenigen Programmen möglich. Das sind in erster Linie die Layout-Programme von Adobe selbst (Indesign, Pagemaker). Auch Microsoft Word (mit dem Zusatzprogramm Gs4Word) und OpenOfficeOrg 2.0 bieten in eingeschränktem Umfang Möglichkeiten zur Erstellung von tagged PDF. Diese tagged PDFs sind jedoch nach unseren Erfahrungen in den meisten Fällen noch nicht sinnvoll einsetzbar, sondern müssen mit dem dafür bestimmten Programm *Acrobat pro 7* eingehend nachbearbeitet werden.

Wer den vollen Umfang der Strukturierungsmöglichkeiten nutzen möchte, hat derzeit wohl kaum eine Alternative zum Einsatz dieser Software. Nur auf diesem Wege ist es möglich, gar nicht oder unzureichend strukturierte PDFs nachträglich mit Tags zu versehen oder diese Tags so zu modifizieren, dass sie im Screenreader eine Hilfe darstellen. Nur damit können Sie die nachträgliche Sprachkennzeichnung für die Grundsprache eines Dokuments vornehmen oder alt-Texte für die dort enthaltenen Bilder einfügen, wenn diese Dokumente aus einer Textverarbeitung kommen, in der solche Angaben gar nicht vorgesehen sind.

Die Grundstruktur eines Dokuments steht dabei allerdings in jedem Fall bereits vorher fest – das Tagging erlaubt keine nachträglichen Änderungen im eigentlichen Dokument. Die Tags sehen zwar aus wie HTML-Markup, aber sie sind kein Markup. Das Aussehen des Dokuments liegt fest und wird durch die Tags in keiner Weise beeinflusst. Die Tags sind wirklich nur nachträglich angebrachte Etiketten, die lediglich die Funktion haben, den Screenreader bei seiner Wiedergabe des Dokumenteninhalts zu unterstützen bzw. für den Anwender besser steuerbar zu machen.

Das userfreundliche Tagging von komplex gestalteten Dokumenten mit aufwändiger Grafik sowie die Erstellung barrierefreier Formulare in PDF erfordert umfangreiches Spezialwissen, das uns als (X)HTML-Spezialisten nicht zu Gebote steht. Nachdem wir einige recht schlicht strukturierte PDF-Dokumente „aus gutem Hause" mit dem *Acrobat pro 7* analysiert haben, vermuten wir, dass dieses Know-how extrem dünn gesät ist. Keine der so aufgespürten Tagging-Strukturen machte einen wirklich vertrauenswürdigen Eindruck – in einem Fall hatten wir sogar den Verdacht, dass sich das Tagging an einer (gedachten) Tabellenstruktur orientierte.

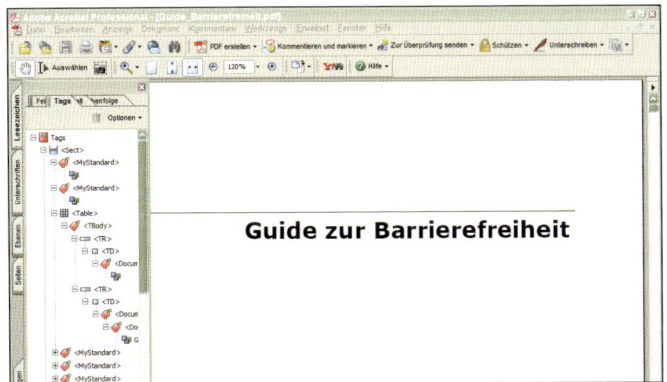

ABBILDUNG 10.1

Der Blick in die Tags zeigt Tabellenelemente, wo keine Tabellenelemente gebraucht werden.

Zu einer Verbesserung der Wiedergabe mit dem Screenreader dürften auch solche strukturell eher zweifelhaften Tags jedoch reichen. Sie bieten jedenfalls deutlich mehr als die aktuelle Ausgabe des Bundesgesetzblattes, die uns der Server des Justizministeriums geliefert hat. Dort heißt es im Analysefenster für die Tags lapidar: „keine Tags verfügbar".

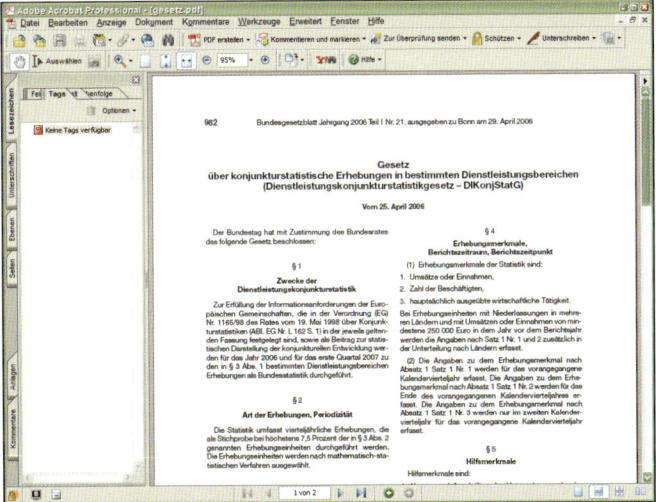

ABBILDUNG 10.2

Keine verfügbaren Tags sichtbar

Ein tagged PDF entsteht

Das Tagging von PDFs hängt in hohem Maße von der Art der Ausgangsdokumente ab. Wir beschränken uns daher darauf, hier einige grundlegende Hinweise zur Arbeit mit *Acrobat pro 7* zu geben. Als Ausgangsdokument haben wir exakt den Text dieses Abschnitts verwandt, der in OpenOffice.org Writer erstellt wurde und korrekt ausgezeichnete Überschriften in drei Ebenen sowie eine als Liste gekennzeichnete Liste und ein Bild enthält. Der Text wurde mit der Option „Tagged PDF" nach PDF exportiert.

Nach dem Öffnen im Acrobat lässt sich für „Tags" ein Dokumentenbaum anzeigen, der jedem HTML-er sofort sehr bekannt vorkommt.

Wählen Sie dazu in *Acrobat pro 7* Anzeige/Navigationsregisterkarten/Tags.

Die Tags stimmen im Großen und Ganzen mit den auch zur Markierung von HTML-Elementen verwendeten Tags überein; das Bild heißt allerdings nicht `<img>`, sondern `<figure>`, und es wird auch nicht über einen Dateinamen aufgerufen, sondern es wird nun als eingebettetes Objekt (xObject) angesprochen. Damit kann man leben.

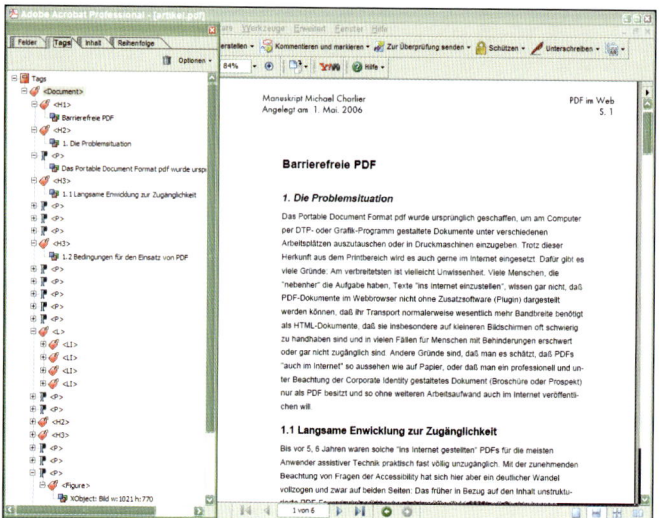

ABBILDUNG 10.3

Der „Dokumentenbaum" zeigt nicht die Hierarchie der Elemente, sondern markiert mit seinen Tags einen roten Faden durch das Dokument.

Womit man nicht so gut leben kann, ist der Umstand, dass beim Export sowohl die Überschrift der 1. Ebene als auch die Überschriften der 3. Ebene ihre Markierungen verloren haben. Als Strukturelemente für den Screenreader stehen uns somit nur noch die beiden Überschriften 2. Ordnung zur Verfügung. Nur für diese beiden wurden auch automatisch Lesezeichen generiert. Das wäre für die Praxis nicht genug: Editieren ist angesagt.

Wir öffnen die Eigenschaften zu dem `<p>` (mit der Maus – für Screenreader-User wäre das nichts), in dem unsere missachtete Hauptüberschrift steckt, und verwandeln das `<p>` in ein `<h1>` – es funktioniert.

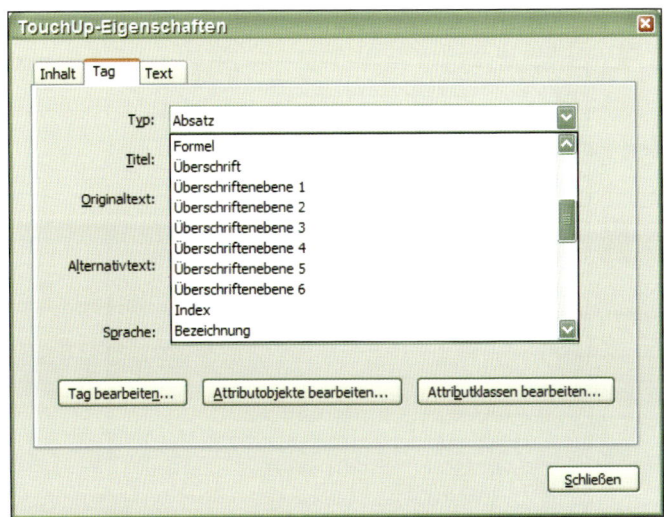

ABBILDUNG 10.4

Der Typ jedes Tags lässt sich im Dialog TouchUp-Eigenschaften zuweisen.

Genauso lassen sich auch die h3-Absätze wiederherstellen. Ein Probelauf mit dem Überprüfungstool von Acrobat bringt dann beunruhigend viele „nicht zugreifbare Elemente". Dabei handelt es sich jedoch nur um die Inhalte von Kopf und Fußzeilen – und dass die nicht vorgelesen werden, ist uns so zunächst einmal ganz recht. Bei Dokumenten, die man gerade wegen ihrer Seitenzahlen als PDF ins Netz gestellt hat, müsste man jetzt freilich darangehen, diese Elemente „zugreifbar" zu machen. Außerdem bemängelt das Überprüfungstool eine fehlende Sprachkennzeichnung für das Gesamtdokument und einen fehlenden alt-Text für die Grafik – das lässt sich leicht beheben.

Das Ergebnis

Nach Einrichtung der noch fehlenden Tags stehen jetzt genug Hilfen zur Verfügung, um im Screenreader, zumindest nach den Überschriften der verschiedenen Ebenen, durch das Dokument navigieren zu können.

Für Jaws 7 sieht das folgendermaßen aus:

Diese Liste wird exakt so wie bei HTML-Seiten unter Angabe der Überschriftenebenen vorgelesen, und jeder Punkt kann direkt angesprungen werden. In früheren Versionen von Jaws war das leider noch nicht möglich. Damit hat unser vergleichsweise einfaches PDF eine navigierbare Form, die es für Nutzer eines Screenreaders in etwa ebenso gut handhabbar macht wie eine HTML-Seite.

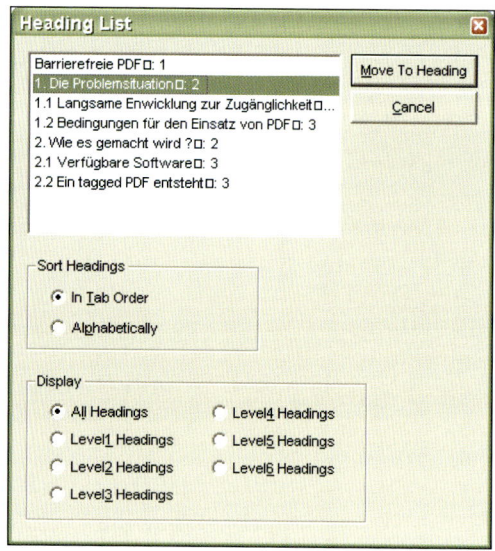

Noch nicht berücksichtigt sind dabei die Besucher, die zwar sehen können, aber ausschließlich mit der Tastatur navigieren. Ihnen wird in der Regel kein Screenreader zur Verfügung stehen, um sich die Überschriften übersichtlich anzeigen zu lassen. Für sie gibt es die Lesezeichen, die freilich ebenso wie die Tags nur in seltenen Fällen in ausreichender Form bereits automatisch generiert werden. Auch hier ist Nacharbeit von Hand erforderlich. Nach ihrem Abschluss zeigen diese Lesezeichen zweckmäßigerweise die gleiche Struktur wie die Überschriftenliste von Jaws und machen das Dokument damit auch für Tastaturbenutzer wahrnehmbar. Die volle Funktionalität – z.B. die Möglichkeit zur Markierung von Ausschnitten – steht Tastaturbenutzern hier wie in den meisten anderen Anwendungsfällen auch erst durch den Einsatz von Spezialsoftware zur Verfügung.

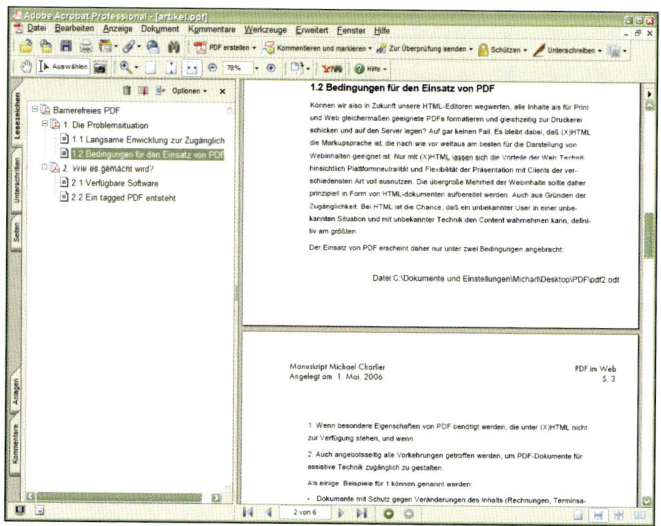

Als Letztes wollen wir einen Blick auf die Leistung des Acrobat-Readers für Sehbehinderte werfen. Sehbehinderte haben es schon immer geschätzt, dass PDFs ohne spürbaren Qualitätsverlust vergrößerbar sind. Seitdem auch die Möglichkeit besteht, die Farbwiedergabe generell den eigenen Bedürfnissen anzupassen, ist auch die „Schwarz-Weiß-Barriere" abgebaut. Und was für die um Zugänglichkeit bemühten PDF-Produzenten besonders erfreulich ist: Im Unterschied zur Ausstattung mit Tags und Lesezeichen, die vor allem bei komplexen Dokumenten mit erheblichem Aufwand verbunden ist, müssen zur Farbeinstellung anbieterseitig keinerlei besondere Maßnahmen unternommen werden.

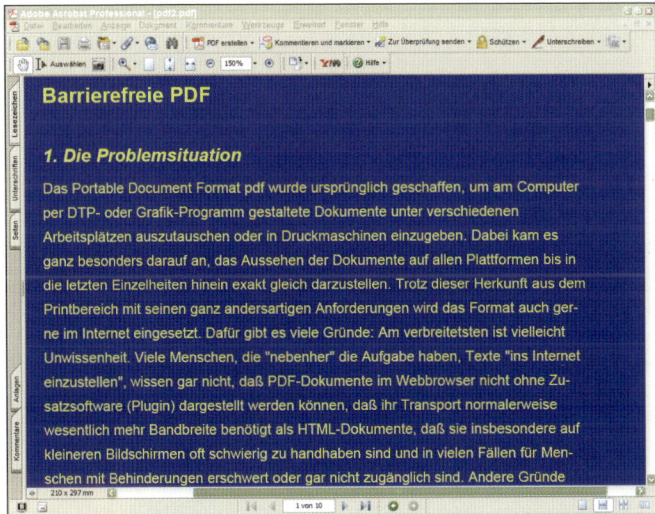

ABBILDUNG 10.7

Die Farbeinstellungen sind frei wählbar; die Vergrößerung reicht bis zu 6400%.

Sie finden die Farbeinstellungen unter BEARBEITEN/GRUNDEINSTELLUNGEN/AUSGABEHILFE.

Unser Fazit: Ein weitgehender Abbau von Barrieren in PDFs ist möglich, kann aber großen Aufwand verursachen. Für Dokumente, bei denen die äußere Gestaltung den Einsatz dieses Formates nicht dringend erfordert, wird sich dieser Aufwand in der Regel nicht lohnen. Hier ist man besser beraten, eine Umsetzung in das Webformat (X)HTML vorzunehmen. Wenn der Einsatz von PDF unumgänglich erscheint, stehen andererseits jetzt auch die Hilfsmittel zur Verfügung, mit denen man PDFs ein nahezu ebenso hohes Maß an Zugänglichkeit verleihen kann, wie das bei (X)HTML möglich ist.

10.2 Multimediale Inhalte

Mit der Vergrößerung der Bandbreite bei der Datenübertragung haben sich gerade in den letzten Jahren die Möglichkeiten für multimediale Inhalte im Netz deutlich verbessert. Waren Videoübertragungen noch vor einigen Jahren mit stundenlanger Wartezeit verbunden, können sie heute, wie der Einsatz von DGS-Videos (Deutsche

Gebärdensprachen-Videos) zeigt, ein unterstützendes Element innerhalb der Informationsvermittlung sein. Sinnvoll eingesetzte Audiodateien können Menschen mit Lese- und Rechtschreibschwäche deutlich bei der Aufnahme der ihnen angebotenen Informationen unterstützen. Blinde Menschen sind jedoch in den seltensten Fällen auf sie angewiesen, es sei denn, sie befinden sich im Urlaub in einem Internetcafe, wo sie nicht auf ihre gewohnte Technologie zugreifen können.

BITV 1
Für jeden Audio- oder visuellen Inhalt sind geeignete äquivalente Inhalte bereitzustellen, die den gleichen Zweck oder die gleiche Funktion wie der originäre Inhalt erfüllen.

Setzt man Methoden ein, die eine bestimmte technische Grundausstattung voraussetzen, sollte man in jeden Fall ihre Inhalte auch in alternativer Form anbieten, um den User nicht auf eine bestimmte Technik festzulegen. In den meisten Fällen reicht es vollkommen, die Inhalte auch als „nur Text" zur Verfügung zu stellen. Beim Einsatz von multimedialen Inhalten sollte man sich niemals darauf verlassen, dass die so präsentierten Informationen allen Menschen zugänglich sind. Dem einen fehlen die technischen Voraussetzungen, um sich eine Audiodatei anzuhören oder eine Video anzusehen, der nächste ist wohlmöglich schwerhörig, während der Dritte einfach in Eile ist und keine Geduld hat, die notwendige Datei herunterzuladen. Aber es gibt auch Menschen, die für diese Art der Präsentation dankbar sind und Schwierigkeiten mit einer rein textuellen Darstellung der Inhalte haben.

Ähnlich wie bei Bildern ist es auch bei multimedialen Elementen nicht immer leicht zu bestimmen, was denn der Informationsgehalt eines Films ist und mit welchem Text (geschrieben oder gesprochen) diese Information für Nicht-Sehende am besten zugänglich gemacht werden kann. In vielen Fällen wird es sich empfehlen, vom Versuch einer schlichten „Übersetzung" des visuellen Elements in Sprache abzusehen und andere Formen zu wählen, um die Informationen zugänglich zu machen.

Ein Beispiel soll das erläutern: Eine Stadt mit einem mittelalterlichen Marktplatz, um den einige prächtige Fachwerkhäuser stehen, hat auf ihrer Tourismus-Seite einen Kurzfilm mit „Impressionen" von diesem Platz eingestellt. Der Film illustriert also nicht etwa den Vortrag eines Fremdenführers mit Sätzen wie „als Nächstes sehen Sie die 1480 erstmal erwähnte Weberhalle", sondern reiht Bilder und Bildausschnitte bunt und raffiniert und auch mit einigem künstlerischen Anspruch aneinander. Das ist durchaus anregend, um einen Besuch dort ins Auge zu fassen – aber völlig ungeeignet, um auf „Information" reduziert und in dürre Worte „übertragen" zu werden.

Wer aber einen so schönen Marktplatz hat, hat meistens auch einen Geschichtsverein – und in dessen Jahrbüchern (es gibt sie seit 1904!) finden sich garantiert mehrere Versuche, die Atmosphäre dieses Marktplatzes in literarischer Form einzufangen. Oder vielleicht hat sich einmal ein Kunstwissenschaftler über die ganz außerordentlichen Schnitzereien an den Köpfen der Fachwerkbalken ausgelassen. Irgendeinen gelungenen Text, der überhaupt nichts mit dem Film zu tun hat, wohl aber mit seinem Gegenstand, gibt es fast immer – und das ist dann genau der Text, der als „zweiter Kanal" zum Film angeboten werden kann.

Falls dieser Weg aus welchem Grund auch immer nicht gangbar ist, bleibt immer noch die Möglichkeit, dem Video einen kurzen `alt`-Text beizugeben, der in wenigen Worten sagt, dass es sich um Impressionen handelt, die hauptsächlich von der visuellen Wirkung leben. Dann folgt noch ein Hinweis, dass bei Stadtführungen die einzelnen Sehenswürdigkeiten ausführlich vorgestellt werden – und gut ist's. Wenn ein solcher Film keine geradezu lebenswichtigen Informationen enthält, wäre es Unsinn, auf diese Attraktion zu verzichten, weil man sie nicht für alle zugänglich machen kann.

Woraus sich im Umkehrschluss ergibt: Sollte Bad Seendorf die Bedienung seiner Rettungseinrichtungen im Hafen so kompliziert eingerichtet haben, dass man sie am besten mit einem Video erklärt – nun, dann dürfen die Bad Seendorfer nicht ruhen, bis sie es geschafft haben, davon auch eine verständliche und screenreader-gerechte Textversion bereitzustellen.

In jedem Fall sollten Sound- oder Videodateien nicht automatisch beim Öffnen einer Seite gestartet werden. Die entsprechenden Links oder Buttons sollten von Informationen über die eingesetzte Technik und die zu erwartende Download-Zeit begleitet sein, unter Umständen empfiehlt es sich, mehrere Qualitätsstufen mit unterschiedlichem Bandbreitenbedarf anzubieten.

Je nach Begriffsdefinition gehört Flash sicherlich auch zu den multimedialen Inhalten, wegen seiner weiten Verbreitung haben wir ihm allerdings einen eigenen Abschnitt gegönnt (siehe *Abschnitt 10.2.2*).

10.2.1 DGS-Videos („Deutsche Gebärdensprache")

„Gehörlose Menschen können doch lesen" heißt es immer wieder. Das stimmt leider nur eingeschränkt.

Das Erlernen der Schriftsprache ist für sie nicht so einfach, wie man sich das vorstellen könnte. Beobachtet man Kinder in den ersten Klassen, sieht man, dass sie nur lesen lernen können, wenn sie laut vorlesen, weil sie so das gelesene Wort mit dem im frühen Kindesalter gelernten akustischen Ausdruck verbinden können. Menschen, die nicht hören können, können eben diese Verbindung nicht herstellen. Sie müssen rein visuell lernen, bestimmte Buchstabenkombinationen mit einer Bedeutung zu versehen.

Trotz eingehender Betreuung in Gehörlosenschulen befinden sich viele in Bezug auf die Lese- und Rechtschreibfähigkeit auf dem Stand eines Viertklässlers. Wirklich komplexe Inhalte, die sprachlich nur schwer in „einfache Worte" zu fassen sind, sollten deshalb je nach Anbieter in Form von DGS-Videos vorliegen.

In Deutschland leben ca. 100.000 gehörlose Menschen (Quelle: Deutscher Gehörlosen-Bund e.V.), und 1,5 Millionen sind aus den unterschiedlichsten Gründen schwerhörig. Diese Zahl spricht für sich.

Gehörlose Menschen nutzen die Deutsche Gebärden Sprache. Mit Hilfe von Mimik, Gestik, insbesondere der so genannten Handzeichen, ist ihnen eine Kommunikation möglich, die der Lautsprache in nichts nachsteht.

BITV 1.3
Für Multimedia-Präsentationen ist eine Audio-Beschreibung der wichtigen Informationen der Videospur bereitzustellen.

Das Deutsche Gebärdenlexikon finden Sie unter: http://www.sign-lang.uni-hamburg.de/Alex/Start.htm

Mit Hilfe eines Gebärdendolmetschers werden die textlichen Inhalte in die Deutsche Gebärdensprache übersetzt und gefilmt. Die Produktion solcher Videos ist immer mit zusätzlichen Kosten verbunden, was einer der Gründe dafür sein dürfte, dass man diese hilfreichen Filme im Netz eher selten antrifft.

ABBILDUNG 10.8

DGS-Video der Polizei NRW (http://www.nrw-polizei.de)

Die Polizei in NRW hat das Problem auf hervorragende Weise gelöst. Sie selbst verfügt über Polizeibeamte, die als Gebärdendolmetscher ausgebildet sind und somit als kompetente Übersetzer eingesetzt werden konnten.

Die folgende Liste gibt einen kurzen Überblick über die Dinge, die Sie bei der Erstellung und der Präsentation der Videos beachten sollten:

◆ Optimieren Sie die Videos für unterschiedliche Bandbreiten (z.B. ISDN, DSL).

◆ Stellen Sie die Videos für unterschiedliche Videoplayer bereit (Real, Quicktime, Window Media Player, Flash).

◆ Setzen Sie, wenn möglich, Streaming-Server ein.

◆ Verwenden Sie das DGS-Icon, um auf die Videos aufmerksam zu machen.

◆ Präsentieren Sie alle DGS-Videos auf einer Übersichtsliste.

◆ Gebärdendolmetscher sollten Menschen und keine Avatare sein.

◆ Gebärdendolmetscher sollten kurzärmelige Kleidung tragen, und das Gesicht sollte gut sichtbar sein.

10.2.2 Flash

Das Flash-Format hat mehrere große Stärken: Es erlaubt die Erstellung interaktiver Elemente und animierter Grafiken sowie die Einbindung von Audio- und Video-Objekten – alles in einheitlicher Technik und mit einheitlichem Erscheinungsbild. Die Streaming-Fähigkeiten von Flash ermöglichen es auch ohne Einsatz eines Streaming-Servers, dass der User-Agent ohne lange Wartezeit mit der Wiedergabe einer Datei beginnt und den Rest während des Abspielens nachlädt.

So können große Datenmengen im Hintergrund geladen werden, ohne dass der Internetnutzer davon etwas merkt. Animationen und interaktive Anwendungen werden in der Flash-eigenen Programmiersprache *Actionscript* erstellt. Man benötigt lediglich das Flash-Plugin, das heute in den meisten Fällen schon standardmäßig in den benutzten Browsern integriert ist.

Aber wie sieht es mit Flash und der Barrierefreiheit aus? Wie schon in *Kapitel 3.2* erwähnt wurde, hat die Firma Adobe (bzw. die Firma Macromedia, die von Adobe im Herbst 2005 aufgekauft wurde) schon vor einigen Jahren die Notwendigkeit erkannt, ihre Anstrengungen in Hinblick auf die Zugänglichkeit von Flash-Inhalten zu intensivieren. Adobe greift dazu auf die so genannte *MSAA-Schnittstelle* (Microsoft Active Accessibility) zurück, die standardmäßig in Windows integriert ist und eine wichtige Schnittstelle zwischen assistiven Technologien und anderen Anwendungen darstellt.

Doch trotz all dieser Bemühungen sind die wenigsten Flash-Seiten tatsächlich zugänglicher geworden. Man sollte sich deshalb den Einsatz von Flash sorgfältig überlegen und alle Vor- und Nachteile deutlich gegeneinander abwägen. Wesentliche Inhalte in Flash zu präsentieren macht in den wenigsten Fällen Sinn. Ganz anders sieht das bei der Bereitstellung von Zusatzinformationen oder Erläuterungen aus: Gerade für Menschen, die mit der Aufnahme von Texten Probleme haben, können Flash-Animationen eine wertvolle Hilfe bei der Erfassung von Inhalten darstellen.

Das Problem des Plugins

Um mit Flash erstellte Dateien anschauen zu können, benötigt man den *Flash Player*, der als Plugin für die unterschiedlichsten Browser vorliegt. Laut Adobe ist sein Verbreitungsgrad sehr hoch. Danach ist der Flash Player fast auf allen internetfähigen Desktop-Computern sowie zahlreichen anderen Geräten installiert. Nichtsdestotrotz sollte man sich darüber im Klaren sein, dass ein nicht vorhandenes Plugin eine ernste Barriere darstellt. Bei unseren Recherchen konnten wir bis auf die Aussagen von Adobe, die man wahrscheinlich eher mit Vorsicht betrachten sollte, keine unabhängigen Statistiken finden. Wir denken, dass es bei der Verbreitung des Flash Players große Unterschiede zwischen Firmennetzwerken und privat genutzten PCs gibt. Im Privatbereich kann Flash im Allgemeinen vorausgesetzt werden. In Firmennetzwerken unter Windows dürfte Flash dagegen in vielen Fällen nicht zur Verfügung stehen und auch vom einzelnen Anwender nicht nachgerüstet werden können.

Die Selbstauskunft von Adobe lautet:

Der Flash-Player ist auf 98% aller internetfähigen Desktopcomputer sowie zahlreichen anderen Geräten installiert.

Home / Products / Player Census / **Flash Player Statistics** /

Macromedia Flash Player Version Penetration

Worldwide Ubiquity of Macromedia Flash Player by Version - December 2005
(NPD Online - Worldwide Survey)

	V. 5	V. 6 [1]	V. 7 [1]	V. 8 [1, 3]
December 2005				
US	97.7%	97.1%	93.5%	45.2%
Canada	98.9%	98.4%	95.8%	56.0%
Europe	98.7%	98.4%	94.9%	55.1%
Asia [2]	n/a	n/a	n/a	n/a
September 2005				
US	97.3%	96.4%	91.9%	n/a
Canada	98.7%	97.5%	93.8%	n/a
Europe	98.7%	97.4%	93.3%	n/a
Asia	96.6%	94.0%	87.7%	n/a
June 2005				
US	97.6%	96.2%	89.7%	n/a
Canada	98.8%	97.5%	92.7%	n/a
Europe	98.2%	97.0%	92.1%	n/a
Asia	96.0%	93.3%	85.2%	n/a

Die unterschiedlichsten Versionen des Flash Players sind lediglich abwärtskompatibel. Filme, die in Version 8 oder Flash MX erstellt wurden, lassen sich nicht mit dem Flash Player 5 abspielen. Beim Erstellen von Flash-Filmen sollte man darauf achten, eine möglichst breite Masse an Benutzern bedienen zu können. Mit Flash hat man die Möglichkeit, beim Veröffentlichen der Filme diese für eine niedrige Player-Version zu speichern (siehe nachfolgende Abbildung).

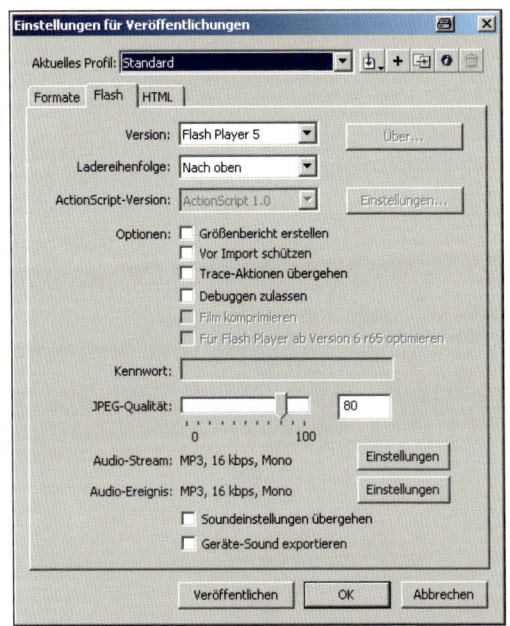

ABBILDUNG 10.10

Einstellungen für Veröffentlichungen in Flash MX

Das setzt allerdings voraus, dass man auf Funktionalitäten verzichtet, die in den älteren Versionen noch nicht vorhanden waren.

Auf vielen Seiten, die Flash einsetzen, findet man deshalb die so genannte *Flash Detection*. Es wird geprüft, ob und welches Flash-Plugin vorhanden ist, und entsprechend darauf reagiert. Falls das Plugin nicht vorhanden oder die installierte Version zu alt ist wird man häufig direkt zur Download-Seite von Macromedia geschickt. Für Anwender assistiver Technologie ist das oft eine empfindliche Beeinträchtigung.

Auf einigen Websites hat man auf der Startseite die Wahl zwischen einer Flash- und einer normalen HTML-Präsentation. Dieses Vorgehen erscheint uns sinnvoll und legt den User nicht auf eine bestimmte Darstellung der Inhalte fest. Es bedeutet für die Entwickler jedoch doppelte Arbeit, was gerade bei größeren Sites einen nicht unerheblichen Mehraufwand darstellt.

Eine weitere Lösung besteht in der Erkennung mit JavaScript.

Nachteile:

◆ Diese Art der Erkennung funktioniert nicht in jedem Browser.

◆ Durch die unterschiedlichen DOMs (Document Object Model) der Browser benötigt man unterschiedliche Abfragemethoden.

◆ Die Usereinstellungen müssen JavaScript und VB Script erlauben.

Zur Erkennung ohne Rückgriff auf eine Scriptsprache stellt Flash den so genannten *Flash-Sniffer* zur Verfügung.

Der Sniffer ist ein kleines Flash-File, das überprüft, ob und welche Flash-Version vorhanden ist, und dann auf die entsprechenden Seiten oder Dateien weiterleitet.

Ist kein Flash vorhanden, wird der Sniffer nicht ausgeführt und die im Sniffer selbst aufgerufene Seite bzw. das File nicht geladen. Im Kopf der Seite wird in vielen Fällen ein Meta-Refresh eingebaut, der dann, wenn Flash nicht ausgeführt werden kann, nach einigen Sekunden auf eine Nicht-Flash-Variante der Seite weiterleitet.

Nachteile:

◆ Automatische Weiterleitungen sind für Anwender assistiver Technologie vielfach problematisch und sind daher nach BITV 7.5 zu vermeiden.

◆ Ist überhaupt kein Flash installiert, passiert nichts, es sei denn ein Meta-Refresh wurde im Header der Seite angegeben.

Flash und die Tastatur

Die Tastaturbedienbarkeit von Seiten, die Flash-Elemente beinhalten, ist nicht ganz unproblematisch. Da es sich bei Flash um ein zusätzliches Plugin handelt, ist eine Kommunikation ohne JavaScript zwischen der Webseite an sich und dem eingebundenen Element nicht möglich. Flash weiß nicht, dass auf der eigentlichen Seite eventuell noch andere anspringbare Punkte existieren. Genauso wenig erkennt der Browser die mit der Tastatur ansteuerbaren Punkte innerhalb des Flash-Files.

Lädt man eine Seite, die einen interaktiven Flash-Film enthält, kann man ihn mit der Tastatur erst einmal nicht erreichen. Dafür brauchen wir in jedem Fall die Maus. Erst wenn man mit der Maus in den Flash-Film geklickt hat, erhält dieser den Fokus, und man kann anschließend mit der ⇥-Taste darin navigieren. Genauso sieht es beim Verlassen des Films aus. Hat Flash erst einmal den Fokus, dann kommt man ohne die Maus nicht mehr heraus.

Fazit: Flash ist, wenn es in normale HTML-Seiten eingebunden wird, nicht mit der Tastatur bedienbar, obwohl man innerhalb von Flash selbst wunderbar mit ihr navigieren kann. Eine mögliche Lösung wäre, das Flash-File mit einem Link direkt aufzurufen. Es öffnet sich dann ein normales Flash Player-Fenster. Alternativ könnte man mit Hilfe von JavaScript den Fokus an die gewünschte Position bringen.

Flash – Schriftgröße, Farben, Kontraste

Wie wichtig Farben und Kontraste sind, haben wir schon in *Kapitel 3* eingehend erläutert. Auch die Bedeutung von skalierbaren Schriften dürfte Ihnen zu diesem Zeitpunkt bekannt sein. Eigentlich handelt es bei einem Flash-File um eine Vektorgrafik, die variabel in ihrer Größe steuerbar ist.

Bei der Erstellung des Files gibt man die so genannte Dokumentengröße an, die bei der späteren Skalierung die Größenverhältnisse des Files bestimmt.

Erst wenn es innerhalb einer HTML-Seite eingebunden wird, wird seine Höhe und Breite durch den Webdesigner bestimmt:

```
<object type="application/x-shockwave-flash" data="eingabehilfen.swf"
width="715" height="215" id="eingabehilfen" title="eingabehilfen">
```

Die Inhalte eines Flash-Files sind mit dem Kontextmenü vergrößerbar, das allerdings für Tastatur-Benutzer nur schwer (⇧+F10) aufzurufen ist. Außerdem wird bei unserem Beispiel schnell klar, dass die Inhalte schon bei einem einmaligen Vergrößern aus dem Viewport rutschen. Schaut man sich das File lediglich im Player an, kann man das Fenster vergrößern, und die Inhalte passen sich in ihrer Relation dem umgebenden Player-Fenster an.

Farben lassen sich durch den Anwender im Normalfall überhaupt nicht verändern. Dies liegt daran, dass Flash nicht auf externe Stylesheets zurückgreift, sondern ein internes *Color Object* verwendet.

Im nächsten Kapitel haben wir einmal ein Praxisbeispiel entwickelt, um zu demonstrieren, dass man hier auch mit wenig Aufwand Abhilfe schaffen könnte, wenn man tatsächlich auf den Einsatz von Flash angewiesen ist.

Flash und die Eingabehilfen – ein Beispiel

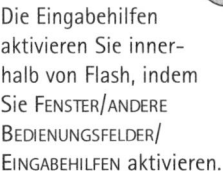

Unser kleines Beispiel finden Sie unter: www. bad-seendorf.de/ flash/

In Folgenden möchten wir ein Flash-File erstellen, bei dem es möglich ist, die Schriftgröße sowie die Vorder- und Hintergrundfarbe zu verändern. Wie wir schon gesagt haben, hat Macromedia im Laufe der Zeit Möglichkeiten geschaffen, Flash-Anwendungen zugänglicher zu gestalten. Ein wichtiges Hilfsmittel zum Erstellen von zugänglichen Flash-Anwendungen ist das Fenster EINGABEHILFEN. Allen Objekten innerhalb von Flash kann man damit alternative Informationen mitgeben. Es ist damit möglich, dem Objekt einen Namen und eine Beschreibung zuzuordnen. Für jede Schaltfläche kann man einen entsprechenden Shortcut und einen Tabindex belegen.

In unserem Beispiel finden Sie vier Buttons zum

◆ Vergrößern der Schrift

◆ Verkleinern der Schrift

◆ Wechseln der Vordergrundfarbe in Weiß und der Hintergrundfarbe in Schwarz

◆ Wechseln der Vordergrundfarbe in Schwarz und der Hintergrundfarbe in Weiß

Und Sie finden den eigentlichen Text über unseren Bürgermeister in Bad Seendorf.

Die Eingabehilfen aktivieren Sie innerhalb von Flash, indem Sie FENSTER/ANDERE BEDIENUNGSFELDER/ EINGABEHILFEN aktivieren.

ABBILDUNG 10.11

*Flash und seine
Eingabehilfen*

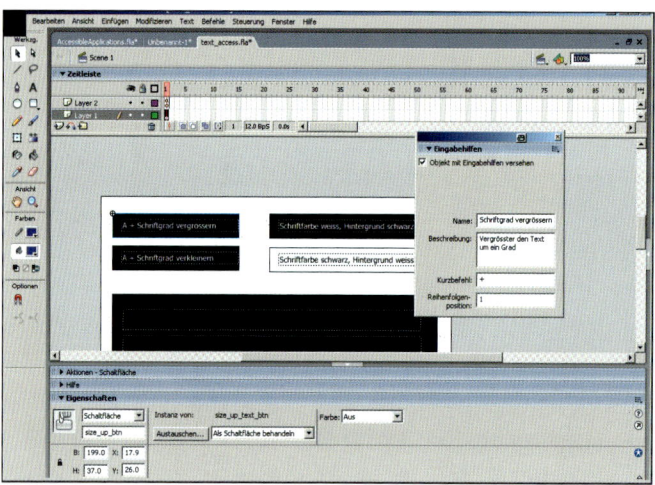

Alle Buttons und der Text sind mit Eingabehilfen versehen. Sie haben einen eindeutigen Namen, einen beschreibenden Text, einen Tabindex sowie einen Kurzbefehl für die Tastatursteuerung.

Christoph Starkmann hat uns netterweise das Script geschrieben, mit dem sich Schriftgröße und Farben verändern lassen. Achtung: Das Beispiel soll lediglich die prinzipielle Lösungsmöglichkeit aufzeigen und erhebt keinen Anspruch auf Perfektion. Um Überlappungen zu vermeiden, lässt sich die Schrift nicht unbegrenzt vergrößern.

Einige Tipps hat uns Christoph für ambitionierte Flash-Entwickler mit auf den Weg gegeben.

◆ Die Textfelder müssen ihre Größe automatisch an die Größe des enthaltenen Textes anpassen: `pfad.textfeldname.autosize = true;` –

◆ Die Textfelder müssen als „mehrzeilig mit Zeilenumbruch" definiert sein, sonst „verschwindet" zu langer Text rechts aus dem Feld: `pfad.textfeldname.multiline = true;`

Testmöglichkeiten

Die Möglichkeit, Flash zugänglicher zu gestalten, ist sicherlich ein Schritt in die richtige Richtung. Testet man jedoch die so erstellten Seiten mit den unterschiedlichen Technologien, die blinde Menschen nutzen, wird schnell klar, dass diese Funktionalitäten nur zum Teil oder gar nicht unterstützt werden.

Der Webformator beispielsweise liest den vergebenen Namen aus, kann den entsprechenden Shortkey interpretieren, hält sich auch an die Tabreihenfolge, kann aber die Beschreibung nicht ausgeben. Er sagt Folgendes an:

Flasheinbindung Standard mit objekt und embed

Schalter Schriftgrad vergrössern] Schalter Schriftfarbe weiss, Hintergrund schwarz]

Schalter Schriftgrad verkleinern] Schalter Schriftfarbe schwarz, Hintergrund weiss]

Unser Bürgermeister – Freunde und Gegner

Frank Schmitz ist auch nur ein Mensch. Daher hat er nicht nur Freunde, sondern auch Gegner. Die Freunde von Frank Schmitz sind weit

gestreut, was sicherlich seinem frühzeitigen Engagement für Bad Seendorf in seiner Jugend zuzuschreiben ist.

Der Homepagereader 3.02 und 3.04 liefert keine weiteren Informationen außer:

Testlink

Flasheinbindung Standard mit objekt und embed

(Objekt.)

(Objekt.)

Windows Eyes liegt nach wie vor an der Spitze und kann alle Angaben, die im entsprechenden Dialogfenster gemacht wurden, interpretieren.

Jaws liegt hier völlig abgeschlagen an hinterster Stelle und gibt uns nur die Information „Eingabehilfe Schalter".

Bei unseren Recherchen haben wir zudem festgestellt, dass sich innerhalb der letzten zwei Jahre in Bezug auf Flash und die Accessibility kaum etwas getan hat. Dies könnte daran liegen, dass Microsoft, während wir dies schreiben, an seinem neuen Betriebssystem *Windows Vista* arbeitet. In diesem System wird es die MSAA-Schnittstelle nicht mehr geben. Macromedia hat wahrscheinlich aus diesem Grund auf weitere Entwicklungen auf dieser Schiene verzichtet.

Die Hersteller der Screenreader-Firma *virgo* haben in den USA selbst mit Microsoft über die Zukunft der Screenreader gesprochen, und ihre Eindrücke sind auf der Seite `http://virgo4.de/html/longhorn.htm` in einem mp3-File zusammengefasst. Ärgerlich ist, dass sich diese Informationen lediglich anhören lassen, eine Textversion existiert leider nicht.

Zusammenfassung

Im Rahmen von interaktiven Anwendungen, wie Spielen oder interaktiven Lernplattformen, sowie für die Bereitstellung multimedialer Inhalte, wie Video und Sound, scheint Flash unschlagbar. Allerdings ist hier die volle Zugänglichkeit in der Regel nicht gewährleistet. Je nach Aufgabenstellung und Zielgruppe ist daher sehr sorgfältig abzuwägen, ob der Einsatz von Flash sinnvoll oder notwendig ist. Für die Präsentation von im Wesentlichen textlichen Informationen halten wir Flash für ungeeignet.

Hier noch einmal alle Vor- und Nachteile, die man beim Einsatz von Flash bedenken sollte, auf einen Blick:

Vorteile von Flash:

◆ Schwer verständliche Abläufe lassen sich, gerade für lernbehinderte Menschen, multimedial besser erklären und veranschaulichen.

◆ Animationen bringen Leben ins Spiel.

◆ Die Integration von Sound und Video wird möglich.

◆ Flash unterstützt Streaming. Multimediale Anwendungen werden bereits abgespielt, während die Datei noch geladen wird. Das ist besonders bei der Bereitstellung von Videos sehr hilfreich, da kein Streaming-Server benötigt wird.

◆ Bestimmte Teile können vorgeladen und im Cache-Zwischenspeicher des Browsers abgelegt werden, um auf sie zurückgreifen zu können, wenn sie tatsächlich benötigt werden.

◆ Flash kann auch über PHP auf Datenbanken zugreifen und somit interaktive Inhalte erzeugen.

◆ Mit Hilfe von Action-Script, der Flash-eigenen Programmiersprache, kann man relativ komplexe Anwendungen realisieren.

Allgemeine Nachteile:

◆ Das Gros der Suchmaschinen-Crawler kann die Inhalte der Flash-Datei nicht indizieren.

◆ Immer noch ist für eine Seite mit Flash-Inhalten ein lästiges Browser-Plugin nötig.

◆ Der Inhalt von Flash-Dateien lässt sich nur mit Mehraufwand ausdruckbar gestalten.

◆ Es können keine Bookmarks auf einzelne Inhalte gesetzt werden.

◆ Navigationselemente (Vor/Zurück) des Browsers sind nicht nutzbar.

◆ Häufig feste Breite und Höhe im Fenster. Die eingebundene Flash-Datei ist in Höhe und Breite fest definiert. Sie lässt sich nicht manuell skalieren. So kann es auch passieren, dass bei kleinen Bildschirmen bzw. Auflösungen nicht alles dargestellt wird.

Nachteile in Bezug auf die Zugänglichkeit:

◆ Flash-Internetseiten haben nur einen Titel, und zwar den der HTML-Datei, in der die Flash-Datei eingebunden wird.

◆ Schriftgrößen und Farbschemata sind mit den üblichen Mitteln nicht veränderbar. Der Benutzer kann die Größe der Schrift im Browser nicht manuell vergrößern, um besser lesen zu können.

◆ Textbrowser können Flash nicht interpretieren.

◆ Sobald man mit der Tastatur den Fokus auf ein Flash-File gesetzt hat, kommt man nicht mehr heraus.

◆ Nicht alle Screenreader sind in der Lage, mit Flash richtig umzugehen.

11

CONTENT MANAGEMENT-SYSTEME UND BARRIEREFREIHEIT

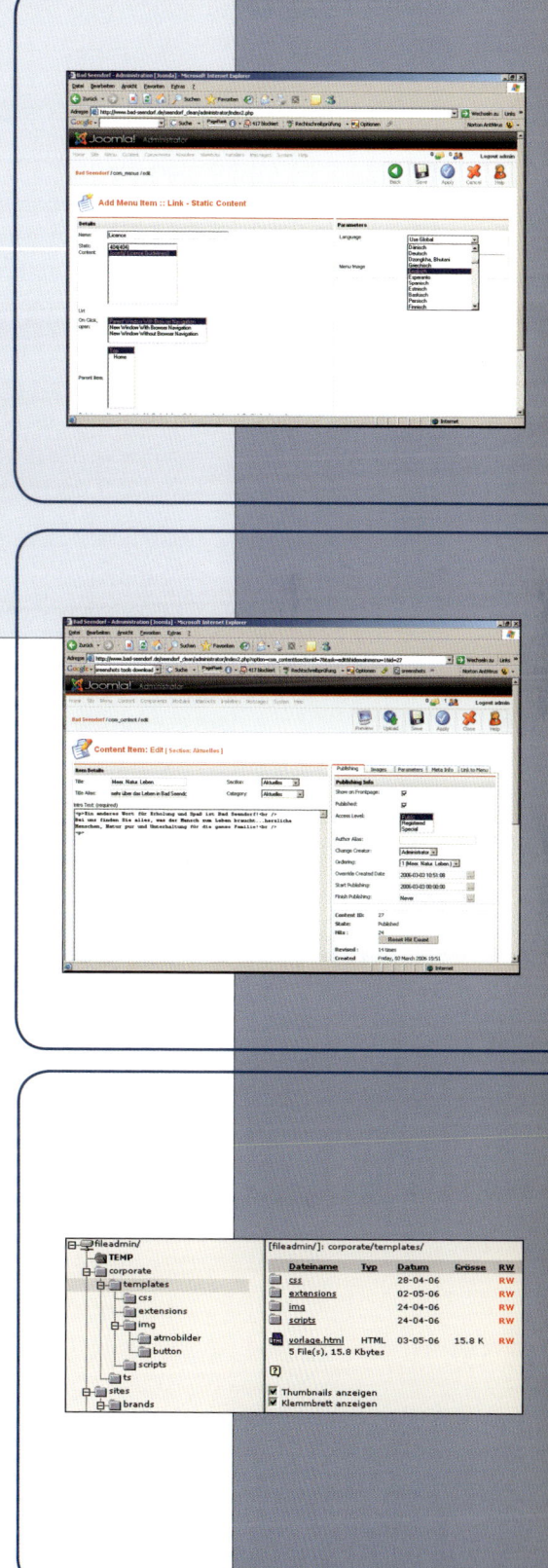

Spätestens dann, wenn der Umfang eines Webangebots größer wird und die Aktualisierungshäufigkeit steigt, wird die Frage nach einen geeigneten Content Management-System (CMS) aktuell. Tatsächlich werden heute Websites von Firmen oder Institutionen fast nur noch mit CMS realisiert – manchmal auch dann, wenn das Aktualisierungsvolumen das nicht unbedingt erfordert.

Der Einsatz eines Content Management-Systems bietet drei wesentliche Vorteile:

◆ Inhalte lassen sich strukturiert verwalten und online stellen.

◆ Die Seitenstruktur ist dynamisch erweiterbar.

◆ Redakteure ohne HTML-Kenntnisse sind in der Lage, die Inhalte der Seite zu erstellen.

Allerdings wirft der Einsatz eines CMS gerade hinsichtlich der Barrierefreiheit vielfach auch Probleme auf. Solange geschulte Entwickler für die Erstellung des Markups verantwortlich sind, ist es relativ einfach, den Code valide zu halten und die Grundlagen der Barrierefreiheit zu beachten. Der Einsatz eines CMS zielt jedoch darauf ab, bestimmte Prozesse zu automatisieren. Je nach Konzept des Systems sind unterschiedliche technische Prozesse daran beteiligt, die Verwaltung der Inhalte, die dynamische Generierung von Seiten sowie die eigentliche Content-Ausgabe zu steuern.

Die Ausgabe des Contents ist im Rahmen der Barrierefreiheit von zentraler Bedeutung – und genau an dieser Stelle treten bei vielen CMS erhebliche Probleme auf. Immer wieder kann man feststellen, dass Inhalte in Schablonen voller unnötiger Layouttabellen gepackt werden, dass Formularelementen kein `label` zugewiesen werden kann oder überhaupt keine semantisch korrekte Ausgabe der Inhalte möglich ist.

Beeinflussen kann man diese Verhalten bei den uns bekannten Systemen nur dadurch, dass man mehr oder weniger tief in den Kern des Systems eingreift. Solange Anwendungslogik und Darstellung nicht voneinander getrennt werden, wird es in diesem Bereich immer wieder zu Unstimmigkeiten kommen.

Gegenwärtig ist eine große Zahl von CMS im Einsatz – allein auf der Seite `www.con``tentmanager.de` werden über 300 kommerzielle und nichtkommerzielle Systeme vorgestellt. Welche tatsächlich zumindest die wesentlichen Anforderungen der Barrierefreiheit erfüllen, ist im Einzelfall genau zu prüfen. In der letzten Zeit sind von fast allen großen Systemen Auftritte erschienen, die zwar das Prädikat „Barrierefreiheit" für sich in Anspruch nehmen, diesem Anspruch aber nur sehr eingeschränkt gerecht werden. Soweit wir nähere Informationen zu den barrierearmen Auftritten bekommen konnten, deuten diese daraufhin, dass die jeweiligen Entwickler sich sowohl mit Barrierefreiheit als auch mit ihrem System sehr gut auskannten und in der Lage waren, durch mehr oder weniger tiefe Eingriffe in Strukturen und Prozesse die gewünschten Ergebnisse zu erzielen. „Out of the box" scheint noch keines dieser Systeme barrierefreien Output zu ermöglichen, und auch die in puncto Barrierefreiheit oft einsilbigen Dokumentationen und Schulungen der Hersteller helfen da nicht sehr weit. Immerhin, die Voraussetzungen zur Generierung standardkonformer und barrierearmer Auftritte haben sich deutlich verbessert – der Einsatz eines CMS ist für sich allein also weder ein Grund noch eine Entschuldigung, Abstriche an der Barrierefreiheit zu machen. Die Voraussetzungen für den Abbau von Barrieren sind bei zahlreichen CMS gegeben.

Auf zwei solcher Systeme, mit denen wir einschlägige Erfahrungen sammeln konnten, wollen wir etwas detaillierter eingehen: auf die Open Source Content Management-Systeme Joomla! und TYPO3.

11.1 Joomla!

ABBILDUNG 11.1

Das Joomla!-Logo

Für die Website von Bad Seendorf haben wir Joomla! eingesetzt. Die Entscheidung dafür war ziemlich einfach – Joomla! ist das System, mit dessen internen Abläufen wir am besten vertraut sind. Der Name Joomla! ist jünger als das entsprechende Projekt – bis vor relativ kurzer Zeit wurde dieses CMS von seiner internationalen Entwickler-Community unter dem Namen „Mambo" vorangetrieben. Nach einigen Unstimmigkeiten mit dem Inhaber der Namensrechte an „Mambo", dem australischen Unternehmen Miro, verabschiedeten sich die Mambo-Entwickler von diesem Projekt, der bestehende Code wurde übernommen und dann unter neuem Namen weiterentwickelt.

Wie die meisten Open Source Content Management-Systeme basiert auch Joomla! auf der freien Datenbank *MySQL* und der serverseitigen Scriptsprache *PHP*. Besonders positiv an Joomla! ist die einfache Handhabung. Schon nach kurzer Einarbeitungszeit ist auch ein ungeübter Entwickler in der Lage, einfache Seiten online zu stellen. Auch die Redakteure benötigen nur eine kurze Anleitung, um Inhalte einpflegen zu können. Doch wie immer muss man, wenn etwas in einem Bereich – hier also in der Bedienung – besonders einfach ist, Abstriche in anderen Bereichen in Kauf nehmen. Bei Joomla! heißt das: Der Output des Systems ist bei der Standardinstallation alles andere als barrierefrei. Dabei müssen wir allerdings darauf hinweisen, dass sich unsere Kritik auf die Joomla!-Versionen bis 1.08 bezieht. Während wir dies schreiben (Mai 2006) tut sich in der Entwicklung von Joomla! sehr viel – auch hinsichtlich der Verbesserung der Zugänglichkeit. Es ist also möglich, dass sich einige Punkte bei Erscheinen dieses Buches oder wenig später schon wieder ganz anders darstellen. Dennoch erscheint uns Joomla! in vielem typisch sowohl für die Probleme, die CMS bei der Erstellung barriererearmer Auftritte aufwerfen, als auch für die Lösungsstrategien, mit denen man diese Probleme in den Griff bekommen kann.

11.1.1 Tabellen – das große Problem

Bei Joomla! werden die eigentlichen Seiteninhalte als Tabellenlayouts erzeugt, in deren Zellen dann sämtliche Inhalte eingefügt werden. Bedingt durch die noch nicht zufrieden stellende Integration einer Template-Engine gibt es bei diesem Verfahren keine sinnvolle semantisch logische Struktur; Überschriften werden ohne jegliches Markup ausgeliefert.

```
<td class="contentheading">Das ist eine Überschrift </td>
```

Diese Vorgehensweise hat den Vorteil, dass sich auch ohne große HTML-Kenntnisse und ohne besonderes Wissen über die Strukturierung von Inhalten einigermaßen brauchbar aussehende Seiten produzieren lassen. Der große Nachteil ist jedoch: Wenn der Seitenbauer nicht über die Strukturierung nachdenken muss, werden die fertigen Seiten auch keine Strukturierung haben – Barrierefreiheit wird vom Ansatz her verfehlt. Ein weiterer Nachteil besteht darin, dass die gegenwärtig eingesetzte Template-Engine HTML-Code und Anwendungslogik nicht sauber voneinander trennt – auch das widerspricht der Zielsetzung, korrekt strukturierte Seiten zu produzieren. In Zukunft ist der Einsatz von *Pat-Template* geplant, mit dem diese Trennung wesentlich leichter möglich ist. Für Designer mit fortgeschrittenen Kenntnissen wird das Template-System mit der Einführung von Pat-Template in Zukunft deutlich flexibler und leistungsfähiger als bisher.

11.1.2 Was können wir jetzt tun?

Trotzdem ist es bereits heute möglich, mit Joomla! die Anforderungen der Barrierefreiheit zu erfüllen – wenn man die eingangs erwähnten tiefen Eingriffe in die internen Funktionen des Systems nicht scheut. Und das Praktische ist: Anwender von Joomla! müssen diese Eingriffe nicht selbst austüfteln und einzeln einbauen: Auf `www.run-digital.com` wird ein Core-Patch für Joomla! 1.07 bereitgestellt, nach dessen Einspielung das CMS in der Lage ist, wohlstrukturierte HTML-Seiten (XHTML 1.0, *transitional* oder *strict*) ohne jede Layouttabelle zu erzeugen. Durch diesen Patch werden lediglich die Mechanismen zur Erzeugung des Seitengerüstes verändert – das Frontend und seine Bedienungsfreundlichkeit bleiben erhalten.

Hauptverantwortlich für die Ausgabe der Inhalte ist bei Joomla!, neben dem eigentlichen Template die Componente *com_content*. Man findet sie bei einer Standardinstallation unter COMPONENTS/COM_CONTENT. Der Hack überschreibt diese Komponente. Layouttabellen werden dabei entfernt, und die Inhalte werden gleichzeitig semantisch logisch strukturiert. Überschriften werden als `<h2>` formatiert, da davon ausgegangen wird, dass die `<h1>` im Template für die unsichtbare Beschreibung der Seitenbereiche verwendet wird. Die Navigation wird in Form einer verschachtelten Liste ausgegeben und kann mit Sprachauszeichnungen versehen werden, Formulare werden mit Labels versehen usw.

Joomla! bietet neben der Ausgabe der Artikel zusätzlich die Möglichkeit, Inhalte in Form von Modulen zu platzieren, eine Funktion zum Weiterblättern, die Anzeige eines Back-Buttons, eine interne Suchfunktion und vieles mehr. Die dafür zuständigen Dateien sind mehr oder weniger im Kern des Systems versteckt. Auch hier setzt der Hack an und sorgt für einen weitgehend barrierefreien Output.

Das klingt einigermaßen aufwändig – kann in vielen praktischen Anwendungsfällen aber durchaus die Mühe wert sein. Schließlich gibt es derzeit in dieser Größenordnung unseres Wissens nach kein anderes CMS, für das sich lediglich durch Einspielen eines Patches (also ohne besondere Programmierkenntnisse) standardkonforme und barrierefreie HTML-Ausgaben erzeugen lassen.

✓ Achten Sie bei der Installation darauf, dass die Dateirechte richtig gesetzt sind. Um die Dateien überschreiben zu können, sollten die Rechte aller Ordner auf 777 gesetzt sein. Nach erfolgreicher Installation sollten Sie diese Rechte wieder zurücksetzen.

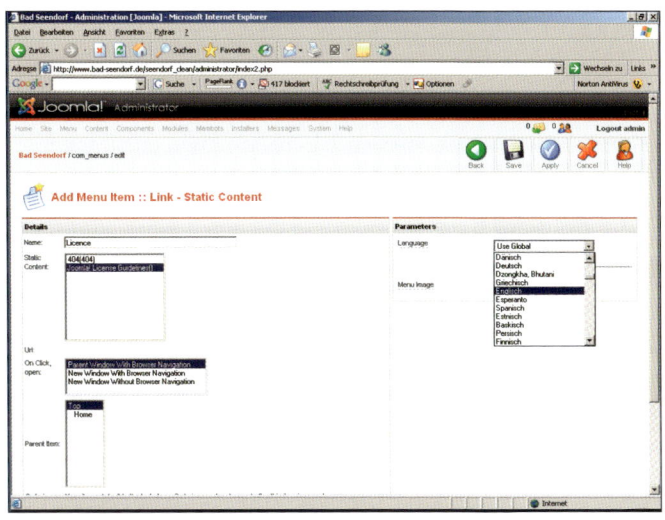

ABBILDUNG 11.2

Jedem Menüeintrag kann ein Parameter für die gewünschte Sprachauszeichnung mitgegeben werden. Im Quelltext der Seite findet man anschließend:
<span lang="en" xml:lang="en">Licence</span>

```
<span lang="en" xml:lang="en">Licence</span>
```

Die Entwicklung von Joomla! schreitet im Moment sehr schnell voran, deshalb wird Version 1.07 beim Erscheinen unseres Buches sicherlich nicht mehr aktuell sein. Aber, wie schon erwähnt wurde, die Joomla!-Entwickler-Community hat die Notwendigkeit der Beeinflussung des Markups bei der Ausgabe der Inhalte erkannt und ein *Design, Accessibility, Standards & Usability Team* gegründet, das sich eingehend mit diesem Thema beschäftigt. Hauptaufgabe dieses Teams ist es, die Integration von Pat-Template im Content-Bereich zu realisieren und ein Standardtemplate zu entwickeln, das allen Anforderungen der Accessibility auf der Code-Ebene gerecht wird. Für die Formatierung von Modulen und Komponenten steht Pat-Template bereits jetzt zur Verfügung. Ich selbst (Angie Radtke) bin Mitglied dieses Teams und hoffe, dass ein Core-Hack in Zukunft nicht mehr notwendig sein wird, um mit Joomla! einen barrierefreien Output generieren zu können. Wer ein barrierefreies CMS mittlerer Größenordnung benötigt, ist also gut beraten, sich über die Fortschritte bei der Entwicklung von Joomla! auf dem Laufenden zu halten.

In den folgenden kurzen Abschnitten wollen wir noch auf einige Eigenschaften von Joomla! eingehen, die über die Generierung validen strukturierten Codes hinaus von Bedeutung für die Barrierefreiheit sind.

11.1.3 Joomla!-Templates

Joomla! enthält bereits in der aktuellen Version einige tabellenfreie Standardtemplates, mit denen sich – bei Einsatz des genannten Patches – gut strukturierte und im Wesentlichen zugängliche Seiten gestalten lassen. Diese Templates geben lediglich einen ungefähren Rahmen für die Platzierung der Inhalte vor – die Einzelheiten der Positionierung und die Details der Darstellung können in beträchtlichem Umfang frei bestimmt werden. Damit können auch wenig erfahrene Seitenentwickler Projekte realisieren, die den Grundanforderungen der Accessibility entsprechen.

Wir können hier nicht auf den genauen Aufbau eines Joomla!-Templates eingehen, sondern möchten lediglich einen kleinen Überblick über seine grundlegende Funktionalität geben.

Ein Template besteht in der Regel aus einer *index.php*, einer Datei namens *templatesDetails.xml*, einem Ordner *CSS*, der die notwendigen CSS-Dateien enthält, und einem *Images*-Ordner, in dem die verwendeten Grafiken verwaltet werden.

Die *index.php* und die *CSS*-Dateien sind für den eigentlichen Aufbau und die Gestaltung der Seite zuständig. In der *index.php* lässt sich mittels HTML-Code die Struktur festlegen, die wie gewohnt mittels CSS formatiert werden kann. Joomla!-interne Funktionalitäten werden mittels PHP in das Template integriert. Bei diesen Funktionen handelt es sich allerdings nicht um komplexen PHP-Code, sondern lediglich um den Aufruf bestimmter Funktionen, die den eigentlichen Inhalt oder die zu verwendenden Module an die richtige Stelle positionieren.

Hier nur ein kleiner Auschnitt:

```
<div id="test">
<? mosLoadModules ('top');?>
</div>
```

Die Funktion

```
mosLoadModules ( 'top')
```

lädt alle Module mit der Position `top` innerhalb des `div` mit der `id="test"`.

Auf die gleiche Weise lässt sich der eigentliche Inhalt in das Rahmenlayout integrieren:

```
<div id="inhalt">
<? mosMainBody(); ?>
</div>
```

Die Basis standardkonformer und barrierefreier Webseiten ist in unseren Augen immer das Joomla!-Template. Zur Erinnerung folgt hier noch einmal eine kurze Übersicht über die Dinge, auf die man beim Entwickeln eines Templates vorrangig achten sollte:

◆ Einsatz von standardkonformem Code

◆ Trennung von Content und Layout

◆ Keine Layouttabellen

◆ Logische semantische Struktur

◆ Inhaltlich logische Struktur

◆ Anlegen von Sprungmarken

◆ Anmerkungen zu den Seitenbereichen

◆ Deutliche Farbkontraste und Farbdifferenzen

◆ Skalierbares Layout

◆ Skalierbare Schriften

◆ Sinnvoller Einsatz von Grafiken

◆ Sinnvolle `alt`-Texte

◆ Keine transparenten Hintergrundbilder

◆ Einsatz von Navigationshilfen

11.1.4 Read more – oder angeteaserte Artikel

Innerhalb der meisten Content Management-Systeme hat man die Möglichkeit, Artikelübersichtsseiten anzulegen, auf denen einzelne Artikel angeteasert werden. Normalerweise findet man bei der Joomla!-Standardinstallation hinter jedem dieser angeteaserten Artikel den Verweis „weiterlesen" (oder „read more", wenn man das deutsche Sprachfile nicht installiert hat).

In der Normalkonfiguration von Joomla! hat dieser Link bei jedem Vorkommen innerhalb eines Webauftritts den gleichen Wortlaut. Damit ist es also nicht möglich, die Forderung in Hinblick auf Accessibility zu erfüllen, nach der solche Links auch dann Auskunft über das Sprungziel geben müssen, wenn sie (z.B. in einem Screenreader) ohne den umgebenden Text dargestellt werden.

Was ist zu tun?

Auf der Seite von `www.run-digital.com` findet man einen so genannten *read-more-Mambot*, mit dessen Hilfe dieser Mangel behoben werden kann. Nach seiner Installation stellt dieser Mambot einen Mechanismus bereit, mit dessen Hilfe für sämtliche „Weiterlesen"-Links ein eigenständiger „Weiterlesen-Link"-Text erzeugt werden kann.

ABBILDUNG 11.3

Joomla!-Content-Beispiel

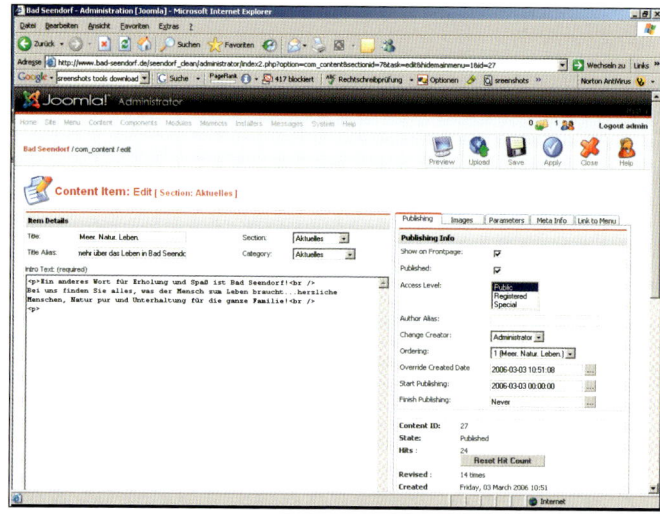

Wenn Sie innerhalb von Joomla! einen Artikel bearbeiten, können Sie direkt unter dem Titel des Dokuments einen so genannten `title`-Alias angeben, der dann bei allen auf dieses Dokument verweisenden Links als Linktext angezeigt wird.

Nur wenn Sie dies einmal vergessen haben, wird der ursprünglich dafür vorgesehene Text „weiterlesen" dargestellt.

Nach der Installation sollten Sie darauf achten, den eigentlichen Readmore-Link in der Globalconfiguration auszuschalten, da er sonst dupliziert erscheint.

11.1.5   Glossar und Sitemap

Gerade im barrierefreien Kontext sind zusätzliche Informationen wie die strukturierte Darstellung der Seitenstruktur sowie ein Glossar zur Erklärung fachspezifischer Begriffe außerordentlich hilfreich. In unserem Praxisbeispiel haben wir die Sitemap- und Glossar-Komponenten von `www.run-digital.com` in leicht modifizierter Form eingesetzt, die die ihnen gestellte Aufgabe hervorragend erfüllen.

11.1.6   Was wir für die Redakteure tun können

Barrierefreiheit kann man nicht automatisieren. Die Umsetzung einer barrierefreien Seite erfordert immer die Mitwirkung aller Beteiligten an einem Webprojekt. PHP-Programmierer, HTML- und CSS-Coder wie auch die Redakteure mussen Hand in Hand arbeiten, um ein wirklich zugängliches Endprodukt zu schaffen. Das beste Template und der eleganteste Code helfen wenig, wenn nicht auch die Redakteure an der Umsetzung einer barrierefreien Website interessiert sind. Sie sind es, die sich alternative Texte für Grafiken überlegen müssen, Inhalte logisch strukturieren oder beim Einsatz von Akronymen auf deren Auszeichnung achten müssen. Eine Sensibilisierung der Redaktion für mögliche Probleme ist unerlässlich.

In der Regel benutzen Menschen ohne HTML-Kenntnisse Redaktionssysteme. Um ihnen die Eingabe ihrer Inhalte zu erleichtern, greift man auf so genannte WYSIWYG-

Editoren zurück. Dies sind in das System integrierte JavaScript-Programme, die es ermöglichen, Text zu formatieren und ihn anschließend in HTML-Code umzuwandeln.

In der Standardversion von Joomla! findet man den *Tiny MCE-Editor*. Von seiner Verwendung möchten wir allerdings abraten. Sinnvoller erscheint uns der Einsatz des Editors *JOSCE* oder der *XHTML-Suite*.

Alle angebotenen Editoren bieten eine Vielzahl von Funktionalitäten. Gerade bei barrierefreien Angeboten erscheint es uns allerdings sinnvoller, die Editiermöglichkeiten auf ein Minimum zu begrenzen. Mehr als eine Formatierung in Listen, fettem Text und die Möglichkeit, Bilder einzufügen, benötigt der Redakteur kaum. JOSCE ermöglicht auf Knopfdruck das Ausschalten aller unnötigen Funktionalitäten und die Erstellung von kleinen Code-Vorlagen, z.B. zum Einfügen von Bildern und für deren Positionierung. Besonders positiv ist zu bewerten, dass dieser Editor sehr stabil läuft.

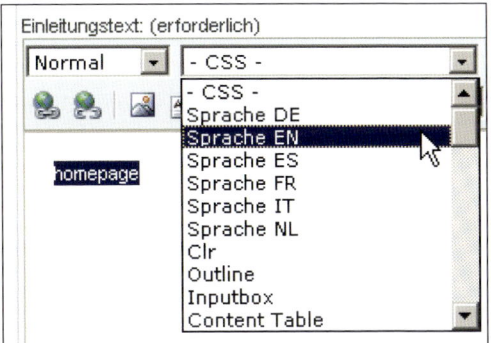

Features wie das Generieren der Sprachauszeichnung oder das Einfügen von Akronymen findet man allerdings nur bei der speziell auf die Anforderungen von barrierefreien Seiten ausgerichteten XHTML-Suite 508. Nachteilig an diesem Editor ist allerdings, dass er unter bestimmten Bedingungen (z.B., wenn man Inhalt innerhalb eines Dokuments öfter überschreibt) teilweise einen eher unbefriedigenden Code produziert. Uns ist im Moment kein Editor bekannt, der alle Anforderungen wirklich perfekt erfüllt.

11.1.7 Fazit

Der Einsatz von Joomla! im barrierefreien Kontext ist im Moment nicht immer einfach, aber dennoch möglich. Da es sich um ein Open Source-CMS handelt, kann es daher – vor allem, wenn man mit den entsprechenden Experten zusammenarbeitet – eine kostengünstige Alternative zu kommerziellen Produkten sein.

Den Editor JOSCE finden Sie momentan unter http://www.cellar-door.za.net/jce/ und die XHTML Suite unter http://www.xhtml-suite.com/.

ABBILDUNG 11.4

XHTML-Suite 508 Sprachauszeichnungen hinzufügen

Weitere Informationen und Hilfestellungen finden Sie unter: http://www.joomla.org

11.2 TYPO3

Ein Artikel von Sascha Vorbeck

TYPO3 ist eines der leistungsfähigsten Open Source Content Management-Systeme auf dem Markt. Es ist wegen seiner Flexibilität für verschiedenste Anwendungsbereiche geeignet, aber wegen seiner Komplexität und der damit verbundenen steilen Lernkurve schreckt es auch viele ab, die ein CMS für barrierefreie Websites suchen. Zum Glück wurde 2005 das *Content Rendering Team* gegründet, das sich erfolgreich darum bemüht, Mängel im Bereich der Inhaltsausgabe zu beheben. Die im April 2006 erschienene Version 4.0 zeigt die Früchte dieser Arbeit und erzeugt valides und weitgehend barrierefreies HTML.

Die typische Vorgehensweise bei der Erstellung von Websites mit TYPO3 besteht vereinfacht gesagt aus fünf Schritten:

- Einfügen von Platzhaltern in der HTML-Vorlage
- Erstellen der Navigationsobjekte mit TypoScript
- Anpassen der Standardobjekte für die Inhaltsausgabe
- Konfiguration des Rich-Text-Editors
- Anpassung von Erweiterungen

11.2.1 HTML-Vorlage

Eine gute Vorlage kann Ihnen eine Menge Arbeit ersparen, denn die konsequente Trennung von Inhalt und Layout durch Cascading Style Sheets (CSS) kommt der Arbeitsweise eines CMS sehr entgegen und vereinfacht die Konfiguration. Bei der Analyse der Vorlage ermitteln Sie, welche Bereiche von TYPO3 durch dynamisch erzeugtes Markup ersetzt werden sollen. Diese Bereiche, die so genannten *Subparts*, kennzeichnen Sie wie folgt:

```
<div class="wrapper">
  <!-- ###SEITENTITEL### start --><h1>Startseite</h1><!--
  ###SEITENTITEL### ende -->
  <!-- ###SEITENINHALT### start -->
  <p>In diesem Bereich steht der Hauptinhalt</p>
  <!-- ###SEITENINHALT### ende -->
  <!-- ###NAVIGATION### start -->
  <ul><li><strong>start</strong></li>
  <!-- ###NAVIGATION### ende -->
</div>
```

Subparts bestehen also immer aus einem einleitenden und einem abschließenden Element. Der dazwischen stehende Inhalt dient nur als Beispiel und wird von TYPO3 durch den dynamisch erzeugten Inhalt ersetzt.

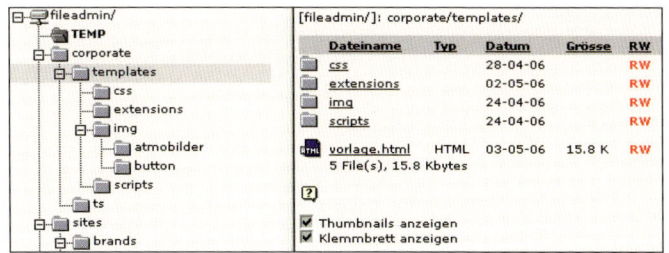

ABBILDUNG 11.5

HTML-Vorlage

11.2.2 Navigationsobjekte erstellen

Für die Erzeugung von Navigationen stellt TYPO3 eine Reihe von unterschiedlichen Menütypen bereit. Für die barrierefreie Ausgabe am besten geeignet ist das „TMENU". Damit lassen sich ul-Elemente erzeugen, die für die barrierefreie Navigation ideal sind.

```
temp.navi = COA
temp.navi {
  10 = HMENU
  10 {
    special = directory
    special.value = {$navi_id}
    1 = TMENU
    1 {
      NO = 1
      CUR = 1
      noBlur = 1
      wrap = <ul id="navi">|</ul>
      NO {
        wrapItemAndSub = <li>|</li>
      }
      CUR < .NO
      CUR {
        doNotLinkIt = 1
        linkWrap = <strong>|</strong>
      }
    }
    2 < .1
  }
}
```

Dieses Objekt erzeugt eine ul-Navigation aus der vom Redakteur im Ordner 10 angelegten Seitenstruktur. Um die Zugänglichkeit noch weiter zu erhöhen, kann man die Navigation noch nummerieren. Weitere Hintergrundinformationen dazu finden Sie in diesem Artikel:

```
http://www.einfach-fuer-alle.de/artikel/menues/tag2/
```

Um die Nummerierung zu ermöglichen, müssen Sie die Erweiterung *cron_accessible-menus* installieren und ihr Menüobjekt wie folgt erweitern:

```
temp.navi = COA
temp.navi {
  10 = HMENU
  10 {
    special = directory
    special.value = {$navi_id}
    1 = TMENU
    1 {
      NO = 1
      CUR = 1
      noBlur = 1
      IProcFunc = user_cronaccessiblemenus->makeAccessible
      IProcFunc.accessKeys = 0
      IProcFunc.dfn = 1
      wrap = <ul id="navi">|</ul>
      NO {
...
```

11.2.3 Inhaltsausgabe

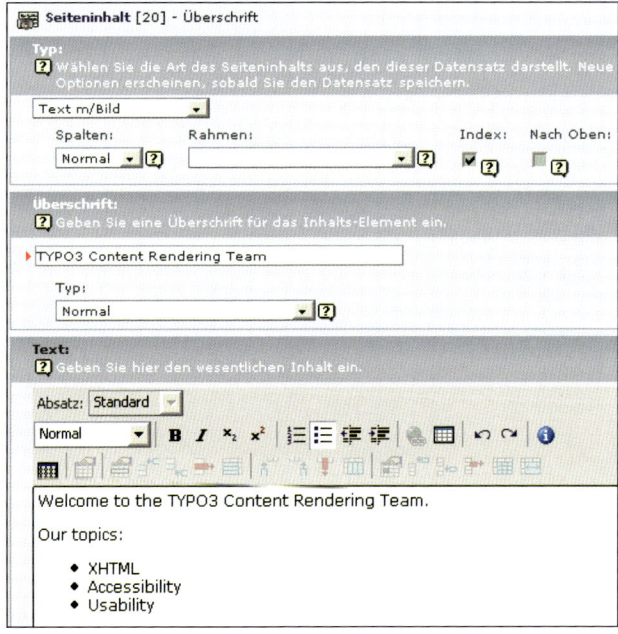

ABBILDUNG 11.6

Inhaltseingabe im Backend

Der Hauptgrund für die Flexibilität von TYPO3 ist die interne Konfigurationssprache *TypoScript*. Mit ihr kann man unter anderem auch steuern, wie die von den Redakteuren in der Datenbank gespeicherten Inhalte ausgegeben werden sollen.

Für die Eingabe von Inhalten stehen verschiedene vorgefertigte Inhaltselemente zur Verfügung, die eine Vielzahl von Optionen zur Steuerung der Inhaltsausgabe mitbringen. Damit können die Redakteure zum Beispiel steuern, ob ein Inhaltselement eine Überschrift erster Ordnung oder zweiter Ordnung haben soll.

Theoretisch könnte man die Ausgabe der Inhalte durch TypoScript komplett selbst definieren. Da es aber, wie oben beschrieben, standardmäßig viele Optionen bei der Inhaltseingabe gibt, wird es schnell komplex, wenn man all diese verschiedenen Optionen in Form von Bedingungen überprüfen und entsprechend bei der Ausgabe berücksichtigen wollte.

Deshalb gibt es eine umfangreiche Sammlung von vordefinierten TypoScript-Objekten für die Inhaltsausgabe. Diese Sammlung von Objekten nennt sich *CSS Styled Content* und ist in Form einer Systemerweiterung verfügbar. Systemerweiterungen werden zusammen mit dem TYPO3-Quellcode ausgeliefert und müssen nicht nachträglich installiert werden. Allerdings müssen Sie die Erweiterung noch aktivieren, bevor Sie auf die vordefinierten Objekte zugreifen können. Die Aktivierung erfolgt wie in Abbildung 11.7 dargestellt, indem Sie das von der Erweiterung bereitgestellte statische Template in Ihr Haupttemplate einbinden. Mit Hilfe des Template Analyzers können Sie sich ansehen, welche Auswirkungen diese Einbindung hat.

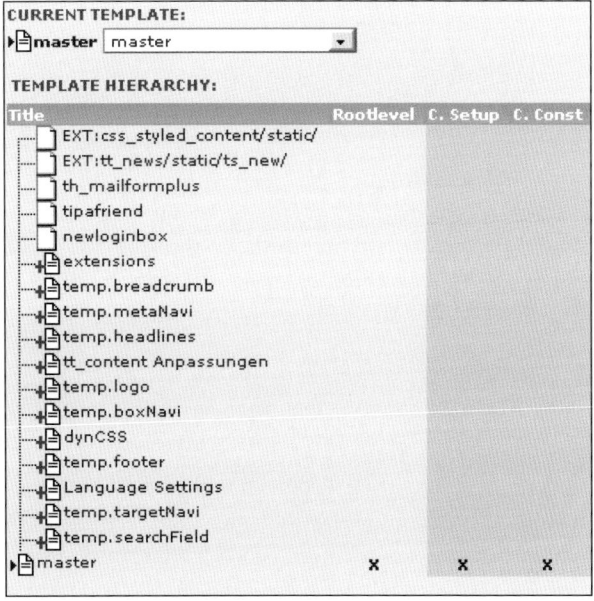

ABBILDUNG 11.7

Template-Hierarchie

Die einzelnen Objekte sind so aufgebaut, dass sie alle Optionen berücksichtigen, die den Redakteuren in den Inhaltselementen zur Verfügung stehen. Im letzten Jahr hat das Content Rendering Team dafür gesorgt, dass die Ausgabe dieser Objekte größtenteils validen HTML-Code erzeugt und dem Redakteur weiterhin Möglichkeiten zur Verfügung stehen, die Inhalte barrierefrei zu gestalten.

ABBILDUNG 11.8

Alternative Bildtexte einfügen.

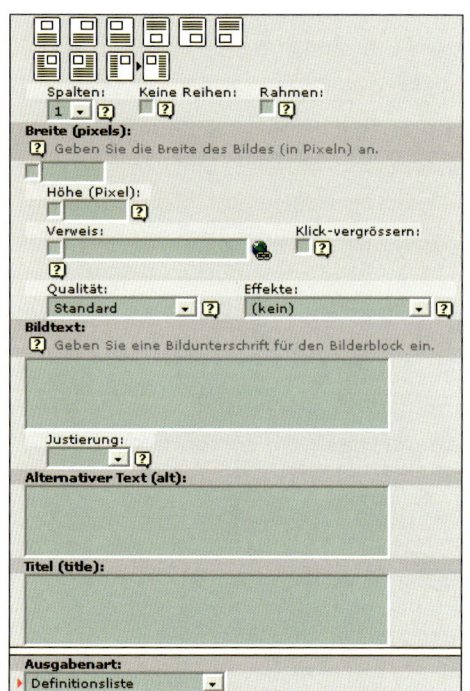

Folgende Zeilen im Setup-Feld sorgen bereits dafür, dass der Subpart SEITENINHALT Ihrer HTML-Vorlage durch die vom Redakteur angelegten Inhalte ersetzt wird:

```
page = PAGE
page.10 = TEMPLATE
page.10.template = FILE
page.10.template.file = fileadmin/corporate/vorlagen/vorlage.html
page.10.subparts. SEITENINHALT < styles.content.get
```

Diese Objekte bringen also eine große Arbeitserleichterung. Falls Sie die Ausgabe der Objekte anpassen wollen, müssen Sie das Rad nicht neu erfinden. Sie können gezielt einzelne Eigenschaften der Objekte in Ihrer TypoScript-Konfiguration überschreiben. Diese Kombination aus vorgefertigten Elementen, die Sie individuell anpassen können, und der eingebundenen HTML-Vorlage, die ebenfalls von Ihnen frei gestaltbar ist, ermöglicht die effektive Realisierung von verschiedensten Websites.

In der Praxis arbeitet man in erster Linie mit den vordefinierten Ausgabeobjekten von CSS Styled Content. Die Ausgabe dieser Objekte besteht weitgehend aus validem HTML-Code.

Die Ausgabe von Formularen und Tabellen wird gehobenen Ansprüchen an die Barrierefreiheit eventuell nicht genügen. Für diese Fälle gibt es Alternativen in Form von Erweiterungen, die neue Inhaltselemente zur Verfügung stellen. Ein Beispiel ist die Erweiterung *mailformplus*. Diese ermöglicht die völlig freie Gestaltung von Formularen mit Hilfe einer HTML-Vorlage. Die Erweiterung übernimmt die übergebenen Formularwerte, validiert sie nach Ihren Vorgaben, speichert die Daten anschließend auf Wunsch in der Datenbank und generiert daraus eine E-Mail.

Tabellen bieten mit `summary`, `caption`, `thead`, `tbody`, `tfoot`, `th` und `scope` fast alle Optionen, die für eine barrierefreie Ausgabe notwendig sind.

Sie lassen sich zurzeit nur mit dem Inhaltselement `HTML/html` erstellen, indem man 1:1 HTML-Code einfügt. Das setzt natürlich voraus, dass sich der Redakteur mit HTML auskennt, da ihm hier kein Eingabeassistent zur Verfügung steht.

11.2.4 Rich Text Editor-Konfiguration

Die Standardkonfiguration des Rich Text Editor (RTE) ist bereits für barrierefreie Websites optimiert. Allerdings benötigt ein Redakteur in den seltensten Fällen den vollen Funktionsumfang, den die Standardkonfiguration bereitstellt. Deshalb ist es sinnvoll, die Optionen mit Hilfe von `page Tsconfig` und `user Tsconfig` einzuschränken.

Die `page TSconfig`-Anweisung lautet:

```
RTE.default {
    showButtons (
        formatblock, bold, orderedlist, unorderedlist, link,
        findreplace, chMode, removeformat, undo, redo,
    )
}
```

Sie sorgt dafür, dass nur die sinnvollsten Schaltflächen angezeigt werden.

Mit Hilfe der `user TSconfig`-Anweisung

```
options.RTEkeyList=
```

können Sie die per `pageTSconfig` definierte Grundauswahl der Schaltflächen nochmals für bestimmte Benutzer und Benutzergruppen einschränken.

Die Schaltflächen und ihre Bedeutung sowie die weiteren sehr vielfältigen Möglichkeiten der RTE-Konfiguration sind unter `http://typo3.org/documentation/document-library/extension-manuals/rtehtmlarea/current/` erläutert.

11.2.5 Anpassung von Erweiterungen

Da TYPO3 modular aufgebaut ist, können Sie seinen Funktionsumfang durch eine Vielzahl von „Extensions" erweitern. Die Qualität der HTML-Ausgabe ist je nach Erweiterung sehr unterschiedlich. Vorbildlich ist z.B. die News-Erweiterung, die sich mit Hilfe von HTML-Vorlagen und umfangreichen Konfigurationsmöglichkeiten problemlos anpassen lässt. Auch die Dokumentation ist hervorragend. Leider gibt es immer noch eine Reihe von Erweiterungen, die zwar sinnvolle Funktionen bereitstellen, aber noch verschachtelte Tabellen ausgeben. Das Content Rendering Team arbeitet permanent an der Verbesserung dieser Erweiterungen und versucht, deren Autoren zu motivieren, auch bei der Ausgabe einen Qualitätsstandard einzuhalten, der dem Kern des Systems gerecht wird. Aber letztendlich liegt es in der Verantwortung des Entwicklers, wie es um die Inhaltsausgabe seiner Erweiterung bestellt ist. Viele der Entwickler freuen sich aber über qualifiziertes Feedback und nehmen die Anregungen gern in die nächste Version ihrer Erweiterung mit auf. Allerdings bleibt manchmal keine andere Wahl, als die Erweiterung selbst anzupassen, was ja dank Open Source problemlos möglich ist.

Eine gute Anlaufstelle für weitergehende Fragen zur Inhaltsausgabe und Barrierefreiheit ist die Newsgroup des Content Rendering Teams:

```
news://news.netfielders.de/ -> typo3.projects.content-rendering
```

Diese ist auch als Mailingliste verfügbar:

```
http://lists.netfielders.de/cgi-bin/mailman/listinfo/typo3-pro-
ject-content-rendering
```

12

ANHANG

BITV-Checklisten

Priorität I

Anforderung	1	Für jeden Audio- oder visuellen Inhalt sind geeignete äquivalente Inhalte bereitzustellen, die den gleichen Zweck oder die gleiche Funktion wie der originäre Inhalt erfüllen.
Bedingung	1.1	Für jedes Nicht-Text-Element ist ein äquivalenter Text bereitzustellen. Dies gilt insbesondere für: Bilder, graphisch dargestellten Text einschließlich Symbolen, Regionen von Imagemaps, Animationen (z. B. animierte GIFs), Applets und programmierte Objekte, Zeichnungen, die auf der Verwendung von Zeichen und Symbolen des ASCII-Codes basieren (ASCII-Zeichnungen), Frames, Scripts, Bilder, die als Punkte in Listen verwendet werden, Platzhalter-Graphiken, graphische Buttons, Töne (abgespielt mit oder ohne Einwirkung des Benutzers), Audio-Dateien, die für sich allein stehen, Tonspuren von Videos und Videos.
	1.2	Für jede aktive Region einer serverseitigen Imagemap sind redundante Texthyperlinks bereitzustellen.
	1.3	Für Multimedia-Präsentationen ist eine Audio-Beschreibung der wichtigen Informationen der Videospur bereitzustellen.
	1.4	Für jede zeitgesteuerte Multimedia-Präsentation (insbesondere Film oder Animation) sind äquivalente Alternativen (z.B. Untertitel oder Audiobeschreibungen der Videospur) mit der Präsentation zu synchronisieren.
Anforderung	2	Texte und Graphiken müssen auch dann verständlich sein, wenn sie ohne Farbe betrachtet werden.
Bedingung	2.1	Alle mit Farbe dargestellten Informationen müssen auch ohne Farbe verfügbar sein, z.B. durch den Kontext oder die hierfür vorgesehenen Elemente der verwendeten Markup-Sprache.
	2.2	Bilder sind so zu gestalten, dass die Kombinationen aus Vordergrund- und Hintergrundfarbe auf einem Schwarz-Weiß-Bildschirm und bei der Betrachtung durch Menschen mit Farbfehlsichtigkeiten ausreichend kontrastieren.
Anforderung	3	Markup-Sprachen (insbesondere HTML) und Stylesheets sind entsprechend ihrer Spezifikationen und formalen Definitionen zu verwenden.
Bedingung	3.1	Soweit eine angemessene Markup-Sprache existiert, ist diese anstelle von Bildern zu verwenden, um Informationen darzustellen.
	3.2	Mittels Markup-Sprachen geschaffene Dokumente sind so zu erstellen und zu deklarieren, dass sie gegen veröffentlichte formale Grammatiken validieren.
	3.3	Es sind Stylesheets zu verwenden, um die Text- und Bildgestaltung sowie die Präsentation von mittels Markup-Sprachen geschaffener Dokumente zu beeinflussen.
	3.4	Es sind relative anstelle von absoluten Einheiten in den Attributwerten der verwendeten Markup-Sprache und den Stylesheet-Property-Werten zu verwenden.
	3.5	Zur Darstellung der Struktur von mittels Markup-Sprachen geschaffener Dokumente sind Überschriften-Elemente zu verwenden.
	3.6	Zur Darstellung von Listen und Listenelementen sind die hierfür vorgesehenen Elemente der verwendeten Markup-Sprache zu verwenden.
	3.7	Zitate sind mittels der hierfür vorgesehenen Elemente der verwendeten Markup-Sprache zu kennzeichnen.
Anforderung	4	Sprachliche Besonderheiten wie Wechsel der Sprache oder Abkürzungen sind erkennbar zu machen.
Bedingung	4.1	Wechsel und Änderungen der vorherrschend verwendeten natürlichen Sprache sind kenntlich zu machen.

Anforderung	5	Tabellen sind mittels der vorgesehenen Elemente der verwendeten Markup-Sprache zu beschreiben und in der Regel nur zur Darstellung tabellarischer Daten zu verwenden.
Bedingung	5.1	In Tabellen, die tabellarische Daten darstellen, sind die Zeilen- und Spaltenüberschriften mittels der vorgesehenen Elemente der verwendeten Markup-Sprache zu kennzeichnen.
	5.2	Soweit Tabellen, die tabellarische Daten darstellen, zwei oder mehr Ebenen von Zeilen- und Spaltenüberschriften aufweisen, sind mittels der vorgesehenen Elemente der verwendeten Markup-Sprache Datenzellen und Überschriftenzellen einander zuzuordnen.
	5.3	Tabellen sind nicht für die Text- und Bildgestaltung zu verwenden, soweit sie nicht auch in linearisierter Form dargestellt werden können.
	5.4	Soweit Tabellen zur Text- und Bildgestaltung genutzt werden, sind keine der Strukturierung dienenden Elemente der verwendeten Markup-Sprache zur visuellen Formatierung zu verwenden.
Anforderung	6	Internetangebote müssen auch dann nutzbar sein, wenn der verwendete Benutzeragent neuere Technologien nicht unterstützt oder diese deaktiviert sind.
Bedingung	6.1	Es muss sichergestellt sein, dass mittels Markup-Sprachen geschaffene Dokumente verwendbar sind, wenn die zugeordneten Stylesheets deaktiviert sind.
	6.2	Es muss sichergestellt sein, dass Äquivalente für dynamischen Inhalt aktualisiert werden, wenn sich der dynamische Inhalt ändert.
	6.3	Es muss sichergestellt sein, dass mittels Markup-Sprachen geschaffene Dokumente verwendbar sind, wenn Scripts, Applets oder andere programmierte Objekte deaktiviert sind.
	6.4	Es muss sichergestellt sein, dass die Eingabebehandlung von Scripts, Applets oder anderen programmierten Objekten vom Eingabegerät unabhängig ist.
	6.5	Dynamische Inhalte müssen zugänglich sein. Insoweit dies nur mit unverhältnismäßig hohem Aufwand zu realisieren ist, sind gleichwertige alternative Angebote unter Verzicht auf dynamische Inhalte bereitzustellen.
Anforderung	7	Zeitgesteuerte Änderungen des Inhalts müssen durch die Nutzerin, den Nutzer kontrollierbar sein.
Bedingung	7.1	Bildschirmflackern ist zu vermeiden.
	7.2	Blinkender Inhalt ist zu vermeiden.
	7.3	Bewegung in mittels Markup-Sprachen geschaffener Dokumente ist entweder zu vermeiden oder es sind Mechanismen bereitzustellen, die der Nutzerin, dem Nutzer das Einfrieren der Bewegung oder die Änderung des Inhalts ermöglichen.
	7.4	Automatische periodische Aktualisierungen in mittels Markup-Sprachen geschaffener Dokumente sind zu vermeiden.
	7.5	Die Verwendung von Elementen der Markup-Sprache zur automatischen Weiterleitung ist zu vermeiden. Insofern auf eine automatische Weiterleitung nicht verzichtet werden kann, ist der Server entsprechend zu konfigurieren.
Anforderung	8	Die direkte Zugänglichkeit der in Internetangeboten eingebetteten Benutzerschnittstellen ist sicherzustellen.
Bedingung	8.1	Programmierte Elemente (insbesondere Scripts und Applets) sind so zu gestalten, dass sie entweder direkt zugänglich oder kompatibel mit assistiven Technologien sind.
Anforderung	9	Internetangebote sind so zu gestalten, dass Funktionen unabhängig vom Eingabegerät oder Ausgabegerät nutzbar sind.
Bedingung	9.1	Es sind clientseitige Imagemaps bereitzustellen, es sei denn die Regionen können mit den verfügbaren geometrischen Formen nicht definiert werden.
	9.2	Jedes über eine eigene Schnittstelle verfügende Element muss in geräteunabhängiger Weise bedient werden können.

	9.3	In Scripts sind logische anstelle von geräteabhängigen Event-Handlern zu spezifizieren.
Anforderung	10	Die Verwendbarkeit von nicht mehr dem jeweils aktuellen Stand der Technik entsprechenden assistiven Technologien und Browsern ist sicherzustellen, so weit der hiermit verbundene Aufwand nicht unverhältnismäßig ist.
Bedingung	10.1	Das Erscheinenlassen von Pop-Ups oder anderen Fenstern ist zu vermeiden. Die Nutzerin, der Nutzer ist über Wechsel der aktuellen Ansicht zu informieren.
	10.2	Bei allen Formular-Kontrollelementen mit implizit zugeordneten Beschriftungen ist dafür Sorge zu tragen, dass die Beschriftungen korrekt positioniert sind.
Anforderung	11	Die zur Erstellung des Internetangebots verwendeten Technologien sollen öffentlich zugänglich und vollständig dokumentiert sein, wie z.B. die vom World Wide Web Consortium entwickelten Technologien.
Bedingung	11.1	Es sind öffentlich zugängliche und vollständig dokumentierte Technologien in ihrer jeweils aktuellen Version zu verwenden, soweit dies für die Erfüllung der angestrebten Aufgabe angemessen ist.
	11.2	Die Verwendung von Funktionen, die durch die Herausgabe neuer Versionen überholt sind, ist zu vermeiden.
	11.3	Soweit auch nach bestem Bemühen die Erstellung eines barrierefreien Internetangebots nicht möglich ist, ist ein alternatives, barrierefreies Angebot zur Verfügung zu stellen, dass äquivalente Funktionalitäten und Informationen gleicher Aktualität enthält, soweit es die technischen Möglichkeiten zulassen. Bei Verwendung nicht barrierefreier Technologien sind diese zu ersetzen, sobald aufgrund der technologischen Entwicklung äquivalente, zugängliche Lösungen verfügbar und einsetzbar sind.
Anforderung	12	Der Nutzerin, dem Nutzer sind Informationen zum Kontext und zur Orientierung bereitzustellen.
Bedingung	12.1	Jeder Frame ist mit einem Titel zu versehen, um Navigation und Identifikation zu ermöglichen.
	12.2	Der Zweck von Frames und ihre Beziehung zueinander ist zu beschreiben, soweit dies nicht aus den verwendeten Titeln ersichtlich ist.
	12.3	Große Informationsblöcke sind mittels Elementen der verwendeten Markup-Sprache in leichter handhabbare Gruppen zu unterteilen.
	12.4	Beschriftungen sind genau ihren Kontrollelementen zuzuordnen.
	13	Navigationsmechanismen sind übersichtlich und schlüssig zu gestalten.
	13.1	Das Ziel jedes Hyperlinks muss auf eindeutige Weise identifizierbar sein.
	13.2	Es sind Metadaten bereitzustellen, um semantische Informationen zu Internetangeboten hinzuzufügen.
	13.3	Es sind Informationen zur allgemeinen Anordnung und Konzeption eines Internetangebots, z.B. mittels eines Inhaltverzeichnisses oder einer Sitemap, bereitzustellen.
	13.4	Navigationsmechanismen müssen schlüssig und nachvollziehbar eingesetzt werden.
	14	Das allgemeine Verständnis der angebotenen Inhalte ist durch angemessene Maßnahmen zu fördern.
	14.1	Für jegliche Inhalte ist die klarste und einfachste Sprache zu verwenden, die angemessen ist.

Priorität II

Anforderung	1	Für jeden Audio- oder visuellen Inhalt sind geeignete äquivalente Inhalte bereitzustellen, die den gleichen Zweck oder die gleiche Funktion wie der originäre Inhalt erfüllen.
Bedingung	1.5	Für jede aktive Region einer clientseitigen Imagemap sind redundante Texthyperlinks bereitzustellen.
Anforderung	2	Texte und Graphiken müssen auch dann verständlich sein, wenn sie ohne Farbe betrachtet werden.
Bedingung	2.3	Texte sind so zu gestalten, dass die Kombinationen aus Vordergrund- und Hintergrundfarbe auf einem Schwarz-Weiß-Bildschirm und bei der Betrachtung durch Menschen mit Farbfehlsichtigkeiten ausreichend kontrastieren.
Anforderung	3	Markup-Sprachen (insbesondere HTML) und Stylesheets sind entsprechend ihrer Spezifikationen und formalen Definitionen zu verwenden.
Anforderung	4	Sprachliche Besonderheiten wie Wechsel der Sprache oder Abkürzungen sind erkennbar zu machen.
Bedingung	4.2	Abkürzungen und Akronyme sind an der Stelle ihres ersten Auftretens im Inhalt zu erläutern und durch die hierfür vorgesehenen Elemente der verwendeten Markup-Sprache kenntlich zu machen.
	4.3	Die vorherrschend verwendete natürliche Sprache ist durch die hierfür vorgesehenen Elemente der verwendeten Markup-Sprache kenntlich zu machen.
Anforderung	5	Tabellen sind mittels der vorgesehenen Elemente der verwendeten Markup-Sprache zu beschreiben und in der Regel nur zur Darstellung tabellarischer Daten zu verwenden.
Bedingung	5.5	Für Tabellen sind unter Verwendung der hierfür vorgesehenen Elemente der genutzten Markup-Sprache Zusammenfassungen bereitzustellen.
	5.6	Für Überschriftenzellen sind unter Verwendung der hierfür vorgesehenen Elemente der genutzten Markup-Sprache Abkürzungen bereitzustellen.
	6	Internetangebote müssen auch dann nutzbar sein, wenn der verwendete Benutzeragent neuere Technologien nicht unterstützt oder diese deaktiviert sind.
	7	Zeitgesteuerte Änderungen des Inhalts müssen durch die Nutzerin, den Nutzer kontrollierbar sein.
	8	Die direkte Zugänglichkeit der in Internetangeboten eingebetteten Benutzerschnittstellen ist sicherzustellen.
	9	Internetangebote sind so zu gestalten, dass Funktionen unabhängig vom Eingabegerät oder Ausgabegerät nutzbar sind.
	9.4	Es ist eine mit der Tabulatortaste navigierbare, nachvollziehbare und schlüssige Reihenfolge von Hyperlinks, Formularkontrollelementen und Objekten festzulegen.
	9.5	Es sind Tastaturkurzbefehle für Hyperlinks, die für das Verständnis des Angebots von entscheidender Bedeutung sind (einschließlich solcher in clientseitigen Imagemaps), Formularkontrollelemente und Gruppen von Formularkontrollelementen bereitzustellen.
	10	Die Verwendbarkeit von nicht mehr dem jeweils aktuellen Stand der Technik entsprechenden assistiven Technologien und Browsern ist sicherzustellen, so weit der hiermit verbundene Aufwand nicht unverhältnismäßig ist.
	10.3	Für alle Tabellen, die Text in parallelen Spalten mit Zeilenumbruch enthalten, ist alternativ linearer Text bereitzustellen.
	10.4	Leere Kontrollelemente in Eingabefeldern und Textbereichen sind mit Platzhalterzeichen zu versehen.
	10.5	Nebeneinanderliegende Hyperlinks sind durch von Leerzeichen umgebene, druckbare Zeichen zu trennen.

11	Die zur Erstellung des Internetangebots verwendeten Technologien sollen öffentlich zugänglich und vollständig dokumentiert sein, wie z.B. die vom World Wide Web Consortium entwickelten Technologien.
11.4	Der Nutzerin, dem Nutzer sind Informationen bereitzustellen, die es ihnen erlauben, Dokumente entsprechend ihren Vorgaben (z.B. Sprache) zu erhalten.
12	Der Nutzerin, dem Nutzer sind Informationen zum Kontext und zur Orientierung bereitzustellen.
13	Navigationsmechanismen sind übersichtlich und schlüssig zu gestalten.
13.5	Es sind Navigationsleisten bereitzustellen, um den verwendeten Navigationsmechanismus hervorzuheben und einen Zugriff darauf zu ermöglichen.
13.6	Inhaltlich verwandte oder zusammenhängende Hyperlinks sind zu gruppieren. Die Gruppen sind eindeutig zu benennen und müssen einen Mechanismus enthalten, der das Umgehen der Gruppe ermöglicht.
13.7	Soweit Suchfunktionen angeboten werden, sind der Nutzerin, dem Nutzer verschiedene Arten der Suche bereitzustellen.
13.8	Es sind aussagekräftige Informationen am Anfang von inhaltlich zusammenhängenden Informationsblöcken (z.B. Absätzen, Listen) bereitzustellen, die eine Differenzierung ermöglichen.
13.9	Soweit inhaltlich zusammenhängende Dokumente getrennt angeboten werden, sind Zusammenstellungen dieser Dokumente bereitzustellen.
13.10	Es sind Mechanismen zum Umgehen von ASCII-Zeichnungen bereitzustellen.
14	Das allgemeine Verständnis der angebotenen Inhalte ist durch angemessene Maßnahmen zu fördern.
14.2	Text ist mit graphischen oder Audio-Präsentationen zu ergänzen, sofern dies das Verständnis der angebotenen Information fördert.
14.3	Der gewählte Präsentationsstil ist durchgängig beizubehalten.

Bundesgesetzblatt Jahrgang 2002 Teil 1 Nr. 49, ausgegeben zu Bonn am 23. Juli 2002

Linksammlung zur Landesgesetzgebung

Baden Württemberg:
www.sm.bwl.de/sixcms/media.php/1442/13_4279_d.360064.pdf

Bayern: www.stmas.bayern.de/behinderte/politik/baybgg.htm

Berlin: www.berlin.de/sengessozv/lfbehi/010.php

Brandenburg:
www.mdje.brandenburg.de/Landesrecht/gesetzblatt/texte/K87/87-02.htm

Bremen:
217.110.205.153/private/aktuell/images/Gleichstellungsgesetz%20Bremen.pdf

Hamburg: www.hamburg.de/Behoerden/senatskoordinator_fuer_die_gleich-
stellung_behinderter_menschen/themen/hmbgleichstges_html.htm

Hessen:
www.hessenrecht.hessen.de/gesetze/34_Fuersorge_und/34-46-HessBGG/Hess-
BGG.htm

Niedersachsen: www.behindertenbeauftragter-niedersachsen.de/Behinderten-
politik/pics/entwurf-gleichstellungsgesetz.pdf

Nordrhein-Westfalen: www.landtag.nrw.de/portal/WWW/GB_I/I.1/Ausschuesse13/
A01/13-861.pdf

Rheinland-Pfalz:www.masfg.rlp.de/Behindertenbeauftragter/Gleichstellungs-
gesetz/doc/Landesgleichstellungsgesetz.rtf

Saarland: www.landtag-saar.de/de/dokumente/g1541.pdf

Sachsen: www.sachsen-macht-schule.de/schwerbehinderte/saechsintegrg.htm

Sachsen-Anhalt:
www1.ms.sachsen-anhalt.de/behindertenhilfe/files/gesetz_zur_gleich-
stellung_behinderter_und_nichtbehinderter_menschen_in_sachsen.htm

Schleswig- Holstein: sh.juris.de/sh/gesamt/BGG_SH.htm#BGG_SH_rahmen

Thüringen: www.aktion-grundgesetz.de/download/Thueringer_Gleichstel-
lungsgesetz_16_12_2005.pdf

Nützliche Links

www.einfach-fuer-alle.de

www.wob11.de

www.barrierefrei-kommunizieren.de

www.webaccessibility.de (Umfangreiche Linksammlung von Martin Stehle)

Assistive Technologien

Webformator: www.webformator.com

IBM Homepagereader: www.-5.ibm.com/de/accessibility/hpr.html

Jaws: www.freedomscientific.com/fs_downloads/jaws.asp

Windows Eyes: www.gwmicro.com

VIRGO: www.baum.at

CSS

www.alistapart.com/stories/practicalcss/

www.css-technik.de

www.meyerweb.com

www.meyerweb.com/eric/css/edge/

Checkertools

Colour Contrast Analyser: www.juicystudio.com/services/colourcontrast.php

www.visionaustralia.org.au/info.aspx?page=628

www.webforall.info/html/deutsch/col_analy.php

Vischeck: http://vischeck.com/

Cynthia Says: www.contentquality.com

Bobby: http://webxact.watchfire.com

Validator: validator.w3.org

Validator: www.htmlhelp.com

Wave: www.wave.webaim.org/wave/index.jsp

AIS Toolbar: www.webforall.info/html/deutsch/asistoolbar.php

Accessibility Toolbar Mozilla/Firefox:
http://cita.disability.uiuc.edu/software/mozilla/

Stichwortverzeichnis